煤炭高等教育“十四五”规划教材

工程项目管理

主　编　尚　梅
副主编　史玉芳　董　瑞
参　编　白芙蓉　凤亚红

中国矿业大学出版社
·徐州·

内 容 提 要

本书以工程项目全过程管理为主线，从工程项目生命周期及主要管理领域两个视角系统阐述了工程项目管理的理论、方法及工具。一方面，从时间维度，阐述工程项目前期策划及实施阶段的管理、施工过程管理的理论及方法。另一方面，从主要管理领域维度，阐述工程项目组织管理、工程项目进度管理、工程项目成本管理、工程项目质量管理、工程项目安全生产与环境管理、工程项目风险管理，以及工程项目信息管理的理论及方法。本书为煤炭高等教育“十四五”规划教材，注重项目管理理论和工程实践相结合。本书可作为高等院校工程管理专业和工程技术专业的教科书，也可以作为从事工程技术和管理工作的专业人员学习和工作的参考书。

图书在版编目(C I P)数据

工程项目管理 / 尚梅主编. — 徐州 ：中国矿业大学出版社，2024.1

ISBN 978 - 7 - 5646 - 6146 - 5

Ⅰ. ①工… Ⅱ. ①尚… Ⅲ. ①工程项目管理 Ⅳ. ①F284

中国国家版本馆 CIP 数据核字(2024)第 036914 号

书　　名　工程项目管理
主　　编　尚　梅
责任编辑　齐　畅
出版发行　中国矿业大学出版社有限责任公司
　　　　　　(江苏省徐州市解放南路　邮编 221008)
营销热线　(0516)83885370　83884103
出版服务　(0516)83995789　83884920
网　　址　http://www.cumtp.com　**E-mail**:cumtpvip@cumtp.com
印　　刷　徐州中矿大印发科技有限公司
开　　本　787 mm×1092 mm　1/16　**印张** 14　**字数** 358 千字
版次印次　2024 年 1 月第 1 版　2024 年 1 月第 1 次印刷
定　　价　46.00 元

(图书出现印装质量问题，本社负责调换)

前　言

工程项目管理是管理科学、工程技术、工程经济、建设法规等学科理论与方法在建设管理领域的综合应用，旨在以有限的成本达到使用功能、质量、安全、环保等方面的最佳效果，实现项目综合效益最大化。

本书以工程项目全过程管理为主线，从工程项目生命周期及主要管理领域两个视角系统阐述了工程项目管理的理论、方法及工具。一方面从时间维度，阐述工程项目前期策划及实施阶段的管理、施工过程管理的理论及方法。另一方面从主要管理领域维度，阐述工程项目组织管理、工程项目进度管理、工程项目成本管理、工程项目质量管理、工程项目安全生产与环境管理、工程项目风险管理，以及工程项目信息管理的理论及方法。

本书编写力求与建设领域发展前沿相吻合，内容丰富、结构严谨，具有以下特点。第一，结合新工科、数字建造等前沿理论，充分借鉴国内外最新研究成果，从建设单位、咨询监理单位、设计单位、施工单位等不同角度，系统论述工程项目组织管理、设计项目管理、施工项目管理等具体业务内容。第二，本书力求概念准确、层次清楚、语言简明、详略得当、重点突出，注重实用性和可操作性相结合。第三，为使理论学习与工程项目管理执业资格考试有机融合，本书充分吸取全国建造师、全国监理工程师、全国造价工程师等执业资格考试的相关知识和内容，为学生日后备战职业资格考试奠定基础。

本书的编写分工如下：第一章、第六章、第七章和第八章由西安科技大学尚梅编写，第二章由西安科技大学史玉芳编写，第三章、第四章和第九章由宝鸡文理学院董瑞编写，第五章和第十一章由西安科技大学白芙蓉编写，第十章由西安科技大学凤亚红编写。西安科技大学张少鹏、申鑫新、张旭东、陈紫涵、王方舒等参与编写、校核、绘图等工作。其中，申鑫新参与编写第一章至第四章，陈紫涵参与编写第五章、第七章和第九章，王方舒参与编写第六章、第八章和第十章。

由于水平所限，错误和不足之处在所难免，恳请读者批评指正，并表示衷心的感谢。

编　者

2023年12月6日

目　录

第一章　工程项目管理概论 …… 1
第一节　项目及工程项目 …… 1
第二节　项目管理 …… 6
第三节　工程项目管理 …… 9
第四节　工程项目管理的发展历史及趋势 …… 13
复习思考题 …… 17

第二章　工程项目组织 …… 18
第一节　工程项目组织的设计基础 …… 18
第二节　工程项目管理组织 …… 22
第三节　项目团队 …… 33
复习思考题 …… 41

第三章　工程项目策划 …… 42
第一节　工程项目策划概述 …… 42
第二节　工程项目前期策划 …… 44
第三节　工程项目可行性研究 …… 46
第四节　工程项目管理规划 …… 53
复习思考题 …… 67

第四章　工程项目实施过程管理 …… 68
第一节　工程项目设计管理 …… 68
第二节　工程项目施工准备管理 …… 71
第三节　工程项目施工过程管理及收尾管理 …… 73
复习思考题 …… 76

第五章　工程项目招投标及合同管理 …… 77
第一节　工程项目招投标概述 …… 77
第二节　工程项目合同及其管理概述 …… 83
第三节　工程项目合同签订管理 …… 86
第四节　工程项目合同的变更、违约及解除 …… 89
复习思考题 …… 91

第六章　工程项目进度管理 …… 92
第一节　工程项目进度管理概述 …… 92
第二节　流水施工 …… 95
第三节　双代号网络计划 …… 107
第四节　单代号网络计划 …… 116
第五节　双代号时标网络计划 …… 120
第六节　单代号搭接网络计划 …… 124
第七节　工程项目进度控制 …… 128
复习思考题 …… 141

第七章　工程项目成本管理 …… 142
第一节　工程项目成本管理概述 …… 142
第二节　工程项目成本计划 …… 146
第三节　工程项目成本控制 …… 147
复习思考题 …… 157

第八章　工程项目质量管理 …… 158
第一节　工程项目质量管理概述 …… 158
第二节　工程项目质量策划 …… 163
第三节　工程项目质量计划 …… 165
第四节　工程项目施工质量控制 …… 166
第五节　工程项目质量问题和质量事故的处理 …… 173
复习思考题 …… 176

第九章　工程项目安全生产与环境管理 …… 177
第一节　工程项目安全生产与环境管理的概念和体系 …… 177
第二节　工程项目建设安全生产管理职责 …… 181
第三节　工程项目安全生产管理的程序及内容 …… 184
第四节　工程项目环境管理 …… 185
复习思考题 …… 188

第十章　工程项目风险管理 …… 189
第一节　工程项目风险与风险管理 …… 189
第二节　工程项目风险的识别 …… 194
第三节　工程项目风险的分析与评估 …… 197
第四节　工程项目风险的应对、监控与跟踪 …… 200
复习思考题 …… 203

第十一章　工程项目信息管理……………………………………………… 204
第一节　工程项目信息与工程项目信息管理……………………………… 204
第二节　工程项目管理信息系统………………………………………… 207
第三节　常用工程项目管理软件………………………………………… 210
复习思考题………………………………………………………………… 213

参考文献……………………………………………………………………… 214

第一章　工程项目管理概论

第一节　项目及工程项目

一、项目的定义及特征

（一）项目的定义

项目是指在一定的约束条件下（主要是限定时间、限定资源），具有明确目标的一次性任务。

项目是一件事情、一项独一无二的任务，也可以理解为是在一定的时间和一定的预算内所要达到的预期目的。项目侧重于过程，它是一个动态的概念，例如我们可以把一条高速公路的建设过程视为项目，但不可以把高速公路本身称为项目。那么，到底什么活动可以称为项目呢？现代社会发展具有泛项目化的趋势，很多东西可以用项目的形式来表达，例如，安排一个演出活动，开发和介绍一种新产品，策划一场婚礼，设计和实施一个计算机系统，进行工厂的现代化改造，主持会议等。

不同的机构、不同的行业对项目有不同的定义，其中最典型的包括以下几种。

（1）美国项目管理协会认为，项目是为创造独特产品、服务或任务而进行的一次性努力。

（2）德国研究者认为，项目是指在总体上符合如下条件的唯一性任务：具有一定的目标，具有时间、财务、人力和其他限制条件，具有专门的组织。

（3）中国项目研究委员会认为，项目是一个特殊的将被完成的有限任务，是在一定时间内、满足一系列特定目标的多项相关工作的总称。

由此可以发现，有关项目定义的表述形式虽有所不同，但其本质内容基本相同，区别仅在于对项目具体特征的认识。本书对项目的定义如下：项目是指在一定约束条件下具有特定目标的一次性任务。

（二）项目的特征

作为被管理的对象，项目具有以下主要特征。

1. 一次性

项目的一次性也称单件性，它是项目的最主要特征。所谓一次性，是指就任务本身和最终成果而言，没有与这项任务完全相同的另一项任务。例如，一项新产品的开发，不同于其他工业产品的批量性，也不同于其他生产过程的重复性。再如，某大桥建设项目投入使用后，因为建设过程中材料、施工工艺、管理方法等方面的缺陷或不足，导致运营过程中出现险情，找出原因后对该大桥进行重新建设。大桥当初的建设项目和后期的重建项目属于两个不同的项目，这充分体现了项目的一次性。只有认识项目的一次性，才能有针对性地根据项目的特殊情况和要求进行科学、有效的管理。

2. 目标性

项目目标基本表现为三个方面，即时间、成本、技术性能（质量标准）。实施项目的目的是充分利用可获得的资源，使得项目在一定时间内和一定的预算基础上，获得期望的技术成果。然而这三个目标之间往往存在冲突。例如，通常情况下时间的缩短要以成本的提高为代价，而时间及成本的投入不足又会影响技术性能的实现，因此三者之间要进行一定的平衡。随着社会的进步及人们对安全、环境等问题的关注，项目的目标表现除了传统的时间、成本、技术性能外，还增加安全、环境、节能等更多方面。很多时候不同目标之间存在着冲突，实施项目的过程就是协调多个目标的过程，有同一个层次目标的协调，也有不同层次目标的协调，还有项目目标和组织战略的协调等。

3. 约束性

约束条件是项目目标完成的前提，项目只有在满足约束条件下才能获得成功。一般情况下，项目的约束条件为限定的质量、限定的时间和限定的投资，以及安全、环境、节能减排等。因此，合理、科学地确定项目的条件，对保证项目的完成十分重要。

4. 系统性

项目的系统性是指项目是由若干相互作用和相互依赖的要素组合而成的具有特定功能的整体。系统性体现在项目必须从全局的角度出发，追求项目整体的最优化，强调系统总目标及目标的一致性，强调项目的集成。例如，对工程建设项目的业主而言，若盲目压缩建设投资，可能会造成质量事故，最终损害系统的总体目标。系统性就是要在项目的众多资源约束和限制之下寻求最优解决方案。

5. 寿命周期性

项目的一次性决定了每个项目都具有生命周期。任何项目都有其产生时间、发展时间和结束时间，在不同阶段都有特定的任务、程序和工作内容。掌握项目的生命周期，可以有效地对项目实施科学的管理和控制。成功的项目管理是对项目全过程的管理和控制，是对项目整个生命周期的管理。

6. 多界面性

大多情况下，项目需要多方协作完成，在实施过程中需要明确各参与方的工作范围和责任，因此需要将项目划分为多个界面。没有明确的工作界面划分，会出现分工不清、互相扯皮的现象，从而造成工期延误、质量无保证、责任无人承担，最终使得各方利益均受损失。

二、工程项目的定义及特征

（一）工程项目的定义

工程项目是最普遍、最典型的项目类型，它是一种既有投资行为又有建设行为的项目决策与实施活动。工程项目有特定的对象，以形成固定资产为目的。工程项目可以是一个独立的单体工程，也可以是一个系统的群体工程。本书认为，工程项目是指为达到预期的目标，投入一定的资本，在一定的约束条件下，经过决策与实施的必要程序，从而形成固定资产的一次性事业。工程项目是在一个总体设计及总概算范围内，由一个或者若干个互有联系的单项工程组成的,在建设中实行统一核算、统一管理的投资建设工程。

(二)工程项目的特征

工程项目除具有一般项目的特征外,还具有以下特征。

1. 产品的固定性

工程项目在建造过程中直接与地基基础连接,因此,只能在建造地点固定地使用,而无法转移。这种一经建造就在空间固定的属性,叫作建筑产品的固定性。固定性是工程项目与一般项目最大的区别。

2. 生产的流动性

建筑产品的固定性决定了产品生产的流动性。一般的工业产品都是在固定的工厂、车间内进行生产,而建筑产品的生产是在不同的地区,或同一地区的不同现场,或同一现场的不同单位工程,或同一单位工程的不同部位,组织工人、机械围绕着同一建筑产品进行生产。因此,建筑产品的生产在不同地区之间、不同现场之间和单位工程不同部位之间流动。

3. 生产的露天性

建筑产品地点的固定性和庞大性的特点,决定了建筑产品生产时露天作业多。因为庞大的建筑产品不可能在工厂、车间内直接进行施工,即使生产达到了高度的工业化水平,也只能在工厂内生产其构件或配件,仍然需要在施工现场内进行总装配后才能形成最终建筑产品。

4. 建设周期长

建筑产品的固定性和庞大性的特点决定了建筑产品的生产周期较长。第一,建筑产品较为庞大,所以最终建筑产品的建成必然耗费大量的人力、物力和财力。第二,建筑产品的生产全过程还要受到工艺流程和生产程序的制约,各专业、工种间必须按照合理的施工顺序进行配合和衔接。第三,由于建筑产品地点的固定性,所以施工活动的空间具有局限性。以上三个因素导致建筑产品生产具有生产周期长、占用流动资金大的特点。

5. 耐用期限长

一般来说,临时性结构,设计使用年限为 5 年;易于替换的结构构件,设计使用年限为 25 年;普通房屋和构筑物,设计使用年限为 50 年;纪念性建筑和特别重要的建筑结构,设计使用年限为 100 年。若建设单位提出更高要求,也可按建设单位的要求确定。

6. 整体功能强

工程项目具有明确的目标,建筑物或构筑物作为一个可以独立使用的对象,其整体的功能强,工程项目各子功能间有极强的协调性,追求整体功能最优。

7. 协作性强

协作性可以从工程项目的专业性及参与方两个方面分析。从工程项目的专业性角度来看,建筑产品生产涉及的专业面广,包括建筑结构、建筑构造、地基基础、水暖电、机械设备、建筑材料和施工技术等学科的专业知识,需要在不同时期、不同地点和不同产品上组织多专业、多工种的综合作业。从参与方角度来看,建筑产品生产涉及投资方、建设方、施工方、勘察设计方等,同时需要城市规划、征用土地、消防、公用事业、环境保护、质量监督、交通运输、银行财政、机具设备、物质材料、电水热气供应、劳务等社会各部门和各领域的协作配合。

8. 实施的不可逆性

工程项目建设地点为一次性确定，建成后不可移动。设计的单一性、施工的单件性，使得它不同于一般商品的批量生产，一旦建成，要想改变非常困难。工程项目的建设是不可逆的，当出现质量问题或建设项目不可行时，不可能重新回到原始状态。

9. 与环境相关性日趋密切

严格来说，所有工程项目都会涉及环境保护。目前，只要项目立项，就必须有环境影响评价（或做环境影响登记表，或做环境影响评价报告表，或做环境影响评价报告书），建设工程项目只有在环保部门登记、环境影响评价批复后才能开工建设。

10. 受项目实施地相关法律、风俗、习惯的影响日趋显著

随着全球经济一体化及“地球村”一词的频现，国与国之间的工程承包、劳务输入及输出日益频繁。由于工程项目的属地特性，其实施过程中必须遵守项目所在地的法律、风俗、习惯等。

三、工程项目的分类

工程项目种类繁多，可按照不同的标准、从不同的角度对其进行分类。

（一）按照建设性质划分

（1）新建项目：原来没有、现在开始建设的项目；或者对原有的规模较小的项目，扩大建设规模，其新增固定资产价值超过原有固定资产价值3倍以上的建设项目。

（2）扩建项目：为了扩大原有主要产品的生产能力或增加经济效益，在原有固定资产基础上，增建一些车间、生产线或分厂的项目。

（3）改建项目：为了改进产品质量或改变产品方向，对原有固定资产进行整体性技术改造的项目。此外，为提高综合生产能力，增加一些附属辅助车间或非生产性工程，也属改建项目。

（4）恢复项目：对因重大自然灾害或战争而遭受破坏的固定资产，按原来规模重新建设或在重建的同时进行扩建的项目。

（5）迁建项目：因调整生产力布局或为满足环境保护的需要，将原有单位迁至异地重建的项目。不论其是否维持原来规模，这种项目均称为迁建项目。

（二）按投资作用划分

（1）生产性建设项目：直接用于物质生产或满足物质生产需要的建设项目，包括工业、农业、林业、水利、气象、交通运输、邮电通信、商业和物资供应设施建设和地质资源勘探建设等。

（2）非生产性建设项目：用于人们物质和文化生活需要的建设项目，包括住宅建设、文教卫生建设、公用事业设施建设、科学实验研究建设以及其他非生产性建设项目。

（三）按项目规模划分

按工程项目总规模和投资的多少不同，基本建设项目可分为大型项目、中型项目、小型项目三类；更新改造项目可分为限额以上项目和限额以下项目两类。

（四）按项目的经济效益、社会效益和市场需求划分

（1）竞争性项目：投资效益比较高、竞争性比较强的工程项目。这种项目的投资主体一般为企业，企业自主决策、自担投资风险。

（2）基础性项目：主要包括具有一定自然垄断性、建设周期长、投资大而收益较低、需要政府扶持的基础设施项目和一部分基础工业项目，以及直接增强国力的符合经济规模的支柱产业项目。

（3）公益性项目：以谋求社会效应为目的，具有规模大、投资多、受益面宽、服务年限长、影响深远等特点的投资项目。公益性项目分为广义和狭义两种。广义的公益性项目是指为社会大众或社会中某些人口群体的利益而实施的项目，既包括政府部门发起实施的农业、环保、水利、教育、交通等项目，也包括民间组织发起实施的扶贫、妇女儿童发展等项目。狭义的公益性项目仅指由民间组织发起的，利用民间资源，为某些群体谋求利益，创造社会效应。

（五）按项目的资金来源划分

（1）政府投资项目：政府直接投资兴建和政府注入资本金的投资项目。

（2）非政府投资项目：企业直接投资兴建的项目，包括企业使用政府补助、转贷、贴息投资建设的项目。

四、工程项目的生命周期

工程项目的生命周期是指一个工程项目由筹划立项开始，直到项目竣工投产、收回投资、达到预期目标的整个过程。按照项目自身的运行规律，工程项目将经历决策阶段、实施阶段和使用阶段三大阶段，每个阶段又包含若干子阶段，如图 1-1 所示。

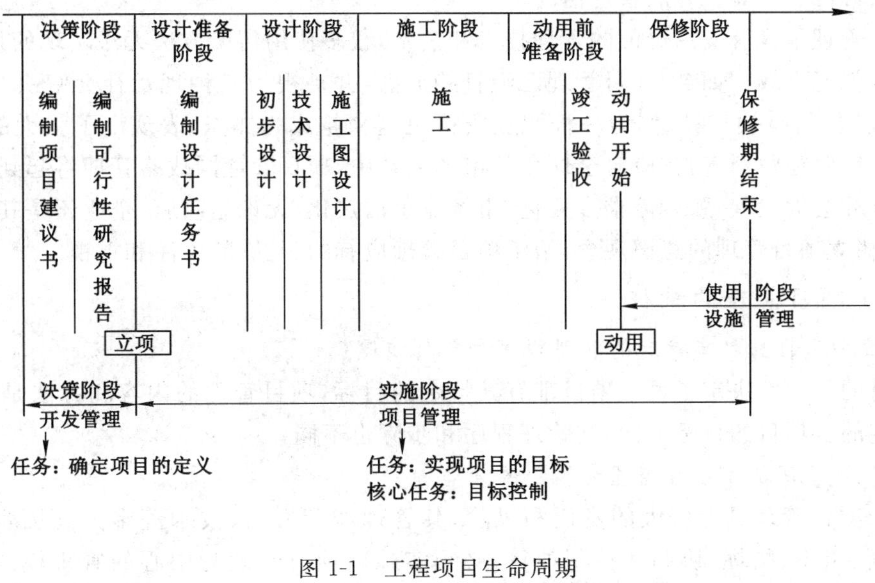

图 1-1　工程项目生命周期

决策阶段，又称为开发管理，主要包括确定项目的定义，政府投资项目需要编制项目建议书和可行性研究报告等。

实施阶段包括设计准备、设计和施工三个阶段。该阶段以目标控制为核心任务，确保实现项目目标。在设计准备阶段需要编制设计任务书；设计阶段可分为初步设计和施工图设计，复杂项目还包含技术设计；施工阶段是耗时最长的一个阶段，应当注意的是，在竣工验收后还有生产准备或动用前准备阶段，比如地铁的试运行。

实施阶段与使用阶段有重合部分，也即动用后的保修阶段。

保修期结束后为正常运行使用阶段，也称为设施管理，直至报废，一个完整的项目生命期结束。

第二节　项目管理

一、项目管理的定义及特征

（一）项目管理的定义

项目管理是管理学的一个分支学科，指在项目活动中运用专门的知识、技能、工具和方法，使项目能够在有限资源限定条件下，实现或超过设定的需求和期望而开展的各种计划、组织、领导、控制等方面的活动。

项目管理的目的是保证项目目标的实现。项目管理的对象是项目，由于项目具有一次性的特点，要求项目管理具有针对性、系统性、程序性和科学性。只有运用系统工程的观点、理论和方法对项目进行管理，才能保证项目的顺利完成。

项目管理活动具有以下内涵：① 项目管理是一种管理思想和管理模式；② 项目管理的根本目的是满足或超越项目有关各方对项目的要求与期望；③ 项目管理需要运用各种知识、技能、方法和工具去开展管理活动。

项目管理是具有实用价值的管理技术和艺术，很多使用传统方法无法实现的目标，采用项目管理就能奏效。如今，项目管理已经日趋成熟，并被视为一种现代社会解决“一次性和复杂性问题”的有效工具，作为一种职业资格也越来越成为热点，表现出了强大的生命力。美国学者克兰德曾断言，在应对全球化的市场变动中，项目管理同战略管理将起到关键性作用。随着社会的发展，顾客需求多元化、市场竞争白热化，无论是政府、企业还是其他各类组织，必须树立项目管理的意识观念，给予项目管理应有的、足够的关注和重视。

（二）项目管理的特征

1. 每个项目都具有特定的管理程序和管理步骤

项目的一次性决定了每个项目都有其特定的目标，项目管理的内容和方法是针对项目目标而定的。项目的目标不同，其管理程序和步骤也不同。

2. 项目管理是以项目经理为核心的管理

由于项目管理具有较大的责任和风险，其管理涉及人力、技术等多方面因素，为了更好地计划、组织、指挥、协调和控制项目，必须实施以项目经理为中心的管理模式，并且在项目实施过程中应授予项目经理较大的权力，使其能及时处理项目实施过程中出现的各种问题。

3. 应用现代管理方法和技术手段进行项目管理

现代项目大多数是属于先进科学的产物或者是一种涉及多学科的系统工程，要使项目圆满地完成，就必须综合运用现代化管理方法和科学技术，如决策技术、网络计划技术、价值工程、系统工程、目标管理、看板管理等。

二、项目管理和企业管理的关系

（一）项目管理和企业管理的联系

（1）项目管理和企业管理相互依存、相互作用。成功的项目管理是企业管理发展的基础，企业管理水平的高低又决定了项目的成功与否，项目管理是企业管理的组成部分。

（2）项目管理和企业管理是管理学科的组成部分，在管理思想、管理方法等方面都具有共性。

（二）项目管理和企业管理的区别

1. 从对象上看

项目管理的对象是项目，即一次性的活动。企业管理的对象是企业，即一种持续稳定的经济实体。

2. 从目标上看

企业管理是以持续稳定的利润增长为目标。项目管理则以项目成果和项目约束条件为目标。

3. 从特点和运行规律上看

项目管理是一次性和多变性的活动，其管理的基础是项目寿命周期和项目活动的内在规律，其管理的特殊性在于管理的灵活适应性。企业管理是一种持续性的稳定活动，其管理的基础是现代企业制度和企业经营活动的内在规律，其管理的特殊性在于生产活动的规范化。

4. 从内容上看

项目管理活动局限于一个具体项目从诞生到完成的全过程，主要包括项目立项、规划设计、执行、总结评估等活动，是一种任务型的管理。企业管理是职能管理与作业管理的复合，主要包括企业综合性管理、专业化管理和作业管理，本质上是一种实体型管理。

5. 从管理手段上看

项目管理的手段主要是以单次性任务为基础的管理技术，如分析论证技术、规划控制技术等。企业管理的手段十分广泛，包括许多综合性的管理技术，如财务会计技术、企业战略技术等。

6. 从管理的直接责任主体看

项目管理是以项目经理作为项目全过程的全权负责人，是一种相对集中的个人负责制。企业管理是以企业领导班子作为全权负责人，企业经理一般只是主要的执行代理人，是一种有约束条件的个人负责制。

三、现代项目管理协会、知识体系及内容

（一）项目管理协会组织

项目管理成为一门科学的标志是有其相应的学术组织和知识体系。目前，比较权威的项目管理协会组织有以下几个。

（1）国际项目管理协会，创建于 1965 年。

（2）美国项目管理学会，创建于 1969 年，其突出的贡献有项目管理知识体系。

(3) 英国皇家特许建造学会，成立于1834年，在1980年获得英国皇家的认可。

(4) 中国项目管理研究委员会，成立于1991年6月。

（二）项目管理职业资格

(1) 国际项目管理专业资质认证是国际项目管理协会在全球推行的四级项目管理专业资质认证体系的总称。国际项目管理协会依据国际项目管理专业资质标准，将项目管理与从业人员资质认证划分为四个等级。

① A级(Level A)：高级项目经理，承担多个大型复杂项目管理。

② B级(Level B)：项目经理，承担大型复杂项目管理。

③ C级(Level C)：项目管理专家，承担一般项目管理。

④ D级(Level D)：项目管理专业人员，承担专业项目管理。

(2) 美国项目管理学会的项目管理专业资质认证制度从1984年开始，相关人员通过该认证后成为项目管理专业人员。该证书体系只有一个级别。

(3) 中国项目管理专业资质认证标准。国际项目管理协会已授权中国项目管理研究委员会在中国进行国际项目管理专业资质认证工作，认证程序有申请、笔试、面试等。

（三）现代项目管理知识体系及内容

1. 现代项目管理知识体系

经过几十年的实践、探索和研究，项目管理工作者在实践中共同探索出项目管理的共性内容，逐步建立起项目管理知识体系。

项目管理知识体系首先是由美国项目管理学会提出。1987年，美国项目管理学会公布了第一个项目管理知识体系，1996年及2000年分别进行修订。在这个知识体系中，项目管理被划分为9个领域，分别是范围管理、时间管理、费用管理、质量管理、人力资源管理、沟通管理、风险管理、采购管理、集成管理。

国际项目管理协会在项目管理知识体系方面也做了卓有成效的工作。国际项目管理协会从1987年就着手进行项目管理能力基准的开发，并在1997年正式推出该基准。在这个能力基准中，国际项目管理协会把个人能力划分为42个要素，包括28个核心要素和14个附加要素。

基于以上两方面的发展，1993年，中国项目管理研究委员会发起并组织实施了中国项目管理知识体系的研究工作，于2001年5月建立了中国项目管理知识体系。

中国项目管理知识体系的内容主要是以项目生命周期为基本线索展开的，从项目及项目管理的概念入手，按照项目管理经历的四个阶段（概念阶段、规划阶段、实施阶段和收尾阶段），分别阐述了每一阶段的主要工作及其相应的知识内容，同时考虑项目管理过程中的共性知识和方法工具。

2. 项目管理知识体系的五个标准化过程和九个知识领域

按照美国项目管理学会提出的项目管理知识体系的划分方法，项目管理知识体系主要包括五个标准化过程和九个知识领域，分别从不同的专项管理或要素管理描述了现代项目管理所需要的知识、方法、工具和技能。五个标准化过程包括启动、计划、实施、控制和收尾，九个知识领域分别是项目范围管理、项目时间管理、项目费用管理、项目质量管理、项目人力资源管理、项目沟通管理、项目风险管理、项目采购管理、项目集成管理。

第三节　工程项目管理

一、工程项目管理的定义、特征及基本思想

（一）工程项目管理的定义

美国项目管理学会的项目管理知识体系指南将项目管理定义为：项目管理是将相关的知识、技术、工具、技能等应用于项目任务，以满足项目干系人对项目的需求和期望的过程。

我国《建设工程项目管理规范》(GB/T 50326—2017)将工程项目管理定义为：企业运用系统的理论和方法，对建设工程项目进行的计划、组织、指挥、协调和控制等专业化活动。

英国皇家特许建造学会将项目管理定义为：自项目开始至项目完成，通过项目策划和项目控制，以使项目的费用目标、进度目标和质量目标得以实现。根据英国皇家特许建造学会对工程项目管理的定义，狭义的项目管理指项目计划与项目控制，广义的项目管理尤其是经常提到的全寿命周期项目管理会扩展到前期的开发管理和后期运营阶段的设施管理，如图1-2所示。

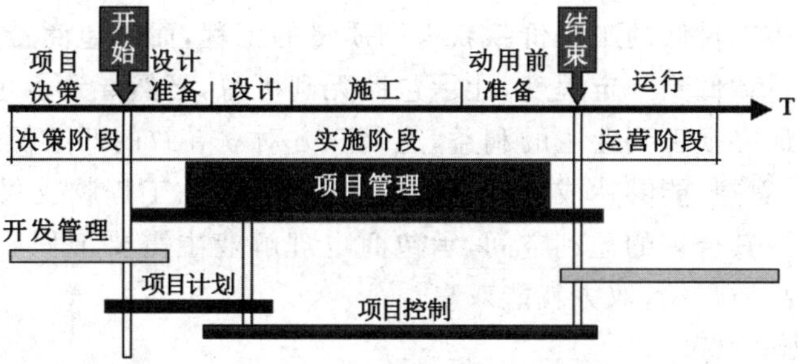

图 1-2　项目的生命周期与项目管理

项目管理是以项目为对象的管理，一方面，它是一种有意识地按照项目的特点与规律进行组织与协调的活动，即实践活动；另一方面，它是指运用系统理论和方法对项目及其资源进行计划、组织、协调和控制，旨在实现特定目标的管理学科，即理论体系。项目管理是一种管理思想、管理模式，是公认的一种管理方法体系，拥有一套完整的工作流程，需要运用各种知识、技能、方法和工具去开展管理活动，是众多方法和技能的集合，也是一种解决问题的工作环境。

（二）工程项目管理的特征

1. 工程项目管理是一次性管理

工程项目具有一次性特征，因而以项目为管理对象的项目管理同样具有一次性的特点。在工程项目管理过程中，一旦出现失误，就没有改正的机会，所以必须实行科学管理，确保项目目标的成功实现。为实现项目的目标，项目经理的选择、项目管理机构的设置、项目实施人员的配备是工程项目管理的重要问题。

2. 工程项目管理是一种全过程的综合性管理

工程项目全过程各个阶段既有明显的界限，又有互相的衔接，不可间断，这就决定了项目管理应该是项目生命周期全过程的管理。由于社会分工不断扩大，工程项目全过程中的不同阶段，如勘察、设计、施工、采购等逐步地由专业的企业或独立的部门去完成。在这样的情况下，对工程项目管理就提出了更高的要求，更加需要全过程的综合管理。

3. 工程项目管理是一种约束性强的管理

工程项目管理的一次性特征、明显的目标和时间限制、既定的功能要求、质量标准以及预算额度，决定了其约束条件的约束强度比其他管理要更高。工程项目管理的重点在于工程项目管理者必须在一定的时间内，在善于应用这些条件而又不能超越这些条件的情况下，完成既定任务，达到预期目标。

（三）工程项目管理的基本思想

1. 系统思想

工程项目是复杂的工程系统，是一个具有明确特定功能的有机整体。组织实施工程项目建设的管理活动，需要系统思想的指导。

2. 辩证思想

参与工程建设各方的目标、利益等存在整体的互动关系，体现既对立又统一的辩证关系，需要用辩证思想处理各方关系。以工程款支付为例，工程项目业主和承包商之间是对立关系，因为业主希望支付低的工程价款获得高质量的工程，而承包商希望得到高的工程支付款；如果业主的支付款低到一定程度，让承包商无利可盈，必然导致承包商偷工减料，甚至形成“豆腐渣工程”，最终损害到业主的利益，这是双方对立导致的两败俱伤的结果。若业主和承包商都具有辩证思想，能够达成以诚相待的伙伴关系，在工程款支付上，业主能够理解承包商需要盈利，给予其合理的盈利空间，承包商也理解业主需要工程质量的保障，严把原材料、半成品及最终品质量关，双方就能双赢。

3. 全过程控制思想

在工程建设的早期，需要编制进度计划，充分考虑各个阶段工作之间的合理衔接，并且重点抓好关键线路的进度控制。

4. 全方位控制思想

这是指对建设工程的投资、进度、质量目标的各个层次、各个方面、各项内容都需要进行整体控制。

二、工程项目管理的分类

按工程项目参与方的不同，工程项目管理可以分为：业主方项目管理（建设项目管理）、设计方项目管理、施工方项目管理、供货方项目管理、政府方项目管理、工程总承包方项目管理等。

各类型项目管理可以从管理主体、管理目标、管理方式与手段、管理范围与内容等方面进行区分。工程项目管理的各利益主体，即各参与方，主要有业主或者说建设单位、设计单位、施工单位、监理咨询单位、供应商、政府部门、用户、社会公众等。管理目标对于建设项目管理也就是通常而言的甲方项目管理来说，更看重使用价值，设计方和施工方作为乙方更看重所承包项目的利润。在管理方式手段方面，甲方主要通过合同实行间接管理,乙方为直接管理。在管理范围与内容方面,由于甲乙双方参与的时间跨度不同,内容多少也不同。

如图 1-3,投资方涉及项目的全过程甚至全寿命期。全过程与全寿命期的概念是不同的,全过程指到项目交付就结束了,而全寿命期还包括后期的运营阶段。对于国家大力推广的工程总承包模式而言,一般包括整个项目实施阶段的管理,施工方主要涉及施工阶段;供货方以施工阶段为主,但在设计阶段也会涉及;使用方主要涉及项目交付后的运营阶段。业主方的项目管理是核心。

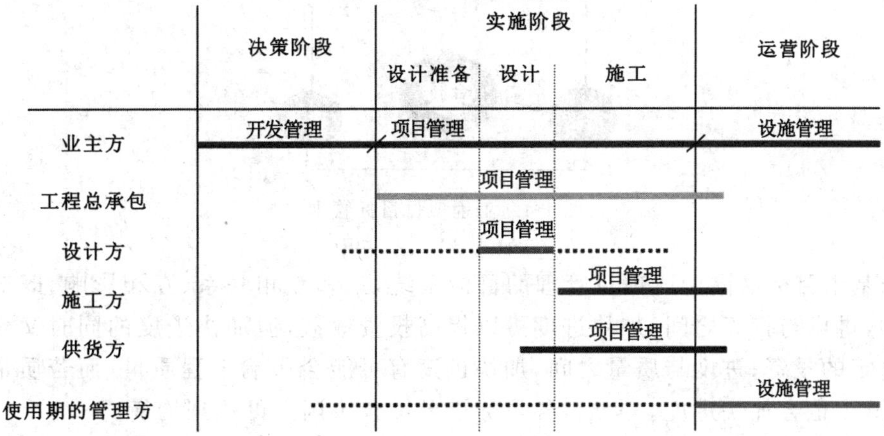

图 1-3　不同主体的工程项目管理时间跨度

三、工程项目管理的主要任务

工程项目管理的主要任务有:费用控制(投资、成本)、进度控制、质量控制、安全管理、合同管理、信息管理、组织协调。当然,不同利益主体方的项目管理任务会有侧重点,甚至说法也不同。比如业主方的项目管理一般称为投资控制,设计、施工及其他承包商则称为成本控制。工程项目实施阶段管理的任务也各有侧重,如表 1-1 所示。

表 1-1　工程项目实施阶段管理的任务

安全管理	投资控制	进度控制	质量控制	合同管理	信息管理	组织协调	
设计准备阶段		投资规划 概算	建设周期 进度总目标	质量标准 功能、要求	合同管理 规划	信息收集、处理、使用	规划、消防、环保等
设计阶段	安全预评价	投资计划 预算	设计进度计划、出图计划	方案评选、优化、TE	设计合同 管理		各参与单位协调
施工阶段	施工现场 安全管理	编制、审核 控制	施工总进度 计划	事前、事中、事后控制	施工合同 管理		
动用前 准备阶段		动用前 准备结算	预(正式) 验收	竣工验收			
保修阶段		决算、保修费					

四、工程项目管理的目标系统

（一）工程项目管理的目标系统含义

工程项目管理采用严格的目标管理方法。工程项目管理的基本目标有三个，分别为：进度（工期）、质量（功能）、费用（投资、成本）。这些目标都通过合同管理来体现，如图 1-4 所示。

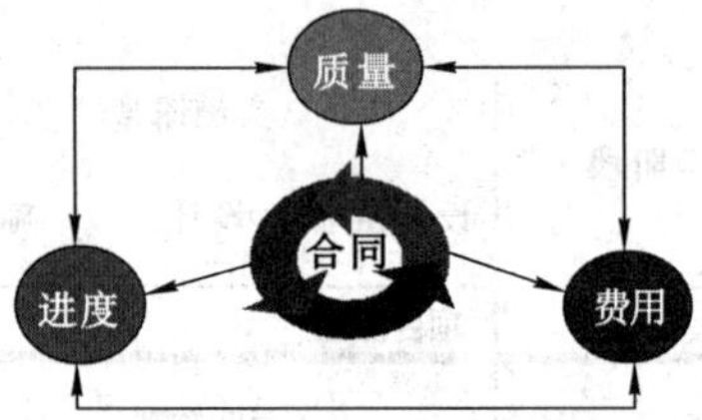

图 1-4　工程项目目标管理

三个基本目标共同构成项目管理的目标系统，三者互相联系、互相影响，既对立又统一。比如，进度与投资之间，加快进度可以提高投资效益，但加快进度的同时又意味着需要增加一定的投资；进度与质量之间，加快进度有可能会影响工程质量，而若质量控制严格、避免返工也会加快进度。所以，各目标需要综合协调方可达到均衡。

（二）工程项目管理的目标系统特点

根据各目标之间的对立统一关系，工程项目管理的目标系统具有以下三个特点。

（1）具有自身的结构。

（2）项目目标是完整的。

（3）要考虑目标的均衡性和动态性。

三个目标在项目的策划、设计、计划过程中均经历由总体到具体、由概念到实施、由粗到细的过程，形成一个控制体系。工程项目管理必须保证三个目标结构的均衡性、合理性，力求达到目标系统的整体优化。

项目目标系统是一个体系，对目标的描述需要由抽象到具体，见图 1-5。由图 1-5 可知，投资、进度和质量等目标下面都有一些更详细的划分。

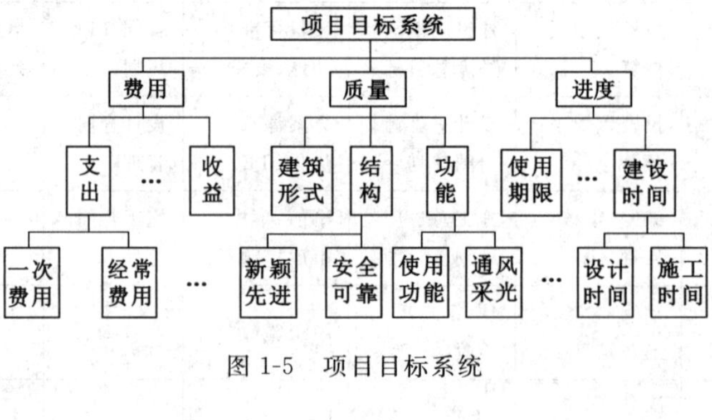

图 1-5　项目目标系统

五、常见工程项目管理类型间的联系与区别

（一）建设项目管理、设计项目管理、施工项目管理之间的联系

（1）建设项目管理、设计项目管理和施工项目管理都是以工程项目为对象进行的一次性活动，都具备项目的一切特征和一般规律，都可以应用工程项目管理的理论和方法进行管理。

（2）建设项目管理与设计、施工项目管理的客观活动共同构成工程建设活动的整体，三者必须相互配合才能有效实现工程建设的目标。

（3）建设项目的管理主体是建筑市场的买方，设计项目和施工项目的管理主体是卖方，三者共同形成建筑市场的主要交易活动。

（二）建设项目管理、设计项目管理、施工项目管理之间的区别

（1）管理主体不同。建设项目的管理主体是建设单位，设计项目的管理主体是设计单位，施工项目的管理主体是施工单位。

（2）管理目标不同。建设单位是以工程活动的投资者和建筑产品的购买者身份出现的，所以建设项目管理的目标是如何以最少的投资取得最有效的、满足功能要求的使用价值。建设项目管理的目标是一种成果性目标，而实现成果的具体工作活动的效率与其无关。施工单位和设计单位是以工程活动的执行者和建筑产品的出卖者身份出现的，追求的目标是如何在保证买方使用功能要求的条件下取得建筑产品的最大价值，即利润。设计与施工项目管理的目标是一种效率性目标。

（3）管理的方式与手段不同。建设项目的管理客体是投资活动，一般不需要掌握具体的设计与施工方法，对设计和施工活动的管理方式是间接的，采用的主要手段是合同管理。施工项目的管理客体是施工活动，设计项目的管理客体是设计活动，所以其管理方式是直接而具体的，采用的主要手段是指挥和控制。

（4）管理的范围和内容不同。建设项目管理涉及的范围包括工程从投资机会研究到工程正式投产使用，甚至一直到投资回收；内容应包括全过程各个方面的工作。施工项目管理的范围只是从施工招标到工程竣工移交的过程，内容是由施工合同界定的施工活动。设计项目管理的范围主要是工程设计阶段，内容包括委托设计合同中界定的设计任务以及在施工阶段的设计变更等。

第四节　工程项目管理的发展历史及趋势

一、原始的工程项目管理

在古代，我们的祖先就开始了项目管理的实践。人类早期的项目可以追溯到数千年以前，如古埃及的金字塔、古罗马的尼姆水道、我国的都江堰和万里长城。这些前人的杰作至今仍展示着人类智慧的光辉，反映了古代劳动人民在大型项目组织管理方面的卓越才能。古代工程以宫殿、水利、道路、园林、城墙、陵墓等为主体，有项目必然有与之相应的项目管理。例如，北宋丁谓一举三得重建皇宫的故事就是典型的项目管理。北宋时期，皇宫发生大

火后，由当时的宰相丁谓负责重修。这是一个复杂的工程，不仅要设计施工、运输材料，还要清理废弃物，任务十分艰巨。丁谓首先在皇宫前开沟渠，然后利用开沟取出的土烧砖，再把京城附近的汴水引入沟中，使船只运送建筑材料直达工地。工程完工后，又将废弃物填入沟中，复原大街，最终节约"几万万两白银"。这就很好地解决了取土烧砖、材料运输、清理废弃物三个难题，使工程如期完成。由此可见，古代工程建设过程与现代系统管理思想是一致的。

但是，直到20世纪初，项目管理还没有形成行之有效的计划和方法，没有科学的管理手段，没有明确的操作技术标准，对项目的管理还只是凭个人的经验、智慧和直觉。

二、现代的工程项目管理

（一）第一阶段：20世纪初至60年代——现代项目管理的产生阶段

20世纪初，人们就开始探索管理项目的科学方法。第二次世界大战前夕，亨利·甘特发明了横道图并成为计划和控制军事工程与建设项目的重要工具。随着第二次世界大战的全面爆发，需要研制新式武器、雷达设备等，这些从未做过的项目先后出现，技术复杂，参与人员多，时间紧迫，经费也有很大限制，项目管理应运而生。20世纪50年代，美国企业和军方相继开发出网络计划技术，主要有关键路径法、项目计划评审技术和图形评审技术等。1957年，杜邦公司将关键路径法应用于设备维修，使维修停工时间由125小时锐减为7小时。

（二）第二阶段：20世纪60年代至80年代——项目管理的发展阶段

20世纪60年代，典型的项目管理是美国的阿波罗登月计划，耗资300亿美元，2万多家企业参加，40多万人参与，使用了700万个零部件，运用了项目管理的思想，使各项工作进行得有条不紊，取得了很大的成功。阿波罗登月项目通过应用现代项目管理方法，证明了现代项目管理的科学性和使用价值，同时也使项目管理通过不断实践获得了很大发展，初步确立了项目管理的科学地位。1965年，国际项目管理协会在欧洲瑞士成立；1969年，美国项目管理协会在美国宾夕法尼亚州成立。国际项目管理学术组织的出现标志着项目管理走向了科学的发展道路。

（三）第三阶段：20世纪80至90年代——项目管理的成熟阶段

该阶段项目管理知识体系逐步确立、推广和完善，理论化程度越来越高，项目管理逐步向民营企业推广。加上这个时期个人计算机得到了普及，项目管理应用领域飞速扩大，从原来的建筑、土木工程、航空航天和国防工程的传统领域迅速扩大到整个制造业、IT服务业等。90年代知识经济时代来临，科学技术飞速发展，在整个管理科学领域出现了内部革新和知识结构重组，项目管理也以全新的面目出现在各行各业，包括政府、学校、金融等各类组织。项目管理成为一种新的管理科学。

（四）第四阶段：21世纪以后——项目管理的再发展阶段

进入21世纪，网络经济和信息技术飞速发展，项目管理成了一个热门的行业和职业。项目越来越大型化、复杂化、集成化，对项目综合管理要求越来越高。企业以项目为中心，进行项目化管理，采用以项目为主的发展模式。

三、工程项目管理的发展趋势

（一）工程项目的全寿命周期管理逐渐成为共识

工程项目管理范围向前延伸到前期的规划、论证等阶段，甚至更前期的政府经济发展规划。同时，在工程项目实施完成投产后，为了实现合作各方（出资方）的目标和利益，也使管理的范围继续向后推进到后续投产运行、维护等方面。工程项目管理的时效是项目全寿命周期，即从项目的规划阶段、融资阶段、实施阶段，直至运维阶段。工程项目管理贯穿与工程有关的各项社会、经济活动和各项目建设的全过程，并在不同的阶段具有不同的特点，参与主体众多，并相互渗透、相互制约。

（二）可持续发展成为指导工程项目管理的新理念

在日益重视生态、资源、环境问题的今天，可持续发展越来越成为人们关注的热点，社会呼吁可持续的绿色工程和绿色工程管理。

绿色工程是指充分应用现代科学技术，在工程规划和建设中加强环境保护和资源节约，优化生产环节和生产技术，建造质量优良、经济效益长久、社会效益良好的工程。

建设绿色工程对工程管理提出了新的更高的要求。工程管理工作除了必须强化环境评价、严格工程项目审批、合理布局与设计建筑设施、采用先进合理的施工方法外，更应该致力于研究符合可持续发展要求的工程管理组织方法和实施方法。

（三）和谐项目管理的理念逐渐产生

项目管理的和谐主要体现在工作关系上，也就是管理者与被管理者之间能够和谐共事。和谐项目管理的根基是领导者与被领导者之间的和谐。构成一个项目的单位是人，人与人的和谐是项目整体和谐的重要标志。人在项目管理中无非扮演两种角色，一种是管理者，另一种是被管理者。当两个角色以和谐奠定了工作关系的基调，那么这个项目必定是一个和谐的项目。

（四）专业化管理的特征日趋显著

现代工程项目投资规模大、应用技术复杂、涉及领域多、工程范围广泛，使工程项目管理具有复杂性、多变性，对工程项目管理提出了更新更高的要求。现代社会需要专业化的项目管理公司专门承接项目管理业务，为业主和投资者提供全过程的专业化咨询和管理服务，这样才能有高水平的项目管理。因此，职业化的项目管理者或管理组织应运而生。在我国工程项目领域中，职业项目经理、项目咨询师、监理工程师、造价工程师、建造师等，都是工程项目管理人才专业化的形式。而专业化的项目管理组织，如工程项目管理公司、工程咨询公司、工程监理公司等也是专业化组织的体现。可以预见，随着工程项目管理制度与方法的发展，工程项目管理的专业化水平还会进一步提高。

（五）重大工程社会责任研究成为热点

重大基础设施工程（简称“重大工程”）是对国家政治、经济、社会、科技发展、环境保护、公众健康与国家安全等具有重要影响的大型公共工程，其投资规模巨大、实施周期长、不确定因素复杂、利益相关者众多，对生态环境影响深远。重大工程建设的开放性、主体多元化以及新技术运用造成了工程的复杂性日益凸现，重大工程的社会责任治理面临着前所未有的挑战，主要包括参建主体社会责任缺失、工程建设生态环保意识羸弱、建筑职工健康安全体系不健全等。重大工程社会责任是指工程在规划、设计、建造和运营等全生命周期的不同阶段，各利益相关者为其决策和活动对社会和环境产生的影响而承担的社会责任。目前，学术界对此已进行了卓有成效的探索，但尚缺乏系统性研究，以重大工程可持续性为目标、社会责任为重要支撑的战略管理体系尚未建立，难以为重大工程的管理实践提供理论支撑及实践指引。尤其是面向重大工程国际化的新态势，在政治、经济、规制和文化差异背景下，不同利益相关者的诉求冲突，为重大工程社会责任管理理论和治理体系的研究带来一系列全新的问题。由此可见，重大工程社会责任的理论、方法及其治理体系，以及治理能力现代化等关键科学问题将成为本领域的研究热点。

（六）基于区块链的工程管理研究拓展了工程项目管理的范围

基础设施建设、航空航天、水利水运、能源开发等在内的各类工程共同推动了中国经济社会的发展，对于提升中国综合实力、改善民生具有重要作用。工程项目通常具有投资数额大、项目周期长、参与主体众多等特点。项目内合作关系复杂、互信程度低，易导致参与主体间目标的不一致，削弱生产力，甚至滋生违法犯罪，阻碍了工程管理目标的实现。构建信任关系已成为提升工程绩效、实现管理目标的关键。区块链技术具有信息防篡改、可追溯、公开透明、自动执行等特性，有改变工程项目组织互动方式的潜力，为营造互信的合作环境提供可能，已成为多个国家战略信息基础设施的重要内容。

区块链技术有助于明确工程项目各参与方的责任权利和利益，减少侥幸心理与投机主义行为，推动深层次合作。智能合约的集成能够实现包括工程供应链协作、工程数据保护、工程数字资产转移、工程保险、工程支付、工程人力资源与绩效考核等各类业务的自动化，从而简化管理逻辑、降低管理成本。目前，工程管理领域的区块链研究蓬勃发展，但整体仍处于起步阶段，缺乏实证探索，在工程招投标、工程设计、工程实施、工程运维、工程供应链等各方面的潜力值得研究。此外，对区块链技术与5G、物联网、工业互联网等通信网络基础设施与人工智能、云计算等新技术基础设施，以及与数据中心、智能计算中心等算力基础设施相集成的探索与验证将有助于工程管理向高标准、高效益、高质量的范式转移。

（七）信息技术在工程项目管理中的应用日益广泛

现代建设项目规模较大，参与单位较多，工程项目的管理，涉及方方面面的关系，如建设方、设计方、监理方、质监站、安监站及各种材料与设备的供应商等。项目内部需要处理和控制的内容也是纷繁复杂，如项目的技术、计划、质量、进度、安全、成本控制、环境保护、合同信息等。建设工程文件，如信函、通知、图纸、合同、进度报告、采购定单、检查申请和批准、设计变更记录等，更是种类繁多，传统的项目信息管理是以纸为载体，其传输方式是与传统的金字塔式管理体制相适应的沟通方式，这种方式层次多、效率低、费用高，极易因信息交流沟通失误造成损失。因此，在工程项目管理中，通过充分利用计算机技术、互联网技术等现代信息技术来提高工程管理水平、降低管理成本、正确决策、提高效率十分必要。在信息量剧增的今天，建筑企业管理必须充分利用现代信息技术。

利用计算机技术进行各项计算作业和辅助管理工作，如运用办公自动化系统、招投标系统（工程量计算、投标报价、标书制作、施工平面图设计、造价计算、编制工程进度网络）、设计计算系统（深基坑支护设计、脚手架设计、模板设计、施工详图设计）、项目管理系统（项目成本、质量和进度管理、日常信息管理)，可以提高工作效率，有效避免经验式管理带来的弊端。

复习思考题

1. 简述项目和工程项目的定义和特征。
2. 简述项目管理的定义和特征;分析项目管理和企业管理的区别。
3. 简述项目管理知识体系的主要内容。
4. 简述工程项目管理的定义、特征及基本思想。
5. 简述常见工程项目管理类型间的联系与区别。
6. 简述工程项目管理的发展趋势。

第二章　工程项目组织

第一节　工程项目组织的设计基础

一、组织

美国管理学家穆尼认为，组织是一种在一个协调的整体里把具体的任务或者职能相互联系起来的技术，其主要强调组织协调的重要作用。

社会系统学派的代表人物巴纳德将组织定义为：有意识地加以协调的两个或两个以上的人的活动或力量的协作系统。该定义强调组织是作为一个协调的系统，把一些事物以有秩序的、富有成效的方式组合在一起。

哈罗德·孔茨则将组织定义为正式的有意形成的职务结构或职位结构。该定义强调组织不仅是职位的结合，而且是种特定的结构。

罗宾斯和库尔特在其所著的《管理学》中，从管理职能的角度把组织定义为：安排和设计工作任务以实现组织目标的过程。管理者在这个过程中可以设计组织的结构。组织结构是一个组织内正式的工作安排，这个结构可以直观地展示在一份组织结构图中。当管理者创建或改变组织结构时，他们就是在进行组织设计。

组织是管理的一项重要职能。在管理领域中，通常认为组织一词具有两个方面的含义，可以用组织论的思想解释，如图 2-1 所示。

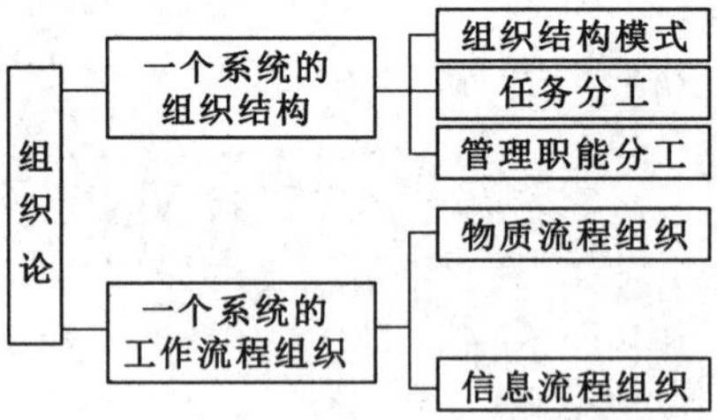

图 2-1　组织论对组织职能的解释

二、工程项目组织

（一）工程项目组织的概念

工程项目组织也称工程项目管理组织，是指为了最优化实现项目目标对所需资源进行合理配置而建立的一种临时性的组织机构。临时性是由工程项目一次性、临时性的特征所决定的。工程项目组织是由负责完成项目中各项工作的人、单位、部门组合的群体,通常包括业主、项目管理单位(监理单位)、施工和设计、供应单位等,有时还包括政府部门、金融机构等。

(二)工程项目组织的特点

(1)一次性、暂时性。工程项目组织因工程启动而组建,随工程项目的结束而解散。

(2)项目组织与企业组织之间关系复杂。项目组织既要研究项目各参与单位之间的相互关系,又要研究某一单位内部的项目组织形式。

(3)项目内的组织关系有多种形式,包括行政关系、合同关系、合同定义的管理关系等。工程项目组织有别于企业组织,往往有众多参与方,每个参与方都是独立的法人,有自己的组织机构及行政管理体系。参与方之间又有错综复杂的合同关系,以合同为纽带。在工程项目组织内,还有合同定义的管理关系,比如监理单位与施工单位间的关系。

(4)项目组织结构受项目系统分解结构的制约。

(5)目标和任务是决定组织运行的重要因素。工程项目管理是基于目标的管理,目标和任务的特征在很大程度上决定了组织的特征。

(6)项目组织更具有弹性和可变性。

(7)很难构成统一的行为方式和项目组织文化。

(8)项目经理在工程项目组织中的作用举足轻重。建设单位、设计单位、施工单位、监理单位等都设有项目经理职位,这些项目经理受法人委托,全权负责项目管理工作,对工程项目的成败至关重要。

(三)工程项目组织的作用

从组织与项目目标关系的角度看,项目组织的根本作用是保证项目目标的实现,主要体现在以下几个方面。

(1)合理的项目组织可以提高项目团队的工作效率。

(2)项目组织的合理确定,有利于项目目标的分解与完成。

(3)合理的项目组织可以优化资源配置,避免资源浪费。

(4)合理的项目组织有利于项目工作的管理。

(5)合理的项目组织有利于项目内外关系的协调。

三、工程项目组织的设计

组织设计是指管理者将组织内各要素进行合理组合,建立和实施一种特定组织结构的过程。组织设计是有效管理的必备手段之一。组织设计的实质是对管理人员的管理劳动进行横向和纵向的分工。组织设计理论经历了三个发展阶段:以马科思·韦伯、亨利·法约尔的行政组织理论为依据的古典组织理论阶段,以行为科学为理论依据的近代组织理论阶段,以及以权变管理理论为依据的现代组织理论阶段。

(一)工程项目组织设计的原则

1. 目的性原则

项目管理的总目标是设置施工项目组织机构的基本出发点和依据。在具体设置施工项目组织机构时,首先要有明确的施工项目管理总目标;然后将总目标分解为各项分目标、各级子目标；再从这些分目标、子目标出发，因目标设事，因事设机构、定编制，按编制设岗位、定职责、定人员，以职责授权力、定制度。各部门、层次、岗位的设置，管理信息系统的设计，各项责任制度、规章制度的建立等，都必须服从于各自相应的目标和总目标，做到与目标相一致、与任务相统一。

2. 精干高效原则

施工项目管理组织机构的设置应尽量减少层次，简化机构。各部门、各层次、各岗位的职责分明，分工协作，要避免业务量不足、人浮于事、相互推诿、效率低下。在人员配置上，要坚持通过考核聘任录用的原则，选聘素质高、能力强、称职敬业的人员，力求一专多能、一人多职，做到精干高效。

3. 管理跨度和管理层次统一原则

管理跨度又称管理幅度，是指一个主管人员直接管理的下属人员的数量。如果管理跨度太大，管理人员接触和要处理的工作关系的数量也随之加大，常会应付不过来；管理跨度太小，又会使管理层次过多，造成人才浪费。

管理层次是指组织中最高领导层到基层人员之间划分成的职位等级的数目，或者说是管理组织体系纵向管理层划分的等级数量。管理层次应适当，如果层次多，所需人员、设施、费用就多，信息传递速度慢且容易失真，并会增加协调上的困难。

管理跨度和管理层次之间是相互制约的关系。在组织总人员不变的情况下，跨度大，层次就少；跨度小，层次就多。因此，应根据施工项目的规模大小和管理人员的素质能力确定合理的管理跨度和管理层次。

图 2-2 为上海世博会工程建设指挥部的组织结构，从图中可以看出其管理层次与管理跨度。

4. 业务系统化管理原则

在项目管理活动中，客观存在着不同单位工程之间，不同组织、工种、作业之间，不同职能部门、作业班组之间，以及本组织结构和外部单位、环境之间的纵横交错、相互衔接、相互制约的业务关系。设计施工项目组织机构时，应使组织机构的层次、部门划分、岗位设置、职责权限、人员配备、信息沟通等与工程项目施工活动及生产业务、经营管理相匹配，充分体现责、权、利的统一，形成一个上下一致、分工协作、严密完整的组织系统。

5. 弹性和流动性原则

项目管理组织机构应能适应施工项目生产活动单件性、阶段性、流动性的特点，具有弹性和流动性。在施工的不同阶段，当生产对象数量、要求、地点，资源配置的品种、数量发生变化时，组织机构应能及时做出相应调整和变动，如对部门设置增减、人员安排的合理流动等，以更好地适应工程任务的变化，使施工项目组织机构始终保持在精干、高效、合理的水平上。

6. 项目组织与企业组织一体化原则

企业是施工项目组织机构的上级领导，企业组织是项目组织的母体。在组建施工项目组织机构，以及调整、解散项目组织时，项目经理由企业任免，人员一般都来自企业内部的职能部门，并根据需要在企业组织与项目组织之间流动，在管理业务上接受企业有关部门的指导。因而，施工项目组织机构是企业组织的有机组成部分，它的组织形式、结构应与企业母体相协调、相适应，体现一体化的原则，以便企业对其进行领导和管理。

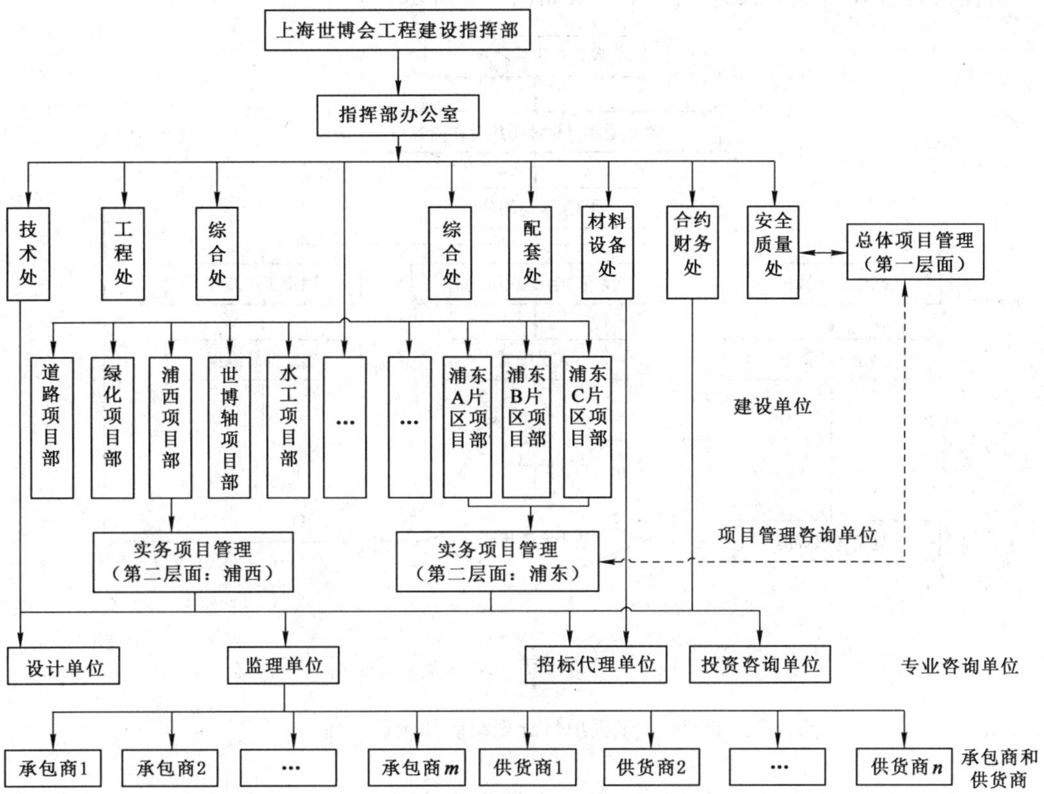

图 2-2　上海世博会工程建设指挥部的组织结构

（二）工程项目组织设计基础资料

（1）项目的种类、规模、性质等特征。

（2）项目的内在联系。

（3）项目工作分解结构。

（4）项目的经济合同关系与形式。

（5）业主方的项目管理水平。

（6）内外部的其他制约和限制条件。

（三）工程项目管理组织设计的程序

（1）确定项目总目标，总目标要是一个合理的目标。

（2）确定组织目标和组织工作内容。

（3）项目工作结构分解，即通过 WBS 分解得到项目工作任务和项目结构图。

（4）设置项目组织结构。

（5）确定工作岗位与工作职责。

（6）进行人员配置。

（7）确定工作流程与信息流程。

（8）制定考核标准。

工程项目管理组织的设计程序和步骤如图 2-3 所示。

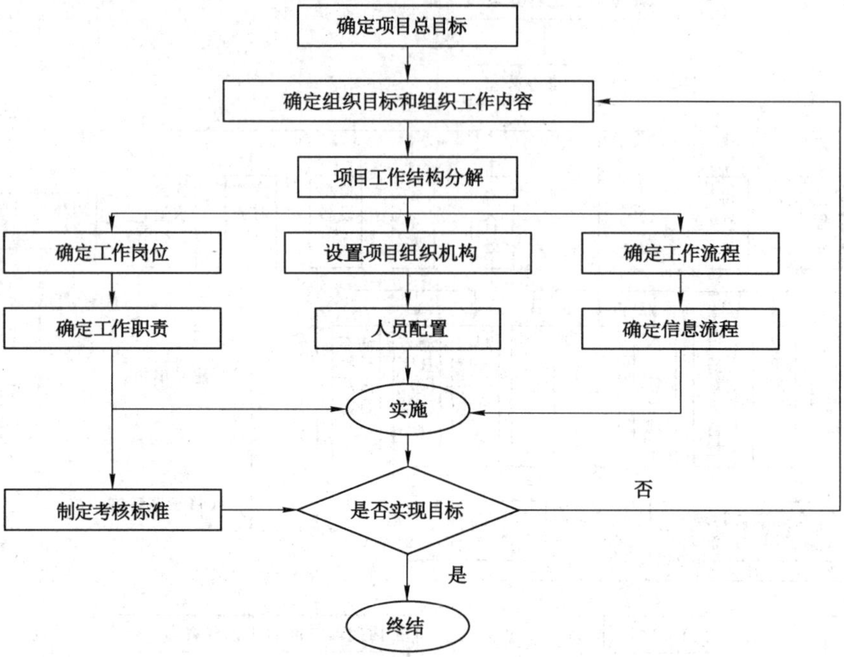

图 2-3 工程项目管理组织的设计程序

（四）工程项目组织设计时需把握的两个关系

进行工程项目组织设计时需把握好管理层次与管理跨度的关系，以及部门职能与部门划分间的关系。

1. 管理层次与管理跨度的关系

根据项目目标的层次性，任何一个项目的管理都可以分为多个不同的管理层次。管理层次是指从公司最高管理者到最基层工作人员之间的不同管理阶层。管理层次按从上到下的顺序通常分为决策层、协调层、执行层和操作层。管理跨度是指一名管理人员直接管理下级的人数。一般地说，管理层次与管理跨度是相互矛盾的，管理层次过多势必要减小管理跨度；管理跨度增大，同样也会减少管理层次。

2. 部门职能与部门划分的关系

确定部门职能时，部门负责的工作与事务太少，部门将人浮于事，影响工作效率和风气；职能过多，部门人员会疲于忙碌，管理困难，影响工作质量。所以，要合理处理二者间的关系。

第二节 工程项目管理组织

一、工程项目参与主体间组织

（一）工程项目参与主体间的合同关系

工程项目实施过程中各参与方的关系不尽相同，这里涉及工程项目管理模式的问题。

工程项目管理模式是指一个工程项目建设的基本组织模式及在完成项目过程中各参与方所扮演的角色及其合同关系。

业主是工程项目管理的核心，在项目管理中占主导地位，项目管理模式选定的恰当与否将直接影响到项目的质量、投产时间和效益。如果业主自身组织机构完善、管理力量强大，则可以自行实施项目管理，否则需要委托专业化的机构来实施。所以工程项目参与主体间合同关系网中业主处于网络中心，常与建设项目其他参与方有合同关系。这种关系随着建筑市场的不断完善和发展而经历不同的模式，并形成组织间不同的管理模式，本书将其划分为传统模式和其他模式。

(二) 传统的工程项目承发包模式及融资模式

1. 平行承发包

(1) 平行承发包的概念。

所谓平行承发包，是指业主将建设工程的设计、施工以及材料和设备采购的任务，经过分解分别发包给若干个设计单位、施工单位、材料和设备供应单位，并分别与各方签订合同。各设计单位、施工单位、材料和设备供应单位之间的关系是平行的，其合同结构如图 2-4 所示。

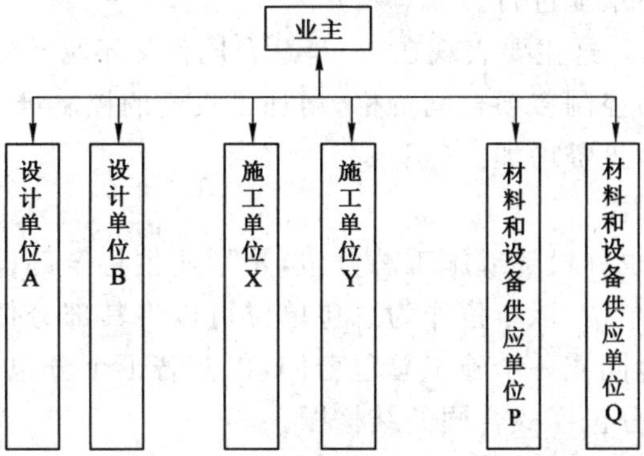

图 2-4　平行承发包模式合同结构

采用这种模式首先应合理地分解建设项目的任务，然后进行分类综合，并确定每个合同的发包内容，以便选择适当的承建单位。

在进行任务分解与确定合同数量、内容时应考虑以下因素。

① 工程情况。建设工程的性质、规模、结构等是决定合同数量和内容的重要因素。规模大、范围广、专业多的建设工程往往比规模小、范围窄、专业单一的建设工程合同数量要多。建设工程实施时间的长短、计划的安排也会影响合同数量。例如，对分期建设的两个单项工程，就可以考虑分成两个合同分别发包。

② 市场情况。首先，由于各类承建单位的专业性质、规模大小在不同市场的分布状况不同，建设工程的分解发包应力求使其与市场结构相适应。其次，合同任务和内容要对市场具有吸引力。中小合同对中小型承建单位有吸引力，又不妨碍大型承建单位参与竞争。另外，还应按市场惯例做法、市场范围和有关规定来决定合同的内容和大小。

③ 贷款协议要求。对两个以上贷款人的情况，贷款人可能对贷款使用范围、承包人资

格等有不同要求，因此，需要在确定合同结构时予以考虑。

（2）平行承发包模式的优点。

① 有利于缩短工期。由于设计和施工任务经过分解分别发包，设计阶段与施工阶段有可能形成搭接关系，从而缩短整个建设项目工期。

② 有利于质量控制。整个工程经过分解分别发包给各承建单位，合同约束与相互制约使每一部分能够较好地实现质量要求。如主体工程与装修工程分别由两个施工单位承包，当主体工程不合格时，装修单位是不会同意在不合格的主体工程上进行装修的，这形成了一种有利于质量控制的约束机制。

③ 有利于业主选择承建单位。在大多数国家的建筑市场中，专业性强、规模小的承建单位一般占有较大比重。平行承发包模式的合同内容比较单一，合同价值小、风险小，使许多提供专业化服务的中小企业有机会参与竞争。因此，业主可以在很大范围内选择承建单位，从而为择优选择承建单位创造了条件。

（3）平行承发包模式的缺点。

① 合同数量多，会造成合同管理困难。合同关系复杂，使建设项目系统内结合部位的数量增加，组织协调工作量大。因此，应加强合同管理的力度，加强各承建单位之间的横向协调工作，使工程有条不紊地进行。

② 投资控制难度大。这主要表现在：一是总合同价格不易确定，影响投资控制实施；二是工程招标任务量大，需控制多项合同价格，增加了投资的控制难度；三是在施工过程中，设计变更和修改较多，导致投资增加。

2. 设计施工分别发包

设计施工分别发包也称设计或施工总分包，是指业主将全部设计或施工任务发包给一个设计单位或一个施工单位，该单位作为总包单位可以将其部分任务再分包给其他承包单位，形成一个设计总包合同或一个施工总包合同，以及若干个分包合同的结构模式。图 2-5 是设计和施工均采用总分包模式合同的结构图。

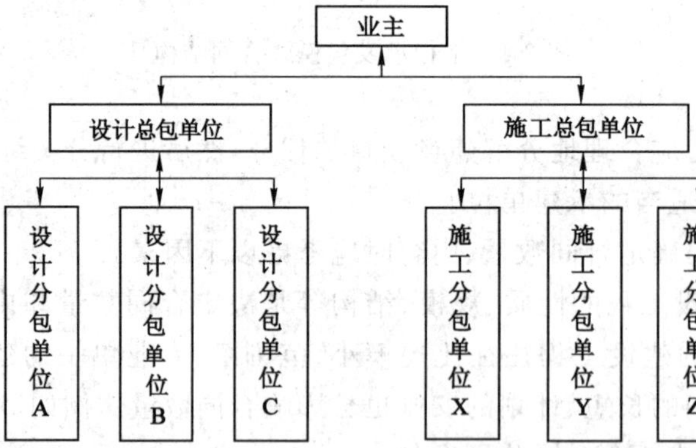

图 2-5　设计和施工总分包模式合同结构

（1）设计和施工总分包模式的优点。

① 设计和施工总分包模式有利于建设工程的组织管理。在该模式中，由于业主只与一个设计总包单位或一个施工总包单位签订合同，工程合同数量比平行承发包模式要少很多，

因此，该模式有利于业主的合同管理，也可以使业主的协调工作量减少，从而充分发挥监理与总包单位多层次协调的积极性。

② 设计和施工总分包模式有利于投资控制。在该模式中，总包合同价格可以较早确定，并且监理单位也易于控制。

③ 设计和施工总分包模式有利于质量控制。在该模式中，既有分包单位的自控，又有总包单位的监督，还有工程监理单位的检查认可，有利于质量控制。

④ 设计和施工总分包模式有利于工期控制。在该模式中，总包单位具有控制的积极性，分包单位之间也有相互制约的作用，有利于总体进度的协调控制，也有利于监理工程师控制进度。

(2) 设计和施工总分包模式的缺点。

① 建设周期较长。在该模式中，由于设计图纸全部完成后才能进行施工总包的招标，不仅不能将设计阶段与施工阶段搭接，而且施工招标需要的时间也较长。

② 总包报价可能较高。在该模式中，一方面，对于规模较大的建设工程，通常只有大型承建单位才具有总包的资格和能力，竞争相对不甚激烈；另一方面，对于分包出去的工程内容，总包单位都要在分包报价的基础上加收管理费向业主报价。

3. 工程项目总承包

工程项目总承包是国际通行的建设项目组织实施模式，我国也在大力推行这种模式。《关于培育发展工程总承包和工程项目管理企业的指导意见》提倡具备条件的建设项目，采用工程总承包、工程项目管理方式组织建设；鼓励具有工程勘察、设计、施工、监理资质的企业，通过建立与工程项目管理业务相适应的组织机构、项目管理体系，充实项目管理专业人员，按照有关资质管理规定在其资质等级许可的工程项目范围内开展相应的工程项目管理业务。《关于进一步推进工程总承包发展的若干意见》中指出，建设单位在选择建设项目组织实施方式时，应当本着质量可靠、效率优先的原则，优先采用工程总承包模式，政府投资项目和装配式建筑应当积极采用工程总承包模式，推动产业转型升级，服务于“一带一路”战略实施。

所谓项目总承包模式是指业主将工程设计、施工、材料和设备采购等工作全部发包给一家承包公司，由其进行实质性设计、施工和采购工作，最后向业主交出一个已达到动用条件的工程。按这种模式发包的工程也称“交钥匙工程”。这种模式下的合同结构如图 2-6 所示。

(1) 项目总承包模式的优点。

① 合同关系简单，组织协调工作量小。在该模式中，业主只与项目总承包单位签订一个合同，合同关系大大简化。监理工程师主要与项目总承包单位进行协调。许多协调工作量转移到项目总承包单位内部及其与分包单位之间，这就使建设工程监理的协调工作量大为减少。

② 缩短建设周期。由于设计与施工由一个单位统筹安排，两个阶段得以有机地融合，一般都能做到设计阶段与施工阶段相互搭接，因此有利于控制进度目标。

③ 有利于投资控制。通过设计与施工的统筹考虑可以提高项目的经济性，从价值工程或全寿命周期费用的角度可以取得明显的经济效果，但这并不意味着项目总承包的价格低。

(2) 项目总承包模式的缺点。

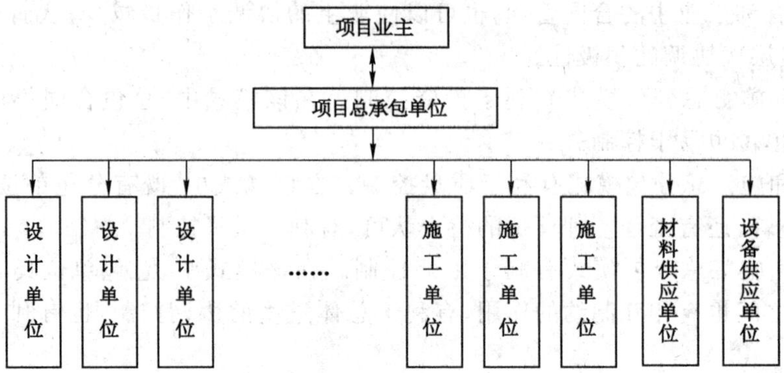

图 2-6　工程项目总承包模式合同结构(注:双向箭头表示合同关系)

① 招标发包工作难度大。合同条款不易准确确定,容易造成较多的合同争议。因此,该模式虽然与业主方签订的合同量最少,但是合同管理的难度一般较大。

② 业主择优选择承包方范围小。由于承包范围大、介入项目时间早、未确定的工程信息较多,因此承包方要承担较大的风险,而有此能力的承包单位数量相对较少,这往往导致合同价格较高。

③ 质量控制难度大。这有两方面原因:一是质量标准和功能要求不易做到全面、具体、准确,质量控制标准制约性受到影响;二是"他人控制"机制薄弱。

(三) 其他工程项目承发包及融资模式

2019 年 3 月,《发展改革委　住房城乡建设部关于推进全过程工程咨询服务发展的指导意见》下发,意见中指出在房屋建筑和市政基础设施领域推进全过程工程咨询服务发展。全过程工程咨询服务是对工程建设项目前期研究和决策以及工程项目实施和运营的全生命周期提供包含设计和规划在内的涉及组织、管理、经济和技术等各有关方面的工程咨询服务。全过程工程咨询服务可采用多种组织模式,为项目决策、实施和运营持续提供局部或整体解决方案。下面对目前流行的几种模式进行简单分析。

1. 项目管理服务

项目管理服务是指业主通过招标方式聘请一家有实力的项目管理服务公司代表其在项目实施全过程或其中若干阶段进行项目管理。项目管理服务公司在项目前期,为业主编制可行性研究报告,进行可行性分析和项目策划;在实施阶段,为业主提供招标代理、设计管理、采购管理、施工管理和试运行等服务,代表业主对工程项目进行质量、安全、进度等各目标管理和控制。

该模式下业主与项目管理服务公司签订项目管理咨询服务合同,由项目管理服务公司负责项目全过程或若干阶段的管理。项目管理服务公司与施工承包商之间没有合同关系,只是管理协调关系,如图 2-7 所示。

2. 项目管理承包

项目管理承包除完成项目管理服务的全部工作内容外,还应完成合同约定的工程初步设计(基础工程设计)等工作。项目管理承包模式下,业主与项目管理承包商签订合同,项目管理承包商与施工承包商签订合同,项目管理承包商除代表业主进行项目管理外,还可以承

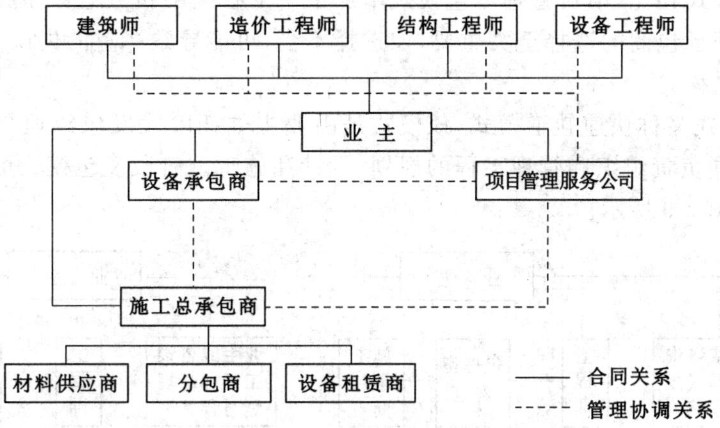

图 2-7　项目管理服务模式

担部分工程的设计、采购或施工工作。这种模式下的业主与施工承包商没有合同关系,因而业主控制施工的难度较大,项目管理承包模式如图 2-8 所示。

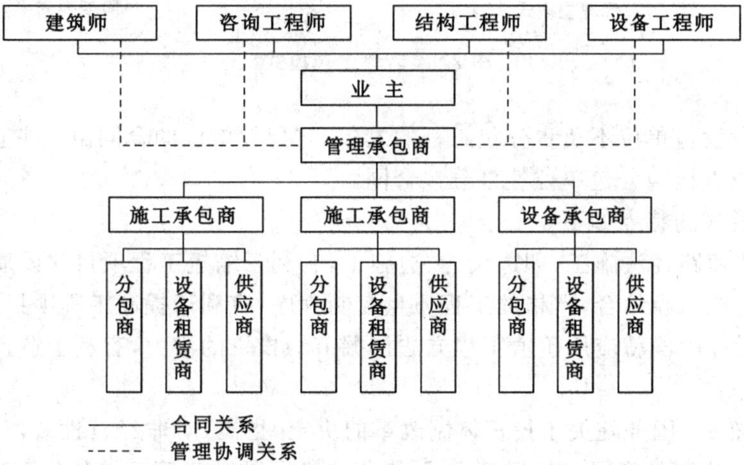

图 2-8　项目管理承包模式

(1) 项目管理承包模式的优点。

① 该模式可充分发挥项目管理承包商在项目管理方面的专业技能,统一协调和管理项目的设计与施工,有利于减少设计变更,并通过优化设计方案实现全寿命周期成本最低。

② 项目管理承包商会根据工程设计情况选择合适的合同形式,从整体上为业主节省投资。

③ 该模式可方便地采用阶段发包,有利于缩短工期。

(2) 项目管理承包模式的缺点。

① 项目管理承包模式下的业主与施工承包商没有合同关系,因而业主控制施工的难度较大。

② 与传统模式相比，项目管理承包模式增加了一个管理层和一笔管理费。

③ 项目管理承包商的选择至关重要，如选择不当，可能导致严重的失误。

3. 阶段发包模式

阶段发包模式又称快速轨道模式，该模式是由业主委托阶段发包经理与工程师组成一个联合小组，共同负责组织和管理工程的规划、设计和施工。阶段发包模式可分为代理型和风险型两种，如图 2-9 所示。

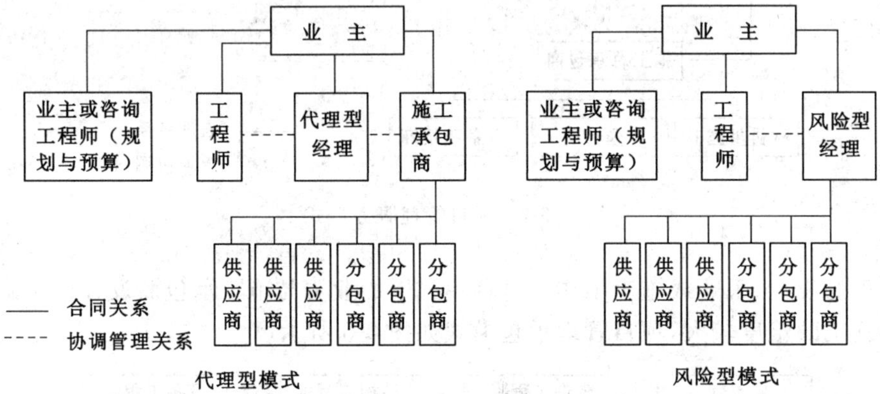

图 2-9　阶段发包模式

代理型阶段发包单位不负责分包工程的发包，与分包单位的合同由业主直接签订；风险型阶段发包单位直接与分包单位签订分包合同。

阶段发包模式的特点如下。

(1) 采用快速路径法施工，即边设计、边施工，有利于缩短工程项目建设周期。

(2) 设计与施工相结合，严格的工程质量控制程序，有利于提高工程项目质量。

(3) 早在设计阶段就应用价值工程方法挖掘节约投资的潜力，有利于造价控制。

4. 代建制

2004 年发布的《国务院关于投资体制改革的决定》指出，对非经营性政府投资项目加快推行代建制。代建制是指通过招标等方式，选择专业化的项目管理单位负责建设实施，严格控制项目投资、质量和工期，竣工验收后移交给使用单位，如图 2-10 所示。

(1) 代建制的特点。

① 代建制是一种针对非经营性政府投资项目的建设实施组织方式。非政府项目也可以采用代建制，即项目管理承包模式。

② 代建单位一般是由政府投资部门通过三种方式选定：委托政府专业机构、招标选定或指定政府所属工程公司。

③ 代建单位与政府投资部门之间签订代建协议，计取“代建管理费”，工程代建的性质是工程建设管理和咨询，不是工程承包商；代建单位与施工单位之间签订的是施工合同，双方是发承包关系，施工单位收取的是“工程款”。

(2) 代建制的优点。

① 打破原来政府投资体制“投、建、管、用”四位一体的模式，有利于遏制腐败。

② 专业化的代建单位有利于提高项目管理水平和工作效率。

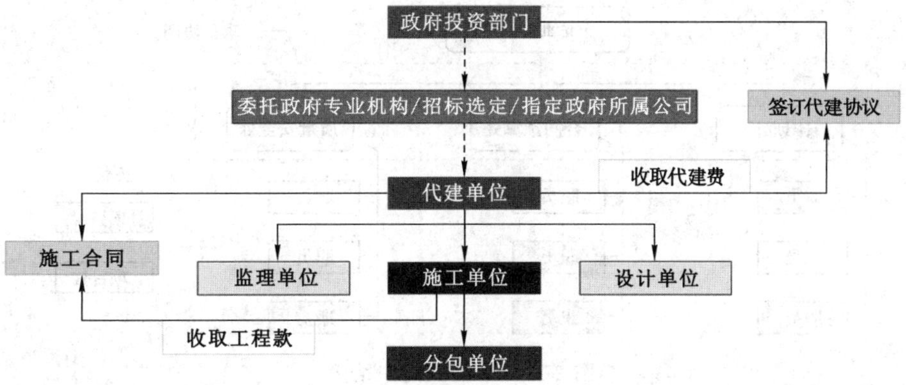

图 2-10 代建制

③ 代建单位根据代建合同严格控制投资、进度、质量等目标,项目控制得到更好地落实。

④ 代建制将增强项目建设各方的责任意识,项目建设各方之间产生互相监督工作的关系,使得政府对项目监管更加规范有力。

5. 各种项目管理模式对比

项目管理服务中,项目管理方与业主签订咨询合同,与承包商无合同关系,工作阶段可以是全过程或某阶段,根据工作范围有不同的介入时间,项目管理方承担管理责任,风险较小。项目管理承包中,项目管理方与业主签订管理承包合同,也与承包商签约,工作范围是全过程,项目管理方在前期策划阶段介入,承担管理承包责任,有一定风险。阶段发包模式中,阶段发包单位的工作范围涉及设计和施工阶段,其中代理型的阶段发包单位与承包商没有合同关系,风险较小;但风险型的阶段发包单位与承包商有合同关系,风险较大。代建制模式下代建单位行使"项目法人"权利,与承包商有合同关系,在工程项目建设全过程开展工作,承担管理承包责任,有一定风险。

二、工程项目内部组织

工程项目内部组织结构的基本形式包括职能式组织、项目式组织、矩阵式组织。

(一) 职能式组织结构

职能式是按专业分工设置管理职能部门,各部门在其业务范围内有权向下级发布命令;每一级组织既服从上级直接部门的指挥,也听从上级职能部门的指挥。它既有直线部门,又有职能部门,且职能部门拥有直线指挥权。职能式组织结构如图 2-11 所示。

1. 职能式组织结构的优点

(1) 资源利用上具有较大的灵活性。各职能部门主管可以根据项目需要灵活调配人力等资源的强度,待分配的工作完成后,可做其他日常工作,降低了资源闲置成本。尤其是技术专家在本部门内可同时为其他项目服务,提高了人力资源的利用率。

(2) 有利于提高企业技术水平。职能式项目组织形式是以职能的相似性划分部门的,同一部门人员可交流经验,共同研究,提高业务水平。同时,可以保证项目不会因人员的更换而中断,从而保证项目技术的连续性。

(3) 有利于协调企业整体活动。由于职能部门主管只向企业领导负责,企业领导可以

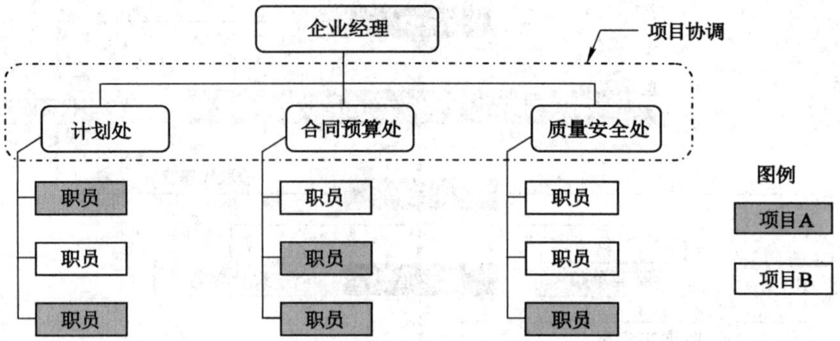

图 2-11　职能式组织结构

从全局出发协调各部门的工作。

2. 职能式组织结构的缺点

(1) 责任不明,协调困难。由于各职能部门只负责项目的一部分,没有一个人承担项目的全部责任,各职能部门内部人员责任也比较淡化。同时,各部门常从其局部利益出发,对部门之间的冲突很难协调。

(2) 不能以项目和客户为中心。职能部门的工作方式常常是面向本部门的,不以项目为关注焦点,项目工作人员的积极性也不高,项目和客户的利益往往得不到优先考虑。

(3) 对于技术复杂的项目,跨部门之间的沟通更为困难。

3. 职能式组织结构的应用

职能式组织结构适用于中小型、产品品种比较单一、生产技术发展变化较慢、外部环境比较稳定、企业综合平衡能力较强的企业或企业子组织。工程承包企业和监理企业较少单纯采用这一组织形式,项目监理部或项目经理部常可采用这种形式。项目监理部职能式组织结构如图 2-12 所示。

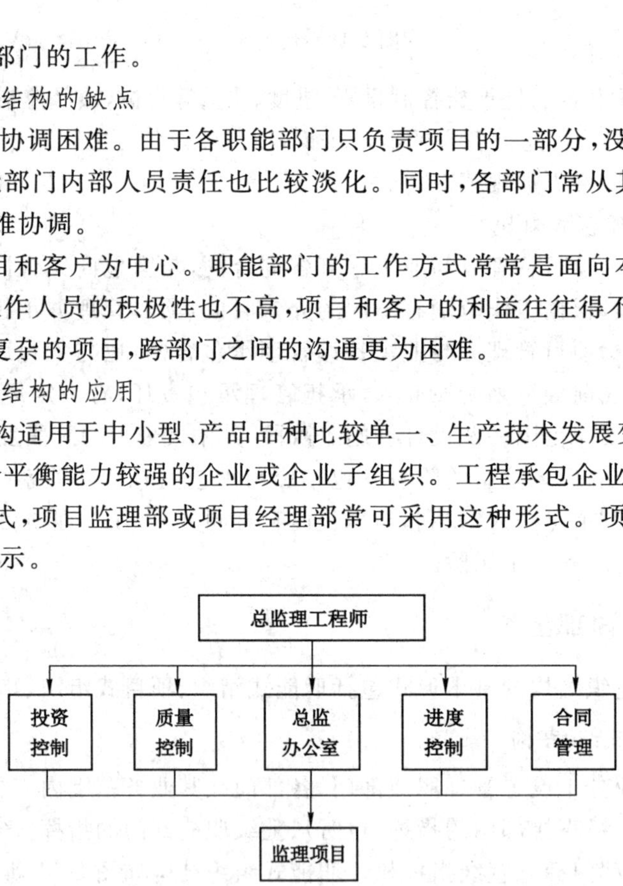

图 2-12　项目监理部职能式组织结构

(二) 项目式组织结构

项目式组织是指一切工作都围绕项目进行,通过项目创造价值并达成自身战略目标的组织,包括企业、企业内部的部门、政府或其他机构。这里的项目式组织,是指一种专门的组织结构。项目式组织结构如图 2-13 所示。

1. 项目式组织结构的优点

(1) 以项目为中心,目标明确。项目式组织是基于项目而组建的,项目组成员的中心任

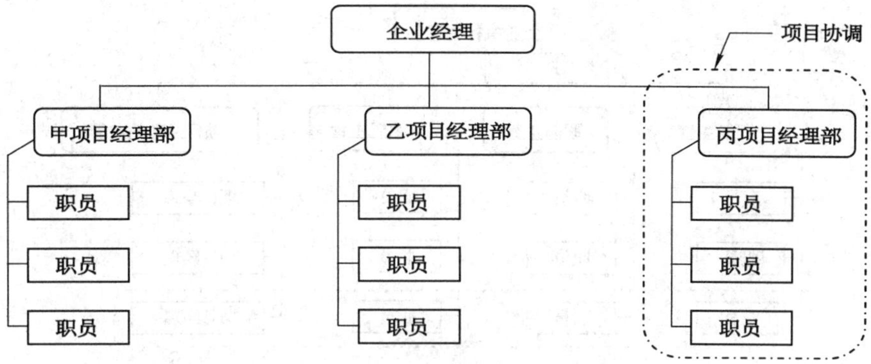

图 2-13　项目式组织结构

务是按合同完成工程项目,目标明确单一,所需资源也是依据项目划分的,便于协调。

(2) 权利集中,命令一致,决策迅速。项目经理对项目全权负责,项目组成员对项目经理负责,避免了多重领导的局面。

(3) 项目式组织简单灵活,易于操作。项目组织从职能部门分离出来,使得沟通变得更为简洁。

(4) 有利于全面管理人才的成长。

2. 项目式组织结构的缺点

(1) 机构重复,资源闲置。项目式组织按项目设置机构、分配资源,每个项目都有自己的一套机构,这会造成人力、技术、设备等的重复配置。

(2) 较难给成员提供企业内项目组之间相互交流的机会,不利于企业技术水平的提高。

(3) 不利于企业领导整体协调,项目经理容易各自为政,忽视企业整体利益。

(4) 项目成员与项目有着很强的依赖关系,不利于项目与外界的沟通。

(5) 不允许同一资源同时分属不同的项目,对项目成员来说,缺乏工作的连续性和保障性,从而加剧了企业的不稳定性。

3. 项目式组织结构的适用范围

项目式组织结构适用于同时进行多个项目但不生产标准产品的企业,常见于一些涉及大型项目的公司,如建筑业、航空航天业等。项目式组织结构也能应用到非盈利机构,如募捐活动的组织、庆祝活动、大型聚会等。

(三) 矩阵式组织结构

矩阵式组织结构参加项目的人员由各职能部门负责人安排,在项目工作期间,项目工作人员应服从项目团队的安排,不独立于职能部门之外,这是一种暂时的、半松散的组织形式,项目团队成员之间的沟通不需通过职能部门领导,项目经理往往直接向公司领导汇报工作。

根据项目团队中的情况,矩阵式项目组织结构又可分为弱矩阵式组织结构、强矩阵式组织结构和平衡矩阵式组织结构三种形式。弱矩阵式组织结构和强矩阵式组织结构的主要区别为是否有一个专职的项目经理负责项目的管理与运作。而平衡矩阵式组织结构是介于强矩阵式组织结构与弱矩阵式组织结构之间的一种形式。以强矩阵为例的项目式组织结构如图 2-14 所示。

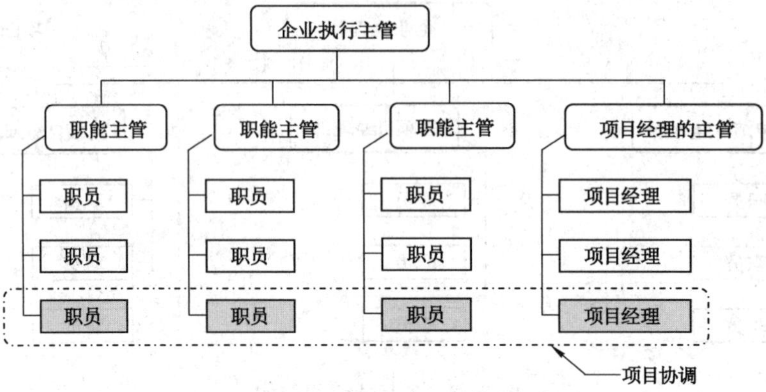

图 2-14　以强矩阵为例的项目式组织结构

1. 矩阵式组织结构的优点

(1) 矩阵式组织结构可以克服职能式组织责任不明、无人承担项目全部责任和协调困难的被动局面。

(2) 矩阵式组织结构可以共享各个部门的技术储备,摆脱项目式组织形式资源闲置的困境,从而可以大大减少项目式组织结构中出现的资源冗余。

(3) 项目组成员对项目结束后的忧虑减少,当指定的项目结束时,项目组成员大都可以返回原来的职能部门。

(4) 项目组成员对环境的变化以及项目的需要能迅速做出反应,而且对公司组织内部的要求也能做出较快的响应。

(5) 矩阵式组织结构平衡了职能经理和项目经理的权力,企业领导可以从总体上对资源进行统筹安排,以保证系统总目标的实现。

2. 矩阵式组织结构的缺点

(1) 矩阵式组织结构容易加剧项目经理和职能经理之间的紧张局面。

(2) 多个项目在资源方面能够取得平衡,既是其优点,又是其缺点,跨项目分享资源会导致冲突和对稀缺资源的竞争。

(3) 矩阵式组织结构与命令统一的管理原则相违背,项目成员至少有两名上级领导,即项目经理和部门经理。

(4) 项目经理需要花费相当多的时间用在与各职能部门之间的协调上,会影响决策的速度和效率。

3. 矩阵式组织结构的应用

矩阵式组织结构适用于大型企业及高科技企业,也适用于工程总承包企业,以及从事大型建设项目的公司。图 2-15 是三峡一期工程现场监理部矩阵式组织结构图。

值得注意的是,实践中较难有单纯而规则的矩阵式组织结构,可能出现不规则的鱼网状形式或其他形式。另外,矩阵式组织结构的管理难度有时足以抵消其低成本和易获得广泛技术支持所带来的好处。

(四) 影响项目组织结构选择的关键因素

影响项目组织结构选择的关键因素包括:不确定性、所用技术、复杂程度、持续时间、规

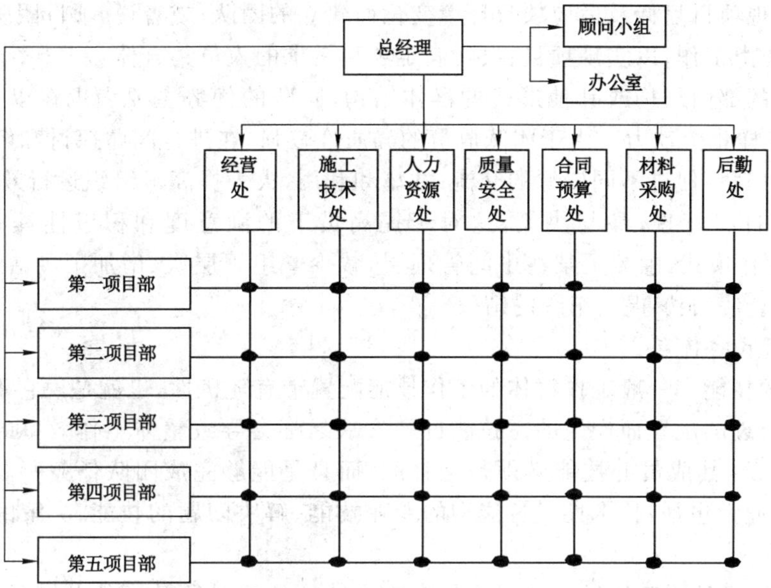

图 2-15　三峡一期工程现场监理部矩阵式组织结构

模、重要性、客户类型、对内部依赖性、对外部依赖性、时间限制性等，具体影响程度的大小如表 2-1 所示。

表 2-1　影响项目组织结构形式选择的关键因素

影响因素	职能式组织结构	矩阵式组织结构	项目式组织结构
不确定性	低	高	高
所用技术	标准	复杂	新
复杂程度	低	中等	高
持续时间	短	中等	长
规模	小	中等	大
重要性	低	中等	高
客户类型	各种各样	中等	单一
对内部依赖性	弱	中等	强
对外部依赖性	强	中等	强
时间限制性	弱	中等	强

第三节　项 目 团 队

一、项目团队概述

（一）项目团队的概念及特点

1. 项目团队的概念和优势

团队是指为了达到某一确定目标，具有不同分工及不同层次权力和责任的一群人。项目团队是为实现项目目标及适应项目环境变化而建立的团队；或者说，项目团队是指一组相互联系、同心协力工作，以实现项目目标，满足项目需求的人员集合体。

相比传统的部门结构或其他形式的群体结构，团队的优势主要表现在以下四个方面：① 充分利用多样化劳动力。由于团队成员的异质性较强，在进行问题探讨和解决过程中可以更好地集思广益，促进不同资源的交流、共享和利用，大大提高了组织运行效率。② 团队中的成员进行自我管理，参与决策，这对于提高员工的满意度和积极性具有重要作用。③ 采用团队运作模式，削减了某些中间管理层，减少了组织层次，增加了灵活性，有利于促进员工的创新。④ 能够提高组织的绩效。

2. 项目团队的特点

(1)互补的技能。一般工作群体的工作技能配置带有随机性，也就是说它不是根据目标的需要、通过合理的配置而产生的。技能过剩或缺乏都会导致整体工作效率的下降。作为一个真正的团队，其成员的技能必须是互补的，而且是能够完成团队任务所需要的技能组合。这些技能通常包括：技术性或智能型的专业技能、解决问题的技能、决策的技能和人际关系的技能。

(2) 共同认可且明确的目标。团队具有为全体团体成员所认可的共同目标，为团队成员指引方向、提供动力，这个目标是一种愿景。团队通常会花大量的时间和精力来讨论、修改、完善一个在团队层面和个人层面都被大家认可的目标。随后，全体成员将这个目标转变为具体的、可衡量的、切实可行的计划。团队永远是跟具体目标与业绩目标相联系的，人们围绕着这个共同的目标组织起来，并为实现这个目标不断地奋斗。一个共同的、有意义的目标能确定团队的基调以及方向，而具体的业绩目标则是这个目标的构成部分。

(3) 遵循规定的规章。明确的分工使全体成员行动一致，按照规定的程序和方法，把个人的技能与团队的智慧和力量紧密结合起来，一切工作围绕目标和业绩形成一个核心，不容许分散力量和干扰目标的行为出现。

(4) 相互承担责任。团队作为一个由个人构成的相对独立的工作单元，对于责任的认定是区别个人以及工作群体的。如果个人作为一个工作单元的话，责任当然是个人担当；而工作群体的日常管理以及决策权仍在管理者手中，成员之间的关系相对不紧密，责任认定方面仍是以个人为主。团队却不一样，一个团队就像同在一条船上，明确的分工以及统一的目标让团队全体成员都成为利益相关者，同时又是责任的承担者。正是这种成员间休戚相关的关系，让团队更能够集众人之力高效、准确地达成目标。

(5) 适当的规模。团队的人数应根据任务的需要保持在一个合理的范围，按照经验，一般控制在 2～15 人。团队成员太多会造成沟通上的麻烦，降低工作效率，而且也容易造成人员闲置，不能最大限度地发挥团队中每一位成员的力量。对于团队来说，一个与目标相对应的人数配置是高效完成任务的重要因素。

(二) 项目团队的发展与建设

一个项目团队从开始到终止，是一个不断成长和变化的过程，这个过程一般分为五个阶段：组建阶段、磨合阶段、正规阶段、成效阶段和解散阶段。

1. 组建阶段

组建阶段，即团队形成阶段。该阶段以项目团队在目的、结构、领导方面存在大量的不确定性为特点。团队成员常常是“摸着石头过河”，以确定哪些行为能够被项目团队接受。当项目团队成员开始把自己视为项目团队的一分子来思考问题时，这一阶段就算结束了。

2．磨合阶段

团队形成之后，队员们已经明确了项目的工作内容以及各自的职责，于是开始执行分配到的任务，进入磨合阶段，也称风暴阶段。这是一个凸显内部冲突的阶段。此时项目团队成员虽然接受项目团队的存在，却抵制项目团队对个体施加的约束，在由谁控制项目团队的问题上会发生冲突。这一阶段结束时，项目团队内部会出现比较明朗的领导层级，项目团队成员在发展方向上达成共识。

3．正规阶段

这一阶段，项目团队进一步发展密切的群体内关系，同时也表现出凝聚力，成员有一种强烈的项目团队认同感和志同道合感。当项目团队结构比较稳固、项目团队成员对那些正确的成员行为达成共识时，这一阶段就结束了。

4．成效阶段

在该阶段，项目团队的结构优势得到充分发挥，团队的形式得到广泛认可。项目团队成员的精力由主要用于相互认识和了解变为完成当前的工作任务。

5．解散阶段

随着项目的竣工，项目团队准备解散。

（三）建立高绩效的项目团队

1．高绩效项目团队的标准特性

一般认为，高绩效项目团队的特征有：具有较高的业绩和工作效率；具有革新性和创造性行为；团队成员责任明确，职业目标与项目要求相一致；具有解决冲突的能力，但当冲突可能产生有益的结果时，鼓励冲突；有效的交流；较高的信任度；相互合作和高度的工作热情，以及高昂的士气。较差绩效的项目团队表现为：较低的业绩；责任心不强；不明确的项目目标，主要参与人责任心和水平参差不齐；不计一切代价的混乱和冲突；蓄意的破坏或工作拖延。

2．建立高绩效项目团队的方法

（1）明确团队目标，制订行动计划。一个优秀的团队，必然是建立在团队成员相同的利益、相同的兴趣、相同的奋斗目标之上。因此，团队成立之初，必须根据团队使命、组织目标和利益相关者的需求确定团队目标、制订工作计划。比如管理咨询公司与客户签订合同后，根据客户的需求组建项目团队，确定项目团队的使命和组织目标，在规定的时间内利用管理咨询公司的专业知识和技能帮助客户解决实际问题，并顺利回收咨询服务项目款。在此目标基础上，团队需进一步制订团队的工作计划，明确每个阶段、每周甚至是每天的工作任务、所要完成的项目成果，设计关键节点，以利于项目整体的把控。

（2）界定成员职责。目标明确后，应确定团队的主要负责人。主要负责人应全权负责相应工作的计划与组织实施，对团队集体负责。主要负责人应根据目标确定团队的主要工作职责，然后将每项职责细化并分解落实到每个成员，进一步理顺每个成员的主要工作职责，要求他们必须清楚真正的工作职责、级别角色、工作权限和团队价值贡献，并使每个成员都明白各项工作具体由谁负责，这样就从某种程度上避免了成员的偷懒。

（3）建立团队制度。团队建设与发展离不开管理制度，建立合适的团队管理制度，是打造高绩效团队、实现组织目标的切实保障。具体来讲，在团队运作过程中，主要是建立健全处罚、激励考核、内部沟通等制度。

(4) 实施团队考核，坚持赏罚分明。团队的激励考核制度建立后，关键是要执行，如果执行力偏弱，再好的制度也会形同虚设。因此，在团队运作过程中，要严格执行绩效考核制度，根据团队业绩的考核进行赏罚，通过绩效考核制度引领团队前进。

(5) 重视过程沟通，强调阶段管理。要想实现团队目标，必须建立定期和不定期的团队沟通机制。团队中的每一位成员不仅有责任将自己的工作进展情况随时反馈给团队其他成员，还有义务尽可能地去了解其他成员以及整个团队的工作进展情况，并根据实际情况适当地修正自己的行为，避免偏离正确的轨道，从而最终实现团队目标。

二、项目经理部

项目经理部是组织设置的项目管理机构，承担项目实施管理任务和目标实现的全面责任。建设工程实施项目管理均应在其组织中设置。项目经理部应为一次性组织机构，其设置应严格按照组织管理制度和项目特点，随项目的产生而产生，随项目的完成而解体。项目经理部是项目管理的重要组成部分，加强项目经理部的管理对实现项目的质量、进度、成本等目标起着至关重要的作用。

(一) 项目经理部的设置原则

(1) 项目经理部应为一次性组织机构，其设置应严格按照组织管理制度和项目特点，随项目的产生而产生，随项目的完成而解体。

(2) 要根据设置的项目组织形式设置项目经理部。

(3) 要根据项目的规模、复杂程度和专业特点设置项目经理部。

(4) 项目经理部是一个具有弹性的一次性管理组织，应随工程任务的变化进行调整。

(5) 项目经理部的人员配置应面向现场，满足现场的计划与调度、技术与质量、成本与核算、劳务与物资安全以及文明作业的需要。

(6) 在项目管理机构建成以后，应建立有利于组织运转的工作制度。

(二) 项目经理部的规模

施工项目经理部的规模等级一般按项目的性质和规模划分，如表 2-2 所示。

表 2-2　项目经理部规模等级

施工项目经理部等级	施工项目规模		
	群体工程建筑面积/10^4 m^2	单体工程建筑面积/10^4 m^2	各类工程项目投资/万元
一级	≥15	≥10	≥8 000
二级	10～15	5～10	3 000～8 000
三级	2～10	1～5	500～3 000

(三) 施工项目经理部的部门设置和人员配置

施工项目是市场竞争的核心、企业管理的重心、成本管理的中心。为此，项目经理部应优化设置部门、配置人员，全部岗位职责能覆盖项目施工的全过程，人员应素质高、一专多能、有流动性。表 2-3 列出了不同等级的项目经理部部门设置和人员配置要求。

表 2-3　项目经理部的部门设置和人员配置参考

施工项目经理部等级	人数/人	项目领导	职能部门	主要工作
一级	30～45	项目经理 总工程师 总经济师 总会计师	经营核算部门	预算、资金收支、成本核算、合同、索赔、劳动分配等
二级	20～30		工程技术部门	生产调度、施工组织设计、进度控制、技术管理、劳动力配置计划、统计等
三级	15～20		物资设备部门	材料工具询价、采购、计划供应、运输、保管、管理、机械设备租赁及配套使用等
			监控管理部门	施工质量、安全管理、消防、保卫、文明施工、环境保护等
			测试计量部门	计量、测量、试验等

三、项目经理

（一）项目管理目标责任书

在工程项目管理中实行的项目经理责任制，是指以项目经理为责任主体的项目管理目标责任制，用来确认项目经理部与企业、职工之间的责权利关系。项目经理责任制以工程项目为对象，以项目管理目标责任书为依据，实行从项目开工到竣工验收交工的一次性全过程管理。项目经理责任制是工程项目管理的基本制度，也是评价项目经理绩效的依据。

项目经理责任制中的一个核心文件就是项目管理目标责任书，它是企业法人明确规定项目经理部应达到的成本、质量、进度和安全等管理目标的文件，是非法律意义上的合同。这是因为签订该合同的双方的关系是组织内部的上、下关系，而不是平等的合同法律主体关系。

1. 编制项目管理目标责任书应依据的资料

(1) 项目合同文件。

(2) 组织的管理制度。

(3) 项目管理规划大纲。

(4) 组织的经营方针和目标。

2. 项目管理目标责任书的内容

(1) 项目管理实施目标。

(2) 组织与项目经理部之间的责任、权限和利益分配。

(3) 项目设计、采购、施工、试运行等管理的内容和要求。

(4) 项目需用资源的提供方式和核算办法。

(5) 法定代表人向项目经理委托的特殊事项。

(6) 项目经理部应承担的风险。

(7) 项目管理目标评价的原则、内容和方法。

(8) 对项目经理部进行奖惩的依据、标准和办法。

(9) 项目经理解职和项目经理部解体的条件及办法。

组织应对项目管理目标责任书的完成情况进行考核，根据考核结果和项目管理目标责任书的奖惩规定，提出奖惩意见，对项目经理部进行奖励或处罚。

（二）项目经理的角色

项目经理是项目管理的核心人物，是企业法定代表人在建设工程项目上的授权委托代理人。项目经理由法定代表人任命，并根据法定代表人授权的范围、期限和内容，履行管理职责，对项目实施全过程、全面的管理。项目经理关系网络如图 2-16 所示，其中实线指合同关系，箭线指行政关系，虚线指协调关系。

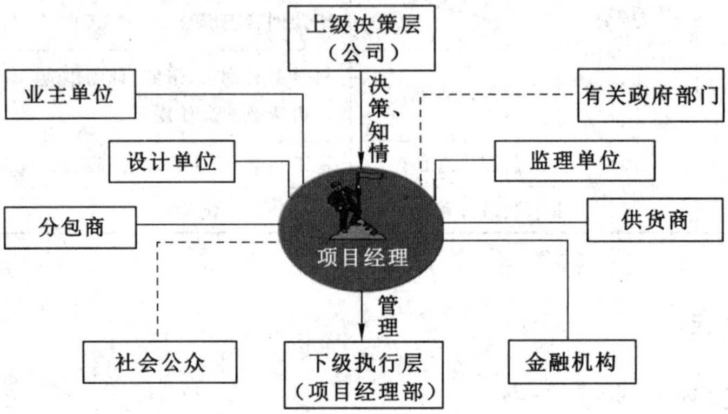

图 2-16　项目经理关系网络

项目经理的角色非常重要，对项目的实施效果起着关键作用，具体表现在以下四个方面。

(1) 施工项目经理是建筑企业法人代表在施工项目上的委托代理人。从企业内部看，施工项目经理是施工项目全过程所有工作的总负责人，是项目动态管理的体现者，是项目生产要素合理投入和优化组合的组织者；从对外方面看，作为企业法人代表的企业经理，不直接对每个建设单位负责，而是由项目经理在授权范围内对建设单位直接负责。由此可见，项目经理是项目目标的全面实现者，既要对建设单位的成果性目标负责，又要对企业的效益性目标负责。

(2) 施工项目经理是协调各方面关系的桥梁和纽带。施工项目经理对项目管理目标的实现承担全部责任，包括承担合同责任、履行合同义务、执行合同条款、处理合同纠纷，同时受法律的约束和保护。

(3) 施工项目经理对项目实施进行信息控制。施工项目经理控制和掌握有关项目实施的各种信息，自下、自外而来的信息通过各种渠道汇集到项目经理的手中；同时，施工项目经理又通过指令、计划和协议等，对下、对外发布信息，通过信息的集散达到控制的目的，使项目管理取得成功。

(4) 施工项目经理是施工项目责权利的主体。施工项目经理是项目总体的组织管理者，是项目中人、财、物、技术、信息和管理等所有生产要素的组织管理人。

（三）项目经理的职责和权力

《建设工程项目管理规范》(GB/T 50326—2017)对项目经理的职责和权力进行了明确规定。

1. 项目经理应履行的职责

(1) 项目管理目标责任书规定的职责。

(2) 主持编制项目管理实施规划,并对项目目标进行系统管理。
(3) 对资源进行动态管理。
(4) 建立各种专业管理体系并组织实施。
(5) 收集工程资料,准备结算资料,参与工程竣工验收。
(6) 接受审计,处理项目经理部解体的善后工作。
(7) 协助组织进行项目的检查、鉴定和奖项申报工作。
(8) 配合组织完善缺陷责任期的相关工作。

2. 项目经理的权力

(1) 参与项目招标、投标和合同签订。
(2) 参与组建项目经理部。
(3) 主持项目经理部的工作。
(4) 决定授权范围内项目资金的投入和使用。
(5) 制定内部计酬办法。
(6) 参与选择并使用具有相应资质的分包人。
(7) 参与选择物资供应单位。
(8) 在授权范围内协调与项目有关的内外部关系。
(9) 法定代表人授予的其他权力。

(四) 项目经理的选聘

1. 项目经理的选聘方式

项目经理的选聘方式有公开竞争招聘制、企业经理委任制、基层推荐内部协调制三种,它们的选聘范围、程序和特点各有不同,具体如表 2-4 所示。

表 2-4　项目经理的选聘方式

选聘方式	选聘范围	程序	特点
公开竞争招聘制	面向社会招聘 本着先内后外的原则	个人自荐 组织审查 答辩演讲 择优选聘	选聘范围广 竞争性强 透明度高
企业经理委任制	限于企业内部的在职干部	企业经理提名 组织人事部门考核 企业办公会议决定	要求企业经理知人善任 要求人事部门严格考核
基层推荐内部协调制	限于企业内部	企业各基层推荐人选 人事部门集中各方意见严格考核 党政联席办公会议决定	人选来源广泛 有群众基础 要求人事部门严格考核

2. 项目经理的选聘程序、方法和对象

项目经理的选聘程序、方法和对象如图 2-17 所示。

(五) 项目经理的能力素质

项目经理作为工程项目的承包责任人,是施工项目的决策者、管理者和组织者。在企业

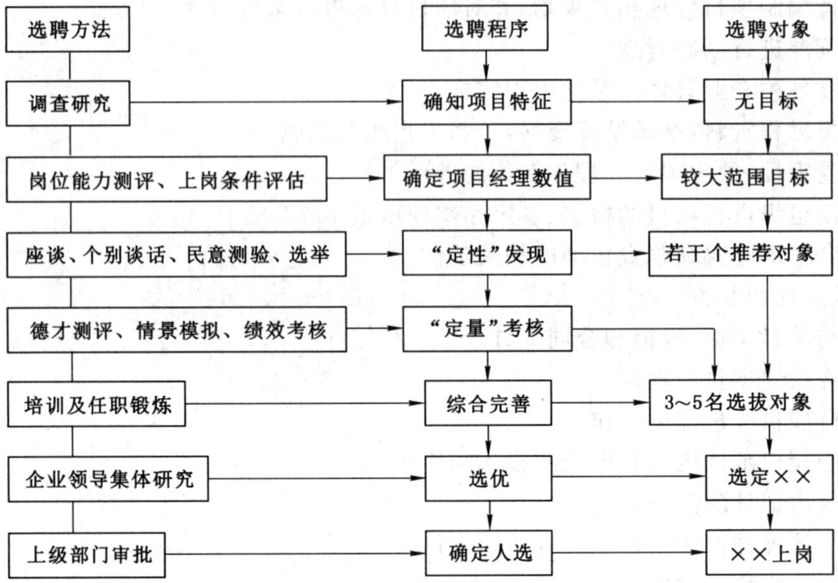

图 2-17　项目经理的选聘程序、方法和对象

内部，项目经理向企业经理负责；对外，在得到企业经理授权后对业主负责。一个胜任的施工项目经理必须在政治水平、知识结构、管理能力、身心健康等诸方面具备良好的素质。

1. 政治素质

施工项目经理应具有高度的政治思想觉悟，政策性强；有强烈的事业心、责任感，实事求是，敢于承担风险，有改革创新、竞争进取精神；有正确的经营管理理念，讲求经济效益；有团队精神，作风正派，能密切联系群众，发扬民主作风，大公无私，不谋私利；言行一致，以身作则；任人唯贤，不计个人恩怨；铁面无私，赏罚分明。

2. 知识素质

施工项目经理应具有大专以上工程技术和工程管理专业学历，具有可以承担施工项目管理任务的工程施工技术、经济、项目管理知识，以及法律法规知识。施工项目经理应受过有关的专门培训，取得任职资格证书。施工项目经理应具有项目经理资质管理规定的工程实践经历、经验和业绩，有处理实际问题的能力。承担涉外工程的项目经理还应掌握一门外语。

3. 管理素质

施工项目经理应对项目施工活动中发生的问题和矛盾有敏锐的洞察力，能迅速做出正确的分析判断，并有解决问题的严谨思维能力；在对外洽谈以及处理问题时，应有当机立断的科学决策能力；在安排工作和生产经营活动时，有协调人力、物力、财力，排除干扰、实现预期目标的组织控制能力；有善于沟通上下级关系、内外关系、同事之间关系，调动各方积极性的公共关系能力；有知人善任、任人唯贤，善于发现人才、敢于提拔使用人才的用人能力。

4. 身心素质

施工项目经理应年富力强、身体健康、精力充沛、思维敏捷、记忆力良好，还要有坚强的毅力、意志和良好的心理素质。

复习思考题

1. 简述工程项目组织的概念和特点。
2. 简述工程项目组织设计的程序。
3. 简述工程项目内部组织的类型及各种类型的优缺点。
4. 简述工程项目组织结构设计的原则。
5. 简述项目经理的素质。
6. 简述项目团队的发展与建设过程。

第三章　工程项目策划

第一节　工程项目策划概述

一、策划与工程项目策划

（一）策划的概念

美国哈佛企业管理丛书中将策划定义为：策划是一种程序，在本质上是一种运用脑力的理性行为。基本上所有的策划都是关于未来的事物，也就是说，策划是针对未来要发生的事情作当前的决策。换言之，策划是找出事物的因果关系、衡度未来可采取之途径，并将其作为目前决策之依据。也可以说，策划是预先决定做什么（what）、何时做（when）、如何做（how）、谁来做（who）。这个定义体现了策划的四个核心要素。

（1）策划实质上是一种理性决策行为，其中“人”的因素占有很大的支配空间。

（2）策划是针对未来事物预期发展的一种当前决策过程，这一过程是以现实资源为前提的。

（3）策划是根据事物的因果关系、通过不同的途径选择而作决策的，其中包含许多不同路径（或方案）的比较与选择。

（4）策划有一个具体实施的方案，也就是预先决定做什么、何时做、如何做、谁来做的问题。

（二）工程项目策划

工程项目策划的核心思想是通过一个多系统、多层次的分析决策，实现对该项目有目标、有计划、有步骤的全面过程控制。

工程项目策划的内涵是项目发起者（政府、社会、企业或者个人）从上层系统层面，通过资料收集、市场调查等，在充分占有信息资源的基础上，针对建设工程项目的决策和实施行为；或者针对决策和实施中的某个问题，进行组织、管理、技术和经济等方面的科学分析和论证，旨在为项目建设的决策和实施增值。

工程项目策划的过程是专家知识库和外部信息的共同组织和集成过程，其实质是知识管理的过程，通过外部信息和知识的获取，经过知识的编写、组合和整理等形成新的知识。在这一过程中，需要整合多方面的知识，如管理知识、经济知识、技术知识、设计经验、施工经验、项目管理经验、项目策划经验等。

二、工程项目策划的分类

（一）按工程项目策划的范围划分

按工程项目策划的范围不同，工程项目策划可分为工程项目总体策划和工程项目局部策划。工程项目总体策划一般指在项目前期决策阶段所进行的总体策划。工程项目局部策划是指对总体策划分解后的一个单项或专业技术问题的专项策划。

（二）按工程项目建设的程序划分

按工程项目建设程序的不同，工程项目策划可以分为工程项目前期策划和工程项目实施策划。

项目建设的全过程包括从项目建议书开始到最终交付使用的多个环节，这多个环节可以以立项作为一个重要的分界点。在立项之前的项目建议书、可行性研究、批准，一直到立项，属于项目的前期阶段。对项目决策而言，对应项目的前期决策阶段，该阶段需要回答建设什么、为什么要建设的问题，又称为项目决策评估。立项之后的项目设计任务书、设计、施工，一直到交付使用，属于项目的实施阶段。对项目决策而言，破土开工前的项目管理规划，对应项目的实施决策阶段，该阶段主要回答怎么建设的问题（图 3-1）。

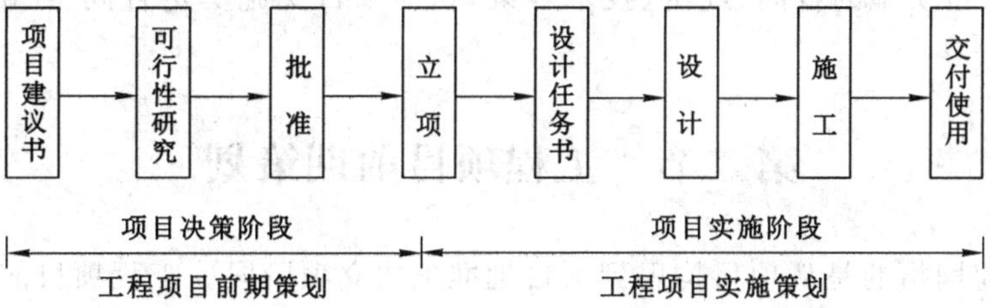

图 3-1　项目建设全过程

三、工程项目策划的作用

（一）工程项目前期策划的作用

项目前期策划不仅对项目的整个生命期、对项目的实施和管理起着决定性作用，而且对项目的整个上层系统都有极其重要的影响。这一工作的重要性主要体现在以下两个方面：第一，确立了项目方向。方向错误必然会导致整个项目的失败，而且这种失败常常是无法弥补的。第二，影响全局。项目的建设必须要符合上层系统的需要，解决上层系统存在的问题。从图 3-2 可以看出，时间越靠前，项目决策对项目费用目标的影响越大，印证了项目前期决策对项目的重要性。

（二）工程项目实施策划的作用

项目实施策划指拟建项目立项后提出的、带有策略性和指导性的项目实施方案，旨在论证和提升项目前期决策付诸实施的现实可能性和可操作性，其主要任务是确定如何组织该拟建项目的开发和建设。工程项目实施策划的主要作用表现在以下几个方面。

（1）通过对自然环境、市场环境、地理地质环境等项目实施的环境和条件分析，确保具

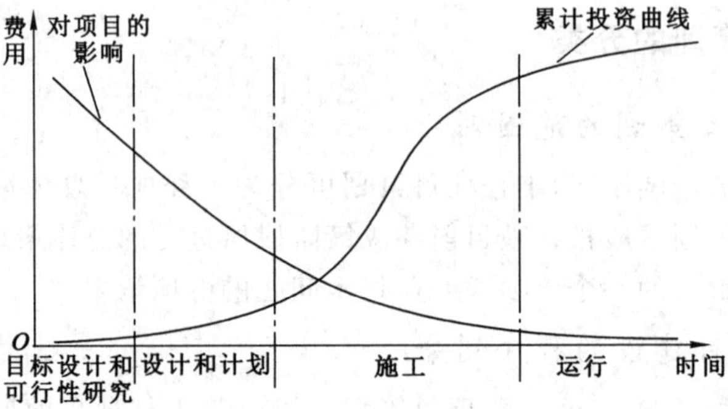

图 3-2 不同决策时点对项目投资的影响

备项目实施的基本条件。

(2) 通过对工程投资、进度、质量等方面多目标的分解和论证,确保前期决策目标的科学性和适用性,能够用于编制相应的实施规划并指导施工。

(3) 通过搭建工程项目参与方的组织管理机构,进行人员的分工等项目实施的组织策划,制定项目管理工作流程等,为项目实施提供组织保障。

(4) 通过项目实施的合同、经济、技术等策划,为项目实施奠定合同、经济、技术等管理基础。

第二节 工程项目前期策划

工程项目前期指的是从项目构思到项目批准正式立项阶段。工程项目前期策划是指在这一阶段所进行的总体策划。

一、工程项目前期策划流程

工程项目前期策划可以看作一个系统性的工程,遵循一定的客观顺序,同时又需要在各个决策点与环境进行不断的信息交换,确保每一个节点的决策对当时的环境来说都是最优的。工程项目前期策划流程如图 3-3 所示。

二、工程项目前期策划主要内容

(一) 项目构思的产生

任何工程项目都起源于项目构思的产生,构思是项目前期策划的初始步骤,是体现项目建设意图的一种抽象性描述,是项目前期策划能否成功的关键。项目构思可以有很多来源渠道,如市场研究发现新的投资机会、上层系统运行中存在的问题、上层系统的发展战略、生产要素的合理组合、项目业务等。

构思的过程是一个分析筛选的过程。首先,结合项目的背景和环境条件,并结合自身的能力,考察项目的构思是否具有现实性,即是否是可以实现的。其次,考虑项目是否符合法律法规的要求。如果项目的构思违背了法律法规的要求,则必须剔除。再次,项目构思的筛选还要注意扬长避短,要以己之长克人之短。

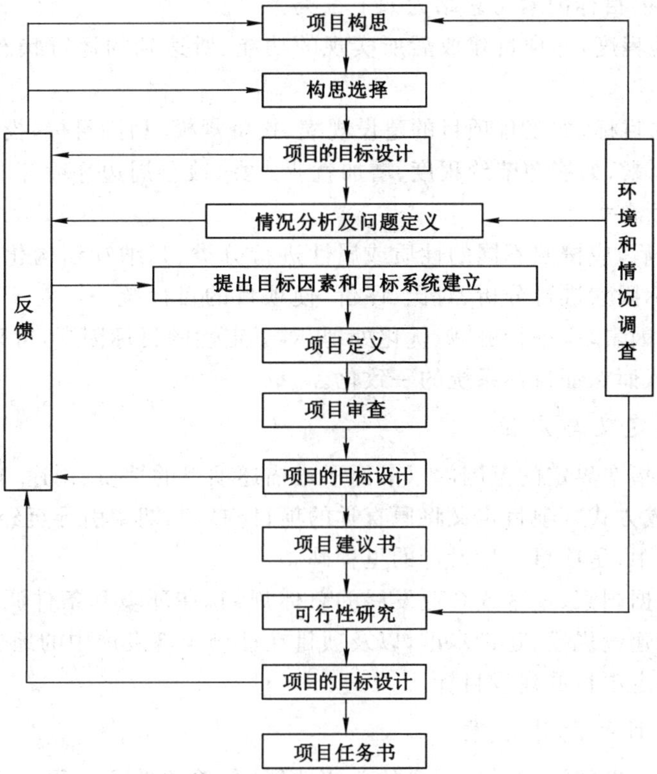

图 3-3　工程项目前期策划流程

项目构思选择的结果可以是某个构思，也可以是几个不同构思的组合。当项目的构思经过研究认为是可行的、合理的，便可以在此基础上进行下一步的工作。

（二）项目的目标设计

项目的目标设计必须按照系统工作方法有步骤地进行，主要包括四个步骤：情况分析、问题定义、目标因素的提出及目标系统的建立。

1. 情况分析

情况分析是目标设计的基础和前导工作。在项目构思的基础上，通过对内外部环境和上层系统状况进行调查、分析、评价，将原来的项目构思转化为实际的目标概念，为目标设计、项目定义、可行性研究以及详细设计和计划提供基础信息。由于目标设计以市场需求为导向，情况分析首先要做大量的内外部环境调查，掌握大量的资料，如市场现状和趋向，项目所有者或业主的状况，自然环境及其制约因素，社会的经济、技术、文化环境的状况，政治和法律环境状况等。

2. 问题定义

问题定义是目标设计的诊断阶段，对问题的定义必须从上层系统的角度出发，并抓住问题的核心。经过情况分析可以从中发现上层系统的核心问题，对这些问题进行定义和说明，才能从本质上发现问题产生的原因、背景和界限，从而确定项目的目标和任务。

3. 目标因素的提出

目标因素是指目标的构成要素，如经济性目标、时间性目标、质量性目标、战略性目标等。一般工程项目的目标因素可总结为如下三类。

① 问题解决的程度，即项目建成后所实现的功能、所达到的运行状态，如市场份额、年生产能力等。

② 项目自身的目标，如工程项目的建设规模、投资规模、利润目标，投资回收期等。

③ 其他目标因素，如能源节约程度、增加就业人数、改善周边环境等。

4. 目标系统的建立

目标因素提出后，应按照不同的性质或属性进行分类、归纳和结构化处理，形成项目的目标系统，并对目标因素进行分析、对比、评价，使项目的目标统一。对于可能出现的相容、相斥或混合的目标因素，应进行删减、优化处理；对于定性的目标因素，可采用定量化或定义权重的方式优化，从而保证目标系统的一致化。

（三）项目的定义与定位

项目的定义是指在界定的范围内以书面形式描述项目的性质、用途、建设范围和基本内容，并初步提出完成方式。项目定义将原直觉的项目构思和期望引导至经过分析、选择的且有根据的项目建议中，是项目目标设计的里程碑。

项目定位是根据国家、地区或企业发展的总体规划，在环境和条件调查分析的基础上，描述和分析项目的建设规模、建设水准，以及项目在社会经济发展中的地位、作用和影响力。项目定义与定位决定项目的建设目标。

（四）提出项目的总体方案

项目的总体方案应能详细描述项目的总体功能、各单项单位工程的构成以及各自的功能和相互关系、项目内部系统与外部系统的协调和配套关系、实施方案及可行性分析。工程项目的总体方案一般包含以下几个方面的内容。

(1) 项目产品或服务的未来市场定位。

(2) 项目总的功能定位和各部分的功能分解、总的产品技术方案。

(3) 项目总的建设方案、规划布局、建设规模、实施进度安排。

(4) 项目总的投融资方案。

(5) 项目涉及的环境保护、安全生产等其他方面的方案。

（五）工程项目可行性研究

工程项目可行性研究是在投资决策前，对与拟建项目有关的社会、经济、技术等各方面进行深入细致的调查研究。我们将在下一节详细介绍。

第三节　工程项目可行性研究

一、工程项目可行性研究概述

（一）工程项目可行性研究的定义

工程项目可行性研究是在投资决策前，对与拟建项目有关的社会、经济、技术等各方面进行深入细致的调查研究，对各种可能采用的技术方案和建设方案进行认真的技术经济分析和比较论证，对项目建成后的经济效益进行科学的预测和评价。在此基础上，对拟建项目的技术先进性和适用性、经济合理性和有效性，以及建设必要性和可行性进行全面分析、系统论证、多方案比较和综合评价，由此得出该项目是否应该投资和如何投资等结论性意见，为项目投资决策提供可靠的科学依据。

一般工程项目的可行性研究工作主要从以下几个角度展开综合论证。

第一，必要性。要结合行业发展背景，依据市场调研收集的资料，客观地分析市场的供需状况，并科学地预测未来的市场变化状况，论证项目建设的必要性。

第二，可行性。要分析论证项目的建设条件是否满足，项目的建设规模及布局、工艺技术流程、实施进度安排、环境保护、投融资计划等是否可行。

第三，合理性。要分析项目的财务盈利能力、经济效果、社会影响以及抵抗风险的能力。

工程项目建设的必要性和可行性分析是合理性分析的前提，工程项目建设的合理性论证是可行性研究中的核心部分。

（二）工程项目可行性研究的作用

在工程项目的整个寿命周期中，前期决策工作具有决定性意义。作为工程项目投资决策前期工作的核心和重点的可行性研究工作，一经批准，将在整个项目周期中发挥着极其重要的作用。具体体现在以下几个方面。

1. 作为确定工程项目的依据

可行性研究作为一种投资决策方法，从市场、技术、工程建设、经济及社会等多方面对建设项目进行全面综合的分析和论证，依其结论进行投资决策可大大提高投资决策的科学性。

2. 作为编制设计文件的依据

可行性研究报告一经审批通过，意味着该项目正式批准立项，可以进行初步设计。在可行性研究工作中，对项目选址、建设规模、主要生产流程、设备选型和施工进度等方面都做了较详细的论证和研究，设计文件的编制应以可行性研究报告为依据。

3. 作为向银行贷款的依据

在可行性研究报告中，详细预测了项目的财务效益、经济效益及贷款偿还能力。世界银行等国际金融组织，均把可行性研究报告作为申请项目投资贷款的先决条件。我国的金融机构在审批工程项目贷款时，也都以可行性研究报告为依据，对工程项目进行全面、细致的分析评估，确认项目的偿还能力及风险水平后，才做出是否贷款的决策。

4. 作为建设单位与各协作单位签订合同和有关协议的依据

在可行性研究工作中，对建设规模、主要生产流程及设备选型等都进行了充分的论证。建设单位在与有关协作单位签订原材料、燃料、动力、工程建筑、设备购置等方面的协议时，应以批准的可行性研究报告为基础，保证预定建设目标的实现。

5. 作为环保部门、地方政府和规划部门审批项目的依据

工程项目开工前，需要当地政府批拨土地、规划部门审查项目建设是否符合城市规划、环保部门审查项目对环境的影响。这些审查都以可行性研究报告中总图布置、环境及生态保护方案等诸方面的论证为依据。因此，可行性研究报告为工程项目申请和批准提供了依据。

6. 作为施工组织、工程进度安排及竣工验收的依据

可行性研究报告对上述工作都有明确的要求，所以它是检查施工进度及工程质量的依据。

7. 作为项目后评估的依据

在项目后评估时，以可行性研究报告为依据，将项目的预期效果与实际效果进行对比考核，可对项目的运行进行全面评价。

二、工程项目可行性研究的阶段

工程项目可行性研究工作主要包括四个阶段：投资机会研究阶段、初步可行性研究阶段、详细可行性研究阶段和项目评估和决策阶段。

（一）投资机会研究阶段

投资机会研究又称投资机会论证，它可分为一般机会研究和工程项目机会研究。一般机会研究是以某个地区、某个行业市场、某种资源为基础所进行的投资机会分析。工程项目机会研究是将一般机会研究的结果落实为工程项目的投资建议，引导投资者的投资方向。如果投资者对该项目设想或机会感兴趣，则提出项目的投资建议书，项目建议书经国家计划部门审定同意后，方可转入下一步的可行性研究工作。

这一阶段的主要任务是提出工程项目投资方向建议，即在一个确定的地区和部门内，根据自然资源、市场需求、国家产业政策和国际贸易情况，通过调查、预测和分析研究，选择工程项目，寻找投资的有利机会。机会研究要解决两个方面的问题：一是社会是否需要；二是是否有可以开展项目的基本条件。

这一阶段的工作比较粗略，一般是根据条件和背景相类似的工程项目来估算投资额和生产成本，初步分析建设投资效果，提供一个或一个以上可能进行建设的投资项目或投资方案。该阶段投资估算的精确度控制在±30%以内，大中型项目的机会研究所需时间为1～3个月，所需要费用占投资总额的0.2%～1%。如果投资者对该项目感兴趣，则可进行下一步的可行性研究工作。

（二）初步可行性研究阶段

在项目建议书被国家计划部门批准后，对于投资规模大、技术工艺比较复杂的大型骨干项目，需要先进行初步可行性研究。初步可行性研究也称为预可行性研究，是正式的详细可行性研究前的预备性研究阶段。经过初步可行性研究，认为该项目具有一定的可行性，便可转入详细可行性研究阶段；否则，终止该项目的前期研究工作。初步可行性研究作为投资机会研究和详细可行性研究的中间性、过渡性研究阶段，主要任务是确定是否进行详细的可行性研究以及确定哪些关键问题需要进行辅助性专题研究。

初步可行性研究的内容和结构与详细可行性研究基本相同，主要区别是所获取资料的详尽程度不同、研究深度不同。对建设投资和生产成本的估算精度一般要求控制在±20%以内，研究时间为4～6个月，所需费用占投资总额的0.25%～1.25%。

（三）详细可行性研究阶段

详细可行性研究又称技术经济可行性研究，是可行性研究的主要阶段，是工程项目投资决策的基础。它为项目决策提供技术、经济、社会、商业等方面的评价依据，为项目的具体实施提供科学依据。

1. 详细可行性研究阶段的主要工作内容

(1) 分析工程项目提出的背景和建设的意义。

(2) 通过市场调研，研究工程项目的市场供需现状，并给出科学的预测，论证项目建设的必要性。

(3) 分析、论证工程项目的选址、建设条件、建设方案、投资估算、建设周期、项目组织机构与人力资源配置等是否可行。

(4) 分析论证工程项目的财务、经济、社会、环境效益是否合理。

2. 详细可行性研究阶段的主要目标

(1) 提出项目建设方案。

(2) 效益分析和最终方案选择。

(3) 确定项目投资的最终可行性和选择依据标准。

这一阶段的内容比较详尽，所花费的时间和精力都比较多。同时，本阶段还为工程设计提供基础资料和决策依据。此阶段的建设投资和生产成本计算精度控制在±10%以内；大型项目研究所花费的时间为8～12个月，所需费用占投资总额的0.2%～1%；中小型项目研究所花费的时间为4～6个月，所需费用占投资总额的1%～3%。

(四) 项目评估和决策阶段

项目评估和决策是指由投资决策部门组织和授权有关咨询公司或有关专家，代表项目业主和出资人对工程项目可行性研究报告进行全面的审核和再评价。该阶段的主要任务是对拟建项目的可行性研究报告提出评价意见，最终决策项目投资是否可行，确定最佳投资方案如下。

工程项目评估和决策的程序如下。

(1) 对可行性研究报告进行一般性审查、核实，包括可行性研究报告的编写程序和内容是否符合要求，数据资料是否齐全，编写报告的经济、技术人员是否具备资格，可行性研究报告是否反映了项目的本来面目。

(2) 评估机构应对编制可行性研究报告的单位资格，编写人员的任职资格及签字盖章的真实性，拟建项目是否为重点建设项目及产品有无销路，原材料来源是否可靠，环境保护措施以及项目的财务评价、国民经济评价的结论是否正确等进行详细审查。

(3) 在广泛听取意见和审核可行性研究报告的提出单位补充说明资料、数据的基础上，做出审查评估结论，决定项目是否通过。通过的项目报请国家计委或其他相应单位审批。审批通过后，项目的决策工作即告结束。

由于基础资料的占有程度、研究深度与可靠程度要求不同，可行性研究的各个工作阶段的研究性质、工作目标、工作要求、工作时间与所需费用各不相同。一般来说，各阶段的研究内容由浅入深，项目投资和成本估算的精度要求由粗到细，研究工作量由小到大，研究目标和作用逐步提高，因此，工作时间和费用也逐渐增加，具体见表3-1所示。

表3-1　可行性研究各工作阶段的要求

工作阶段	投资机会研究阶段	初步可行性研究阶段	详细可行性研究阶段	项目评估和决策阶段
研究性质	项目设想	项目初选	项目准备	项目评估
研究要求	编制项目建议书	编制初步可行性研究报告	编制可行性研究报告	提出项目评估报告
估算精度	±30%	±20%	±10%	±10%

表3-1(续)

工作阶段	投资机会研究阶段	初步可行性研究阶段	详细可行性研究阶段	项目评估和决策阶段
研究费用占投资总额的比例	0.2%～1%	0.25%～1.25%	大项目:0.2%～1% 小项目:1%～3%	—
需要时间	1～3个月	4～6个月	8～12个月	—

三、工程项目可行性研究报告的编制

(一) 工程项目可行性研究报告的编制步骤

工程项目可行性研究报告是投资项目可行性研究工作成果的体现,是投资者进行项目最终决策的重要依据。为保证工程项目可行性研究报告的质量,应切实做好编制前的准备工作,收集充分的信息资料,进行科学分析、比选、论证,做到编制依据可靠、结构内容完整;可行性研究报告的文本格式规范、附图附表附件齐全,表述形式尽可能数字化、图表化,其深度能满足投资决策和编制项目初步设计的需要。

1. 签订委托协议

可行性研究报告编制单位应与委托单位,就项目可行性研究报告编制工作的范围、重点、深度要求、完成时间、费用预算和质量要求等交换意见,并签订委托协议,以便开展可行性研究各阶段的工作。

2. 组建项目工作小组

根据委托项目可行性研究的工作量、内容、范围、技术难度、时间要求等组建项目可行性研究工作小组。一般工业项目和交通运输项目可分为市场组、工艺技术组、设备组、工程组、总图运输及公用工程组、环保组、技术经济组等专业组。为使各专业组协调工作、保证可行性研究报告总体质量,一般应由总工程师、总经济师负责统筹协调。

3. 制订工作计划

工作计划的内容包括各项研究工作开展的步骤、方式、进度安排、人员配备、工作保证条件、工作质量评定标准和费用预算,并与委托单位交换意见。

4. 市场调查与资料收集

各专业组应根据可行性研究报告编制大纲进行实地调查,收集整理有关资料,包括向市场和社会调查,向行业主管部门调查,向项目所在地区调查,向项目涉及的有关企业、单位调查,等各方面所必需的信息资料和数据。

5. 方案制定与优化

在调查、研究、收集资料的基础上,对项目的建设规模与产品方案、场址方案、技术方案、设备方案、工程方案、原材料供应方案、总图布置与运输方案、公用工程与辅助工程方案、环境保护方案、组织机构设置方案、实施进度方案以及项目投资与资金筹措方案等研究编制备选方案。同时,进行方案论证比选优化后,提出推荐方案。

6. 项目综合评价

对推荐方案进行环境评价、财务评价、国民经济评价、社会评价及风险分析,从而判别项目的环境可行性、经济可行性、社会可行性和抗风险能力。当有关评价指标结论不足以支持项目方案成立时，应对原设计方案进行调整或重新设计。

7. 编写可行性研究报告

工程项目可行性研究各专业方案经过技术经济论证和优化之后，由各专业组分工编写，并经项目负责人衔接综合汇总，提出可行性研究报告初稿。

8. 与委托单位交换意见

工程项目可行性研究报告初稿形成后，与委托单位交换意见，修改完善，形成正式的可行性研究报告。

工程项目可行性研究报告的编制流程如图 3-4 所示。

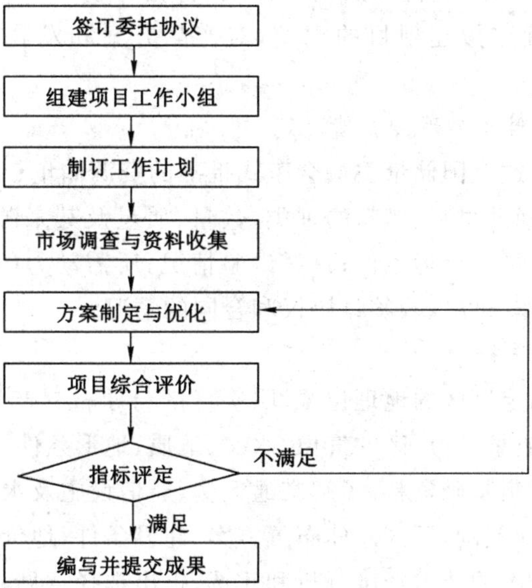

图 3-4　工程项目可行性研究报告的编制流程

（二）工程项目可行性研究报告编制的依据

（1）国家和地方的经济和社会发展规划，行业部门发展规划。

（2）项目建议书（初步可行性研究报告）及其批复文件。

（3）国家有关法律法规和政策。

（4）对于大中型骨干项目，必须具有国家批准的资源报告、国土开发整治规划、区域规划、江河流域规划、工业基地规划等有关文件。

（5）有关机构发布的工程建设方面的标准、规范和定额。

（6）合资、合作项目各方签订的协议书或意向书。

（7）委托单位的委托合同。

（8）经国家统一颁布的有关项目评价的基本参数和指标。

（9）有关基础数据。

（三）工程项目可行性研究报告的内容

1. 总论

总论主要为综述项目概况，包括项目的名称，主办单位，承担可行性研究的单位，项目提出的背景，投资的必要性和经济意义，投资环境，提出项目调查研究的主要依据、工作范围和要求，项目的历史发展概况，项目建议书及有关审批文件，可行性研究的主要结论、存在的问题与建议。

2. 产品的市场需求和拟建规模

该部分内容包括：调查国内外市场近期需求状况，对未来趋势进行预测，对国内现有工厂生产能力进行调查估计，进行产品销售预测、价格分析，判断产品的市场竞争能力及进入国际市场的前景，确定拟建项目的规模，对产品方案和发展方向进行技术经济论证比较。

3. 资源、原材料、燃料及公用设施情况

该部分内容包括：经过全国储量委员会正式批准的资源储量、品位、成分以及开采、利用条件的评述；所需原料、辅助材料、燃料的种类、数量、质量及其来源和供应的可能性；有毒、有害及危险品的种类、数量和储运条件；材料试验情况；所需动力（水、电、气等）公用设施的数量、供应条件、外部协作条件以及签订协议和合同的情况。

4. 建厂条件和厂址选择

该部分内容包括：确定厂区的地理位置，明确厂区与原材料产地和产品市场的距离；根据工程项目的生产技术要求，对厂区的气象、水文、地质、地形条件、地震、洪水情况和社会经济现状进行调查研究，收集基础资料，了解交通运输、通信设施及水、电、气、热的现状和发展趋势；了解厂址面积、占地范围，厂区总体布置方案、建设条件、地价、拆迁及其他工程费用情况；对厂址选择进行多方案的技术经济分析和比选，提出选择意见。

5. 项目设计方案

该部分内容包括：在选定的建设地点内进行总图和交通运输的设计，以及多方案比较和选择；确定项目的构成范围，主要单项工程（车间）的组成，厂内外主体工程和公用辅助工程的方案比较论证；项目土建工程总量的估算，土建工程布置方案的选择，包括场地平整、主要建筑和构筑物与厂外工程的规划；采用技术和工艺方案的论证，包括技术来源、工艺路线和生产方法，主要设备选型方案和技术工艺的比较，引进技术、设备的必要性及其来源国别的选择比较；设备的国外分交或与外商合作制造方案的设想，以及必要的工艺流程图。

6. 环境保护与劳动安全

该部分内容包括：对项目建设地区的环境状况进行调查，分析拟建项目“三废”（废气、废水、废渣）的种类、成分和数量，预测其对环境的影响；提出治理方案的选择和回收利用情况，对环境影响进行评价；提出劳动保护、安全生产、城市规划、防震、防洪、防空、文物保护等要求以及采取相应的措施方案。

7. 企业组织、劳动定员和人员培训

该部分内容包括：全厂生产管理体制、机构的设置，对选择方案的论证，工程技术和管理人员的素质和数量的要求，劳动定员的配备方案，人员的培训规划和费用估算。

8. 项目施工计划和进度要求

该部分内容包括:根据勘察设计、设备制造、工程施工、安装、试生产所需时间与进度要求,选择项目实施方案和总进度,并用横道图和网络图来表述最佳实施方案。

9. 投资估算和资金筹措

投资估算包括项目总投资估算,主体工程及辅助、配套工程的估算,以及流动资金的估算;资金筹措应说明资金来源、筹措方式,各种资金来源所占的比例,资金成本及贷款的偿付方式。

10. 项目的经济评价

项目的经济评价包括财务分析和经济分析,并通过有关指标的计算,进行项目盈利能力、偿债能力等分析,得出经济评价结论。

11. 综合评价与结论、建议

该部分内容包括:运用各项数据,从技术、经济、社会、财务等方面综合论述项目的可行性,推荐一个或几个方案供决策参考,指出项目存在的问题以及结论性意见和改进建议。

第四节 工程项目管理规划

工程项目施工过程是工程项目生命周期中持续时间最长、投入资源最多的阶段。建设方、设计方、监理方、施工方、材料供应方等都参与到工程项目的施工过程中。工程项目各参与方有着自己的管理组织和管理方法,也会形成工程项目不同参与方的实施策划。本章重点阐述施工方施工过程中管理的依据——工程项目实施策划。在业界,施工方的工程项目实施策划常常被称作工程项目管理实施规划,本书将统称为工程项目管理规划。

一、工程项目管理规划概述

(一)工程项目管理规划的概念

工程项目管理规划是指导工程项目管理工作的纲领性文件,涉及工程项目整个实施阶段,分为工程项目管理规划大纲和工程项目管理实施规划两类。需要特别强调,工程项目管理规划不等同于施工组织设计。施工组织设计仅适用于承包单位,尤其是施工单位;工程项目管理规划适用于工程项目管理各方主体,包括建设单位、施工单位、监理单位或工程项目管理咨询单位等。一般情况下,施工单位编制的项目管理实施规划等同于施工组织设计。

工程项目管理规划是组织施工的指导性文件。根据《建设工程项目管理规范》(GB/T 50326—2017),当承包商以编制施工组织设计代替项目管理规划时,施工组织设计应满足项目管理规划的要求。

1. 工程项目管理规划大纲

工程项目管理规划大纲是投标人管理层在投标之前编制的,旨在作为投标依据或满足招标文件要求及签订合同要求。工程项目管理规划大纲一般包括下列内容:项目概况,项目范围管理规划,项目管理目标规划,项目管理组织规划,项目成本管理规划,项目进度管理规划，项目质量管理规划，项目职业健康安全与环境管理规划，项目采购与资源管理规划，项目信息管理规划，项目沟通管理规划，项目风险管理规划，项目收尾管理规划等。

2. 工程项目管理实施规划

工程项目管理实施规划是指在开工之前由项目经理主持编制的，旨在指导施工项目实施阶段管理的文件。工程项目管理实施规划必须由项目经理组织项目经理部在工程开工之前编制完成。工程项目管理实施规划一般应包括下列内容：项目概况，总体工作计划，组织方案，技术方案，进度计划，质量计划，职业健康安全与环境管理计划，成本计划，资源需求计划，风险管理规划，信息管理计划，项目沟通管理计划，项目收尾管理计划，项目现场平面布置图，项目目标控制措施，技术经济指标等。

（二）工程项目管理规划的内容

（1）工程概况，包括工程特点、建设地点及环境特征、施工条件、项目管理特点及总体要求。

（2）施工部署，包括项目的质量、进度、成本及安全目标，施工总体设想，分包计划、资源供应总体安排、施工程序，项目管理总体安排。

（3）施工方案，包括施工流向和施工顺序、施工阶段划分、施工方法和施工机械选择、安全施工设计、环境保护内容及方法。

（4）施工进度计划，包括施工总进度计划和单位工程施工进度计划。

（5）资源供应计划，包括劳动力需求计划、主要材料和周转材料需求计划、机械设备需求计划、预制品订货和需求计划、工具器具需求计划。

（6）施工准备工作计划，包括施工准备工作组织及时间安排、技术准备及编制质量计划、施工现场准备、作业队伍和管理人员的准备、物资准备、资金准备。

（7）施工平面图设计文件，包括施工平面图说明、施工平面图、施工平面图管理规划，其中施工平面图应按现行制图标准和制度要求进行绘制。

（8）技术组织措施计划，包括保证进度目标、质量目标、安全目标、成本目标、季节施工的措施、保护环境的措施、文明施工的措施。各项措施具体应包括技术措施、组织措施、经济措施及合同措施等方面的内容。

（9）项目风险管理。

（10）项目信息管理。

（11）技术经济指标分析。

二、施工准备

（一）施工准备工作的意义、任务及分类

1. 施工准备工作的意义

（1）在投标前，通过施工项目管理规划大纲对施工项目的总目标、施工项目的管理过程和投标过程进行全面规划，争取中标，并签订一份既符合发包方要求、承包商又能够取得综合效益的承包合同。

(2) 在施工合同签订后,通过施工项目管理实施规划,保证施工项目安全、高效、有秩序地进行,全面完成施工合同责任,实现施工项目的目标。

2. 施工准备工作的任务

施工准备的基本任务是为拟建工程的施工提供必要的技术和物资条件,统筹安排施工力量和施工现场,为工程开工、连续施工创造一切必备条件。

3. 施工准备工作的分类

(1) 按工程项目施工准备工作的范围不同,施工准备工作可分为全场性施工准备、单位工程施工条件准备和分部分项工程作业条件准备。

(2) 按拟建工程所处施工阶段的不同,施工准备工作可分为开工前的施工准备和各施工阶段前的施工准备。

(3) 按工程项目施工准备工作的主体不同,施工准备工作可分为建设单位的施工准备和承包单位的施工准备。

(4) 按施工准备工作的内容不同,施工准备工作可分为技术准备、物资准备、资金准备、施工现场内外条件准备、劳动组织准备等。

(二) 施工准备工作的内容

1. 原始资料的调查研究

原始资料的调查研究包括展开施工所需要的一切资料的调查研究。原始资料是否准确对后期施工的成功与否至关重要。

2. 技术准备

技术准备是施工准备的核心,主要内容包括:审查施工图纸,做好实际交底;编制施工预算,进行工料分析和成本分析,提出节约工料、降低工程成本的措施;编制施工项目管理实施规划,确定施工方案,编制施工进度计划,以及现场的施工平面布置;制定保证工程质量与生产安全的技术措施;对新技术、新结构和新材料进行必要的试验,并制定相应的施工工艺规划;提出施工所需的物资资源需求量等。

3. 物资准备

物资准备主要包括建筑材料的准备、构(配)件和制品的加工准备、建筑安装机具的准备和生产工艺设备的准备等内容。

4. 劳动组织准备

(1) 建立拟建工程项目的领导机构。

(2) 建立精干的施工队伍,组织劳动力进场。

(3) 向施工队组、工人进行施工组织设计、计划和技术交底。

(4) 建立健全各项管理制度。

5. 施工现场准备

施工现场准备包括:做好施工场地的控制网测量,搞好场内"三通一平",建造临时设施,安装、调试施工机具,做好建筑构配件、制品和材料的储存和堆放,做好冬雨季施工安排,进行新技术项目的试制和试验,设置消防、保安设施等。

6. 资金准备

资金准备包括:编制资金收入计划,编制资金支出计划,筹集资金,掌握资金贷款、利息、利润、税收等情况。

三、施工方案的确定

(一) 确定施工程序

施工程序一般为:接受任务阶段→开工前准备阶段→全面施工阶段→竣工验收阶段。

在具体施工中应遵循的施工总顺序是:先地下后地上,先主体后围护,先结构后装饰,先土建后设备。先地下后地上是指首先完成管道、管线等地下设施、土方工程和基础工程,然后开始地上工程施工,并按先深后浅的程序进行。先主体后围护是指先施工主体结构,再进行围护结构的施工。先结构后装饰是指先进行主体结构施工,后进行装修工程施工。先土建后设备是指先进行一般土建工程的施工,后进行设备安装工程的施工。

(二) 确定施工流向

确定施工流向就是确定单位工程在平面或竖向上施工开始的部位和开展的方向。

确定单位工程施工流向时,一般应考虑如下因素。

(1) 车间的生产工艺流程。通常情况下,影响其他工段试车投产的工段应该先施工。

(2) 建设单位对生产和使用的需要。通常情况下,建设单位急于使用的工段或部位先施工。

(3) 施工的繁简程度。通常情况下,技术复杂、工期较长的区段或部位应先施工。

(4) 房屋高低层或高低跨。例如,柱子的吊装应从高低跨并列处开始施工;屋面防水层施工应按先高后低的方向施工;基础深浅不一样时,应按先深后浅的顺序施工。

(5) 工程现场条件和施工方案。例如,土方工程一般为边开挖边余土外运,则施工起点应确定在离道路远的部位和由远及近的进展方向。

(6) 分部分项工程的特点及其相互关系。例如,对多层建筑物装饰工程,根据工期、质量和安全要求以及施工条件,其施工流向一般为:室外装饰工程采用由上而下的施工方案;室内装饰工程应根据需要选择自上而下或自下而上的流水施工方案。另外,密切相关的分部分项工程的流水,一旦前导施工过程的起点流向确定,则后续施工过程也随其而定。在流水施工中,施工流向决定了各施工段的施工顺序。因此,在确定施工流向的同时,应当将施工段的划分和编号也确定下来。

(三) 确定施工顺序

施工顺序是指分部分项工程施工的先后次序。合理地确定施工顺序是编制施工进度的需要。确定施工顺序时,一般应考虑以下因素。

(1) 遵循施工程序。

(2) 符合施工工艺。例如,预制钢筋混凝土柱的施工顺序为支模板、绑钢筋、浇混凝土,而现浇钢筋混凝土柱的施工顺序则为绑钢筋、支模板、浇混凝土。

(3) 与施工方法一致。例如,单层工业厂房吊装工程,如采用分件吊装法,则施工顺序为吊柱、吊梁、吊屋盖系统；如采用综合吊装法，则施工顺序为第一节间吊柱、吊梁和屋盖，第二节间吊柱、吊梁和屋盖……最后节间吊柱、吊梁和屋盖。

（4）按照施工组织的要求。例如，一般安排室内外装饰工程施工顺序时，可按照施工组织顺序规定的先后顺序。

（5）考虑施工安全和质量。例如，外墙装饰一般安排在屋面防水层施工后进行，楼梯抹面最好安排在上一层的装饰工程全部完成以后进行。

（6）考虑当地气候的影响。例如，冬季在室内施工时，先安装玻璃，后做其他装饰工程。

（四）选择施工方法和施工机械

施工方案的技术经济评价涉及的因素多而复杂，一般只需对一些主要分部分项工程的施工方案进行技术经济比较，有时也需对一些重大工程项目的总体施工方案进行全面的技术经济评价。施工方案的技术经济评价有定性分析、定量分析以及综合分析评价。

1. 选择施工方法

选择施工方法的原则是：方法可行，满足施工工艺；符合国家颁发的施工验收规范和质量检验评定标注的有关规定；尽量选择那些试验鉴定过的科学、先进的方法，尽可能进行技术经济分析；要与选择的施工机械及划分的流水段相协调。

主要分部分项工程施工方法的选择要点如下。

（1）土石方工程：是否采用机械开挖，开挖方法，放坡要求，石方的爆破方法以及所需机具、材料，排水方法，土石方的平衡调配。

（2）混凝土及钢筋混凝土工程：模板类型和支模方法，隔离剂的选用；钢筋加工、运输和安装的方法；混凝土搅拌和运输的方法，混凝土的浇筑顺序、施工缝位置、分层高度、工作班次、振捣方法和养护制度等。特别应该注意，进行大体积混凝土的施工时，模板工程的工具化和钢筋、混凝土施工的机械化。

（3）结构吊装工程：根据选用的机械设备确定吊装方法，安排吊装顺序、机械位置、行驶路线，构件的制作、拼装方法，构件的运输、装卸、堆放方法，所需机具和设备型号、数量以及对运输道路的要求。

（4）现场垂直、水平运输：现场垂直运输设备主要包括塔吊和施工电梯。垂直运输设备的位置直接影响搅拌站、加工厂及各种材料、构件的堆场和仓库等位置和道路、临时设施及水、电管线的布置等，因此，它是施工现场全局的中心环节，应首先确定。确定了垂直运输方案后，可根据地面和各楼层水平运输的需要，合理安排水平运输路线。

（5）装修工程：围绕室内装修、室外装修、门窗安装、木装修、油漆、玻璃等，确定采用工厂化、机械化施工方法，并提出所需机械设备，确定工艺流程和劳动组织，组织流水施工，确定装修材料逐层堆放的数量和平面布置。

（6）特殊项目：采用新结构、新材料、新工艺、新技术、高耸、大跨、重型构件，以及水下、深基和软弱地基项目等，应该单独选择施工方法。需要阐明工艺流程，主要的平面、剖面示意图，施工方法，劳动组织，技术要求，质量安全注意事项，施工进度，材料、构件和机械设备需求量。

2. 选择施工机械

根据建(构)筑物的结构特征、工程量大小、工期长短、物资供应条件、场地四周环境等因素,拟订可行性方案,进行优选后再决策。选择施工机械时,应着重考虑以下因素。

(1) 施工机械应遵循切合需要、实际可能和经济合理的原则。

① 技术条件:包括技术性能、工作效率、工作质量、能源耗费、劳动力的节约、使用安全性和灵活性、通用性和专用性、维修的难易程度、耐用程度等。

② 经济条件:包括原值、使用寿命、使用费用、维修费用等。租赁机械要考虑租赁费用。

③ 要进行定量的技术经济分析比较。

(2) 选择施工机械时,应首先根据工程特点选择适宜于主导工程施工的机械。例如,土方工程应该首先选择挖土机。

(3) 各种辅助机械或运输工具应与主导机械的生产能力协调配套,以充分发挥主导机械的效率。例如,土方工程中采用汽车运土时,汽车的数量应该保证挖土机连续工作。

(4) 在同一工地上,应力求建筑机械的种类和型号尽可能少一些,以利于机械管理。

(5) 选择机械时,应考虑充分发挥施工单位现有机械的能力。当机械能力不满足需要时,应该购置或者租赁所需新型机械或者多用途机械。

(五) 施工方案的技术经济评价方法

1. 定性分析评价方法

定性分析评价的内容包括:分析评价技术上是否可行,施工复杂程度和安全可靠性如何,劳动力和机械设备能否满足需要,是否能充分发挥现有机械的作用,保证质量的措施是否完善可靠,对冬季施工带来多大困难等。

2. 定量分析评价方法

定量分析的指标如下。

(1) 工期指标:当要求工程尽快完成,选择施工方案时应在确保工程质量、安全和成本较低的基础上,优先考虑缩短工期。

(2) 劳动量指标:能够反映施工机械化程度和劳动生产率水平。

(3) 主要材料消耗指标:能够反映施工方案的主要材料节约情况。

(4) 施工成本指标:能够反映施工方案的成本高低。

(5) 机械设备投资额指标:当选定的施工方案中需要购买新的施工机械或者设备时,应增加投资额的指标,并进行比较。

3. 综合分析评价法

综合分析评价法是以多指标为基础,将各指标按照一定的计算方法进行综合后得到一个综合指标值进行评价的方法。通常的做法是:首先根据多指标中各个指标在评价中的相对重要程度,分别定出权值 W_i,再用同一指标依据其在各方案中的优劣程度定出其相应的分值 C_{ij}。设有 m 个方案和 n 种指标,则第 j 方案的综合指标值 A_j 为:

$$A_i = \sum_{i=1}^{n} C_{ij} \cdot W_i$$

式中 $j=1,\cdots,m;i=1,\cdots,n$。综合指标值最大者为最优方案。

（六）施工方案的技术经济评价案例

【例 3-1】 背景：某机械化施工公司承担了某工程的基坑土方施工。土方量为 10 000 m^3，平均运土距离为 8 km，计划工期为 10 d，每天一班制施工。该公司现有 WY50、WY75、WY100 挖掘机各 2 台，以及 5 t、8 t、10 t 自卸车各 10 台，其主要技术参数分别见表 3-2 和表 3-3。

表 3-2 挖掘机主要参数

型号	WY50	WY75	WY100
斗容量/m^3	0.5	0.75	1.00
台班产量/m^3	480	558	690
台班单价/元	618	689	915

表 3-3 自卸车主要参数

载重能力	5 t	8 t	10 t
运距 8 km 时台班产量/m^3	32	51	81
台班单价/元	413	505	978

问题：

(1) 若挖掘机和自卸车按表中型号各取一种，如何组合最经济？相应的每立方米土方的挖运直接费用为多少？

(2) 根据该公司现有的挖掘机和自卸车的数量，完成土方挖运任务每天应安排几台何种型号的挖掘机和几台何种型号的自卸车？

(3) 根据所安排的挖掘机和自卸车数量，该土方工程可在几天内完成？相应的每立方米的挖、运直接费用为多少？

解：(1) 以挖掘机和自卸车每立方米挖、运直接费用最少为原则选择组合方案。

① 挖掘机：WY50 挖土单价＝618÷480＝1.29(元/m^3)

WY75 挖土单价＝689÷558＝1.23(元/m^3)

WY100 挖土单价＝915÷690＝1.33(元/m^3)

因此，应选择每立方米单价为 1.23 元的 WY75 挖掘机。

② 自卸车：5 t 自卸车运费单价＝413÷32＝12.91(元/m^3)

8 t 自卸车运费单价＝505÷51＝9.90(元/m^3)

10 t 自卸车运费单价＝978÷81＝12.07(元/m^3)

因此，应选择每立方米单价为 9.90 元的 8 t 自卸车。

③ 相应的每立方米土方的挖运直接费为：1.23＋9.90＝11.13(元/m^3)

(2) 每天安排挖掘机和自卸车的型号和数量。

① 挖掘机的选择。

a. 每天需要 WY75 挖掘机的台数：10 000÷(558×10)=1.79(台)，所以应选择 2 台。

b. 2 台 WY75 挖掘机每天挖掘土方量：558×2=1 116(m^3)。

② 自卸车的选择。

a. 按最经济的 8 t 自卸车每天应配备的台数为：1 116÷51=21.88(台)。

因公司只有 10 台，所以所有 10 台 8 t 自卸车均配备，此时每天运输土方量为：51×10=510(m^3)。

每天尚需运输土方量：1 116−510=606(m^3)。

b. 增加配备 10 t 和 5 t 自卸车，方案为：配备 6 台 10 t 自卸车，4 台 5 t 自卸车，

每天运输土方量：6×81+4×32=614(m^3)，每天运费：6×978+4×413=7 540(元)。

(3) 土方工程完成时间及费用。

① 按 2 台 WY75 型挖掘机的台班产量完成 10 000 土方工程所需时间：10 000÷(558×2)=8.96(d)，该工程土方工程可在 9 天内完成。

② 相应的每立方米土方的挖、运直接费用：(2×689+505×10+6×978+4×413)×9÷10 000=12.55(元)。

四、施工进度计划

(一) 单位工程施工进度计划的编制

单位工程施工进度计划是按照施工总进度计划的安排，在确定了施工方案的基础上，对工程的施工顺序，各个施工过程的持续时间及各施工过程之间的搭接关系，工程的开工时间、竣工时间及总工期等做出安排。在这个基础上，可以编制劳动力计划，材料供应计划，成品、半成品计划，机械需用量计划等。具体编制方法见第六章。

(二) 施工进度计划的评价

施工进度计划的主要评价指标有以下几项。

(1) 总工期：自开工之日到竣工之日的全部日历天数。

(2) 工期提前时间：

$$\text{工期提前时间}=\text{合同或要求工期}-\text{计划工期}$$

(3) 劳动力不均衡系数：

$$\text{劳动力不均衡系数}=\text{高峰人数}/\text{平均人数}$$

注意：劳动力不均衡系数在 2 以内较为合理，超过 2 则不正常。

(4) 单位工程单方用工数：

$$\text{单位工程单方用工数}=\frac{\text{总用工数(工日)}}{\text{建筑面积}(m^2)}$$

(5) 工日节约率：

$$\text{工日节约率}=\frac{\text{施工预算用工数(工日)}-\text{计划用工数(工日)}}{\text{施工预算用工数(工日)}}\times 100\%$$

(6) 大型机械单方台班用量：

$$\text{大型机械单方台班用量}=\frac{\text{大型机械台班用量(台班)}}{\text{建筑面积}(m^2)}$$

(7) 建安工人日产值：

$$\text{建安工人日产值}=\frac{\text{计划施工工程工作量(元)}}{\text{进度计划日期}\times\text{每日平均人数(工日)}}$$

五、施工平面图设计

施工平面图包括施工总平面图和单位工程施工平面图。若是单体工程，单位工程施工平面图等同于施工总平面布置图。下文以单位工程施工平面布置图为重点进行阐述。

（一）单位工程施工平面图的设计

施工平面图是布置施工现场的依据，是实现文明施工、节约土地、减少临时设施费用的先决条件，其绘制比例一般为1∶200～1∶500。

1. 单位工程施工平面图的设计内容

施工平面图是按一定比例和图例，按照场地条件和需要的内容进行设计的。单位工程施工平面图的内容包括几个方面。

(1) 已建和拟建的地上和地下一切建筑物、构筑物和管线的位置或尺寸。

(2) 测量放线标桩、地形等高线和取舍土地点。

(3) 移动式起重机的开行路线及垂直运输设施的位置。

(4) 材料、半成品、构件和机具的堆场。

(5) 生产、生活用临时设施。

(6) 必要的图例、比例尺、方向及风向标记。

上述内容可根据建筑总平面图、现场地形图、现有水源和电源、场地大小、可利用的已有房屋和设施、调查得来的资料、施工组织总设计、施工方案、施工进度计划等，经过科学的计算及优化，并遵照国家有关规定来进行设计。

2. 单位工程施工平面图的设计依据与原则

(1) 设计的依据。

① 有关拟建工程的自然条件调查资料和技术经济调查资料等。

② 建筑设计资料：建筑总平面图，一切已有的和拟建的地下、地上管道位置，建筑区域的竖向设计和土方平衡图，有关施工图设计资料。

③ 施工资料：施工进度计划，施工方案，各种材料、构件等需要量计划。

(2) 设计的原则。

① 现场布置应该尽量紧凑，节约土地。

② 合理布置施工现场的运输道路以及材料堆放、加工厂、仓库的位置，机具的位置，尽量使运距最短，减少或者避免二次搬运。

③ 减少临时设施的数量，降低临时设施费用。

④ 临时设施的布置，应尽量便利工人的生产和生活。

⑤ 符合环保、安全和防火要求。

3. 单位工程施工平面图的设计步骤

单位工程施工平面图的设计步骤为：确定起重机的位置→确定搅拌站、仓库、材料堆场、加工厂的位置→布置运输道路→布置行政管理、文化、福利用临时设施→布置水电管线→计算技术经济指标。

4. 单位工程施工平面图的设计要点

(1) 起重机械布置。

① 井架、门架等固定垂直运输设施的布置，要结合建筑物的平面形状、高度，考虑下料、构件的重量，考虑机械的负荷能力和服务范围，要便于运送，便于组织分层分段流水施工，便于楼层和地面的运输，运距要短。

② 塔式起重机的布置要结合建筑物的形状以及四周的场地布置情况，起重高度、幅度以及起重量要满足要求，使材料和构件可以达到建筑物的任何使用地点。

③ 轮胎吊等自行式起重机的行驶路线要考虑吊装顺序、构件重量、建筑物的平面形状、高度、堆放场位置以及吊装方法。

(2) 搅拌站、加工厂、仓库、材料、构件堆场的布置。

① 尽量靠近使用地点或在起重机起重能力范围内，运输、装卸要方便。

② 搅拌站要与砂、石堆场以及水泥库一起考虑，既要靠近，又要便于材料的运输装卸。

③ 木材棚、钢筋棚和水电加工棚等可以离建筑物稍远，并有相应的堆场。

④ 仓库。材料堆场的布置，经计算应该能适应各个施工阶段的需求。

⑤ 易燃易爆品的仓库位置，应该遵循防火、防爆安全距离的要求。

⑥ 石灰池要靠近灰浆搅拌站。

⑦ 在城市施工时，不可以在现场熬制沥青。

(3) 运输道路的修筑。

运输道路应按材料和构件运输的需要，沿着仓库和堆场进行修筑，使之畅行无阻。宽度要符合规定，单行道为 3～3.5 m，双车道为 5.5～6 m。路基经过设计，转弯半径要满足运输要求，要结合地形在道路两侧设排水沟。总的来说，现场应设环形路，在易燃品附近要尽量设计成进出容易的道路。木材场两侧应有 6 m 宽的通道，端头处应有 12 m×12 m 的回车场。消防车道不得窄于 3.5 m。

(4) 行政管理、文化、生活、福利用临时设施的布置。

行政管理、文化、生活、福利用临时设施的布置应使用方便，不妨碍施工，符合防火、安全的要求，一般设在工地出入口附近。要做到节约，尽量利用已有设施或正式工程，必须修建时要经过计算确定面积。

(5) 供水设施的布置。

临时供水首先要经过计算、设计，然后进行设置。计算、设计的内容包括水源选择、取水设施、贮水设施、用水量计算、配水布置、管径的计算等。单位工程施工组织设计的供水计算和设计可以简化或根据经验进行。消防用水一般利用城市或建设单位的永久消防设施，如需自行设置，应依照有关规定。消防水管线布置应靠近十字路口或道边。高层建筑施工用水要设置蓄水池和加压泵，以满足高处用水需要。管线布置应尽量缩短线路总长度，消防管和生产、生活用水管可以合并设置。

(6) 临时供电设施。

临时供电设计，包括用电量计算、电源选择、电力系统选择和配置。用电量包括电动机、电焊机用电量与室内、室外照明容量。如果是扩建的工程，可计算出施工用电总数，以供建设单位解决，不另设变压器。如果是独立的工程施工，要计算出现场施工用电和照明用电的数量，选用变压器和导线截面及类型。变压器应布置在现场边缘高压线接入处，离地应大于30 cm，在2 m以外四周应用高度大于1.7 m的铁丝网围住以保安全，但不要布置在交通要道口处。

5. 单位工程施工平面图的评价

为评价单位工程施工平面图的设计质量，可计算下列技术经济指标并加以分析，从而有助于施工平面图的最终合理确定。

(1) 施工占地系数。

$$\text{施工占地系数}=\frac{\text{施工占地面积}}{\text{建筑面积}}\times 100\%$$

(2) 施工场地利用率。

$$\text{施工场地利用率}=\frac{\text{施工设施占地面积}}{\text{施工占地面积}}\times 100\%$$

(3) 临时施工设施投资率。

$$\text{临时施工设施投资率}=\frac{\text{临时设施费用总和}}{\text{工程总造价}}\times 100\%$$

(二) 工地临时供水计算

临时供水设施设计的主要内容有确定用水量、选择水源、设计配水管网。

1. 用水量计算

(1) 现场施工生产用水量，可按下式计算：

$$q_1=k_1\frac{\sum Q_1\times N_1}{T_1 t}\times\frac{k_2}{8\times 3\ 600}$$

式中　q_1——施工用水量(L/s)；

k_1——未预计的施工用水修正系数，一般为1.05～1.15；

Q_1——年(季)度工程量(以实物计量单位表示)；

N_1——施工用水定额，可查施工手册；

T_1——年(季)度有效作业日；

t——每天工作班数；

k_2——施工现场用水不均衡系数，见表3-4，根据施工现场生产、生活用水量加权计算。

(2) 施工机械用水量，可按下式计算：

$$q_2=k_1\sum Q_2 N_2\times\frac{k_2}{8\times 3\ 600}$$

式中　q_2——机械用水量(L/s)；

Q_2——同一种机械台数(台)；

N_2——施工机械台班用水定额，可查施工手册；

k_3——施工机械用水不均衡系数。

表 3-4 施工现场用水不均衡系数

系数		用水名称
k_2	1.5	现场施工用水
	1.25	附属生产企业用水
k_3	2.00	施工机械、运输机械用水
	1.05～1.10	动力设备用水
k_4	1.30～1.50	施工现场生产用水
k_5	2.00～2.50	生活区生活用水

(3) 施工现场生活用水量，可按下式计算：

$$q_3=\frac{P_1 \cdot N_3 \cdot k_4}{t \times 8 \times 3\,600}$$

式中 q_3——施工现场生活用水量(L/s)；

P_1——施工现场高峰昼夜人数(人)；

N_3——施工现场生活用水定额，一般为 20～60(L/人・班)，视当地气候而定；

k_4——施工现场生活用水不均衡系数；

t——每天工作班数。

(4) 生活区生活用水量，可按下式计算：

$$q_4=\frac{P_2 \cdot N_4 \cdot k_5}{24 \times 3\,600}$$

式中 q_4——生活区生活用水(L/s)；

P_2——生活区居民人数；

N_4——生活区昼夜全部生活用水定额，每一居民每昼夜为 100～120 L，随地区和有无室内卫生设备而变化，可查施工手册；

k_5——生活区用水不均衡系数。

(5) 消防用水量(q_5)，应根据工地大小和居住人数确定，例如现场居住 5 000 人以内、工地面积 20 万 m^2 以内时，消防用水量为 10 L/s。

(6) 总用水量(Q)计算。

① 如果工地面积小于 10 万 m^2：

当$(q_1+q_2+q_3+q_4) \leqslant q_5$ 时，则 $Q=q_5$(失火时停止施工)。

当$(q_1+q_2+q_3+q_4) > q_5$ 时，则 $Q=q_1+q_2+q_3+q_4$(失火时停止施工)。

② 如果工地面积大于 10 万 m^2：

$Q=q_5+1/2(q_1+q_2+q_3+q_4)$(失火时只考虑一半工程停止施工)。

2. 管径的选择

$$d=\sqrt{\frac{4Q}{\pi \cdot v \cdot 1\,000}}$$

式中　d——配水管直径，m；

Q——耗水量，L/s；

v——管网中水流速度，m/s，临时水管经济流速指标可查施工手册。

3. 用水量与供水管径计算实例

【例 3-2】 某工程施工现场占地面积 15 620 m^2。施工用水主要是：现场生产混凝土和砂浆的搅拌用水、现场生活用水、消防用水，日最大混凝土浇筑量为 1 000 m^3。不考虑其他施工机械用水，现场不设生活区。试计算该工地用水量，并确定供水管径。

解：(1) 用水量的计算。

① 施工生产用水量：按日用水量最大的浇筑混凝土工程计算 q_1，则

$$q_1 = k_1\left(\sum Q_1 N_1 k_2\right)/(8 \times 3\ 600)$$

其中，k_1 取 1.05，k_2 取 1.5，Q_1 取浇筑混凝土量 1 000 m^3，N_1 取 250 L/m^3。

$$q_1 = 1.05 \times (1\ 000 \times 250 \times 1.5)/(8 \times 3\ 600) = 13.67(\mathrm{L/s})$$

② 由于施工中不考虑机械用水，故不计算 q_2。

③ 施工现场生活用水量：P_1 取 500 人，N_2 取 60 L·人$^{-1}$·班$^{-1}$，k_4 取 1.5，t 取 2 班。

$$q_3 = (150 \times 60 \times 1.5)/(2 \times 8 \times 3\ 600) = 0.23(\mathrm{L/s})$$

④ 因现场不设生活区，故不计算 q_4。

⑤ 消防用水量计算：

本工程现在面积 15 620 m^2，q_5 取 10 L/s。

$$q_1 + q_3 = 13.67 + 0.23 = 13.90 > q_5$$

⑥ 总用水量计算：

因 $q_1+q_3>q_5$，则

$$Q = q_1 + q_3 = 13.90(\mathrm{L/s})$$

(2) 供水管径的计算。

$$d=\sqrt{4\times Q/(\pi\times v\times 1\ 000)}=\sqrt{4\times 13.9/(3.14\times 1.5\times 1\ 000)}=0.108(\mathrm{m})$$

取 $d\approx 0.1$ m，故选用直径 100 mm 的上水管即可。

(三) 工地临时供电计算

工地临时供电计算包括计算用电量、选择电源、确定变压器、布置配电线路等。

1. 用电量的计算

在计算用电量时，首先要确定施工现场的用电情况，通常应考虑以下因素。

(1) 全工地所使用的机械动力设备，其他电器工具及照明用电数量。

(2) 施工总进度计划中施工高峰阶段同时用电的机械设备最大数量。

(3) 各种机械设备在工作中需用的情况。

总用电量按下式计算：

$$P = 1.05 \sim 1.10\left(K_1 \sum P_l/\cos\varphi + K_2 \sum P_2 + K_3 \sum P_3 + K_4 \sum P_4\right)$$

式中　P——供电设备总需要容量，kV·A；

P_1——电动机额定功率，kW；

P_2——电焊机额定容量,kV·A;

P_3——室内照明容量,kW;

P_4——室外照明容量,kW;

$\cos\varphi$——电动机的平均功率因数(施工现场最高为0.75～0.78,一般为0.65～0.75);

K_1、K_2、K_3、K_4——需要系数,见表3-5。

表3-5 需要系数(K值)

用电名称	数量	需要系数		备注
		K	数值	
电动机	3～10台	K_1	0.7	如施工中需要电热时,应将其用电量计算进去。为使计算结果接近实际,式中各项动力和照明用电,应根据不同工作性质分类计算
	11～30台		0.6	
	30台以上		0.5	
加工厂动力设备	—		0.5	
电焊机	3～10台	K_2	0.6	
	10台以上		0.5	
室内照明	—	K_3	0.8	
室外照明	—	K_4	1.0	

注:由于照明用电量所占的比重较动力用电量要少得多,所以在估计总用电量时可以简化。只要在动力用电量之外再加10%作为照明用电量即可。

2. 电源选择

在选择施工工地临时供电电源时,需考虑的因素主要有:建筑安装工程量和施工进度,各个施工阶段的电力需要量,施工现场的大小,用电设备在施工工地上的分布情况和距离电源的远近情况,现有电气设备的容量情况。

临时供电电源方案应考虑的因素有:完全由工地附近的电力系统供电时,应在全面开工前把永久性供电外线工程做好,设置变电站(所);工地附近的电力系统只能供给一部分时,需自行扩大原有电源或增设临时供电系统以补充其不足;利用附近高压电力网供电时,应申请临时配电变压器;工地位于边远地区、没有电力系统时,电力完全由临时电站供给。

3. 电力系统选择

当工地由附近高压电力网供电时,应先在工地上设降压变电所把电能降到10 kV或6 kV,再由工地若干分变电所把电能降到380/220 V。常用变压器的性能可查施工手册。对于3 kV、6 kV、10 kV的高压线路,可用架空裸线或用地下电缆。户外380/220 V的低压线路宜采用裸线,只有与建筑物或脚手架等不能保持必要安全距离的地方,才宜采用绝缘导线。分支线及引入线均应由电杆处接出,不得由两杆之间接出。配电线路应尽量设在道路一侧,不得妨碍交通和施工机械的装拆及运转,并要避开堆料、挖槽、修建临时工棚用地。室内低压动力线路及照明线路皆用绝缘导线。

4. 配电导线的选择

导线截面应满足机械强度、允许电流强度、允许电压降三方面的要求,应先分别按一种要求计算截面积，从三者中选出最大截面作为选定导线截面积，再根据截面积选定导线。一般在道路和给排水施工工地中，由于作业线比较长，导线截面可按电压降选定；在建筑工地上因配电线路较短，可按容许电流强度选定；在小负荷的架空线路中，往往按机械强度选定。

5. 用电量计算实例

【例 3-3】 某住宅小区有 4 栋多层住宅工程，施工前，室外管线均接通至小区干线。在进行施工准备的组织设计时对用电设施进行设计。根据平面布置，用电设施有：塔式起重机 2 台，36×2＝72(kW)；400 L 搅拌机 2 台，10×2＝20(kW)；30 t 卷扬机 2 台，7.5×2＝15(kW)；振捣器 3 台，3×3＝6(kW)；蛙式打夯机 3 台，3×3＝9(kW)；电锯、电刨等 30 kW；电焊机 2 台，20.5×2＝41(kW)；室内照明用电 10 kW；室外照明用电 10 kW。试计算工地用电量。

解：(1) 电动机总功率：

$$\sum P_1 = 72 + 20 + 15 + 9 + 9 + 30 = 155(\text{kW})。$$

$$\sum P_2 = 20.5 \times 2 = 41(\text{kW})$$

$$\sum P_3 = 10\ (\text{kW})$$

$$\sum P_4 = 10\ (\text{kW})$$

根据施工现场情况，K1、K2、K3、K4 分别取 0.6、0.6、0.8 及 1。

(2) 工地用电量：

$$\begin{aligned} P &= 1.05\left(K_1 \sum P_l/\cos\varphi + K_2 \sum P_2 + K_3 \sum P_3 + K_4 \sum P_4\right) \\ &= 1.05(0.6 \times 155/0.75 + 0.6 \times 41 + 0.8 \times 10 + 1 \times 10) \\ &= 174.93(\text{kV} \cdot \text{A}) \end{aligned}$$

因计算出的变压器额定容量为 180.18(kV・A)，按变压器规格取整，取 200(kV・A)。因此，应选用 SL1-200/10 变压器一台，其中各符号含义如下：S——三绕组，L——铝线，1——设计序号，200——变压器额定容量，10——额定电压。

复习思考题

1. 简述工程项目前期策划的流程。
2. 简述工程项目前期策划的作用。
3. 简述可行性研究的内容。
4. 简述工程项目可行性研究报告的编制步骤。
5. 简述施工项目管理规划的作用。
6. 简述单位工程施工平面图的设计内容。

第四章 工程项目实施过程管理

第一节 工程项目设计管理

工程项目设计管理是指建设单位做好勘察设计阶段的管理和配合工作，即组织协调勘察设计单位之间以及与其他单位（建筑单位、施工单位、监理单位等）之间的配合，为工程项目建设创造必要的工作条件，使工程项目建设得以顺利进行。实际上，工程项目设计管理涵盖了勘察设计单位内部的管理以及建设单位对勘察设计工作的管理，本章主要从建设单位视角阐述工程项目设计管理工作。

一、工程项目设计管理的目标

建设单位设计管理目标的设定对后期管理工作有重要影响，在初步设计、技术设计和施工图设计阶段都需要进行设计目标控制。主要目标包括安全可靠性、适用性、经济性和环保性。

（1）安全可靠性。这是指业主对设计标准的控制，包括生产使用上要有效和耐久，建筑结构上要保证强度、刚度和稳定，总体规划上要满足防灾、抗灾的安全要求。

（2）适用性。这是指业主对使用功能的控制，包括工程项目要有良好的使用功能和美观效果。

（3）经济性。这是指业主对主要参数的选择，包括在保证安全可靠和适用的前提下，做到投资省，工期短，投产效益高。

（4）环保性。这是指设计要考虑环境问题，绿色建筑要做到“四节一环保”，即节能、节地、节材、节水和环境保护。

二、工程项目设计管理的程序和任务

（一）工程项目设计管理的程序

（1）选定设计单位，招标发包设计任务，签订设计协议或合同，并组织管理合同的实施。

（2）收集、提供设计基础资料及建设协议文件。

（3）组织协调各设计单位之间以及设计单位与科研、物资供应、设备制造和施工等单位之间的工作配合。

（4）主持研究和确认重大设计方案。

（5）配合设计单位编制设计概预算，并做好概预算的管理工作。

(6) 组织上报设计文件,提请国家主管部门批准。

(7) 组织设计、施工单位进行设计交底和图纸会审。

(8) 做好设计文件和图纸的验收、分发、使用、保管和归档工作。

(9) 为设计人员提供现场服务,如工作和生活条件。

(10) 办理设计等费用的支付和结算。

(二) 工程项目设计管理的任务

1. 设计委托阶段

(1) 直接选择或招标选定工程设计单位。

(2) 评审初拟设计工作大纲和设计工作方案。

(3) 签订工程设计合同。

2. 初步设计准备阶段

(1) 组织审查初步设计大纲。

(2) 对设计单位初步论证提出的比选设计方案、技术科研试验专题等,经组织审查后,确定勘察工作布置和技术科研试验工作部署。

(3) 协调设计外部协作关系与工作计划。

(4) 办理城市规划部门的规划审批文件或政府部门的审批事项等。

3. 初步设计阶段

(1) 控制设计单位初步设计的工程建设规模、选址、标准、建筑物型式、建设工期和总投资。

(2) 组织新技术、新材料、新工艺、新设备科研试验研究。

(3) 协调落实外部接入系统(动力、水、电、通信等)、资源条件、环境影响与水土保持评价、地方政府承诺的征地和移民安置规划等。

(4) 由建设项目业主组织审批初步设计文件。

4. 施工图设计阶段

(1) 控制实施的设计方案及主要结构布置。

(2) 控制设计质量、设计进度及组织优化设计。

(3) 落实设备材料采购。

(4) 组织厂家向设计单位提供设备技术资料。

(5) 审定招标设计文件、审批施工图设计文件与图纸。

5. 施工阶段和验收阶段

(1) 组织设计交底。

(2) 控制和审查设计单位提交的设计变更。

(3) 组织设计单位参加完工验收、投运前的大型建筑物安全鉴定和参加试运行。

三、初步设计管理

(一) 开展初步设计需要具备的条件

(1) 项目可行性研究报告已经过审查,业主已获得可行性研究报告批准文件。

(2) 已办理征地手续，并已取得规划局和国土局提供的建设用地规划许可证和建设用地红线图。

(3) 业主已取得规划局提供的规划设计条件通知书。

(二) 初步设计应满足的要求

(1) 多方案比较，在充分细致论证设计项目的经济效益、社会效益和环境效益的基础上，择优推荐设计方案。

(2) 建设项目的单项工程要齐全，主要工程量误差应在允许范围内。

(3) 主要设备和材料明细表要符合订货要求，并可作为订货依据。

(4) 总概算不应超过可行性研究估算的投资总额。

(5) 满足施工图设计的准备工作的要求。

(6) 满足土地征用、招标承包、施工准备、开展施工组织设计，以及生产准备等各项工作的要求。

(三) 初步设计的主要内容

(1) 设计原则，即可行性研究报告及审批文件中的设计原则，以及设计遵循的主要方针、政策和设计的指导思想。

(2) 建设规模、分期建设及远景规划、内外部协作条件等。

(3) 生产工艺流程。

(4) 产品方案、原材料、燃料动力的来源与用量、主要设备选型与配置。

(5) 新技术、新工艺、新设备的采用情况。

(6) 主要建筑物、构筑物，公用、辅助设施，生活区建设，抗震和人防措施。

(7) 环境保护和“三废”治理。

(8) 生产组织、工作制度和劳动定员。

(9) 各项技术经济指标。

(10) 建设顺序、建设期限。

(11) 经济评价。

(12) 总概算。

(13) 附件、附表、附图等。

设计单位初步设计完成后，业主对初步设计的审查是业主方设计管理的重要内容之一。业主主要围绕着所设计项目的质量、进度及投资进行审查。

四、技术设计及施工图设计管理

(一) 技术设计管理

技术设计是根据已批准的初步设计，对设计中比较复杂的项目、遗留问题或特殊需要，通过更详细的设计和计算，进一步研究和阐明其可靠性和合理性，准确解决存在的各种主要技术问题。技术设计的原则、深度及范围等基本上与初步设计一致，此处不再赘述。

（二）施工图设计管理

1. 开展施工图设计需要具备的条件

（1）上级文件，包括业主已取得的经上级或主管部门对初步设计的审核批准书、批准的国民经济年度基本建设计划和规划局核发的施工图设计条件通知书。

（2）初步设计审查时提出的重大问题和初步设计的遗留问题，比如补充勘探、勘察、试验、模型等已经解决，施工图阶段勘察及地形测量绘图已经完成。

（3）各种外部协作条件基本落实。

（4）主要设备订货基本落实，可满足施工图设计的要求。

2. 施工图设计的深度要求

（1）能为设备材料安排提供依据。

（2）为非标准设备和结构件的加工制作提供依据。

（3）按照设计图纸可以编制施工图预算，并可作为预算包干、工程结算的依据。

（4）施工组织设计的编制应满足设备安装和土建施工的需要。

3. 施工图设计的内容要求

（1）施工图设计的内容主要包括工程施工、安装所需的全部图纸。

（2）重要施工、安装部位和生产环节的施工操作说明。

（3）施工图设计说明。

（4）预算书。

（5）设备、材料明细表。

4. 施工图设计的审查

施工图设计的审查既包括业主的审查，也包括政府主管部门法定的审查。政府主管部门对施工图的审查是指建设主管部门认定的施工图审查机构按照有关法律法规，对施工图涉及公共利益、公众安全和工程建设强制性标准的内容进行的审查。施工图审查制度是政府主管部门对建筑工程勘察设计质量监督管理的重要环节。施工图设计审查的重点是其使用功能是否满足质量目标和水平。

施工图设计审查的内容包括以下几个方面。

（1）总体审核施工图纸的完整性和完备性。

（2）审查具体图纸的合规性，包括审查图纸是否符合现行规范、规程、标准要求；审查图纸深度是否达到施工和安装的要求，是否达到工程质量的标准；对选型、选材、造型、尺寸等图纸自身的质量要求的审查。

（3）政策性要求，包括审核是否满足勘察、观测、试验等提供的建设条件；外部水、电、气等条件是否满足；是否满足环境保护措施和“三废”排放标准；是否满足施工和安全、卫生、劳动保护的要求。

（4）审查施工预算和总投资预算。

第二节　工程项目施工准备管理

施工阶段是工程项目管理最活跃也最复杂的一个阶段，该阶段的资源的投入量最大，管理的难度也最大。因此，工程项目施工管理需要做好施工前的各项准备工作以及施工现场管理，在施工过程中做到目标动态控制，保证质量、进度、投资等各目标的实现。

一、图纸会审和施工技术交底

（一）图纸会审

图纸会审是工程项目的各参建单位在收到设计单位施工图设计文件后，对图纸进行全面细致的审核，审查出施工图中存在的问题及不合理情况并提交设计单位进行处理的一项重要活动。图纸会审一般由建设单位主持会议，监理单位组织，施工单位相关人员参加。图纸会审的同时还会进行设计交底，设计单位将施工图纸设计的意图和相关要求向施工、监理单位进行详细说明。图纸会审与设计交底是为将来的施工做准备的，与设计阶段的施工图设计审查是有区别的，图纸会审主要审查的内容如下。

（1）审查图纸的有效性和完整性。

（2）审查施工图纸的功能设计是否满足业主要求。

（3）审查地质资料是否齐全。

（4）找出图纸自身的缺陷和错误。

（5）审查施工的可行性。

（6）审查水电与土建施工图是否一致。

（7）专项设计审查。

（二）施工技术交底

施工技术交底是在工程项目正式施工前，对参与施工的有关管理人员、技术人员和工人交代工程项目情况和技术要求，避免发生指导和操作错误，以便科学地组织施工，并按合理的工序、工艺流程进行作业。

二、工程项目管理规划审查

业主或监理对承包方项目管理实施规划的审查内容包括以下几个方面。

（1）审查编制程序是否符合相关规定。

（2）审查施工进度、施工方案及工程质量保证措施是否符合施工合同要求。

（3）审查资金、劳动力、材料、设备等资源供应计划是否满足工程施工需要。

（4）审查安全技术措施是否符合工程建设强制性标准。

（5）审查施工总平面布置是否科学合理等。

三、工程施工前各种手续办理

（一）办理各种配套建设申请手续

比如供电、供水、排水、燃气、道路管线开挖等各种申请。

（二）办理工程质量监督手续

办理工程质量监督手续时，应提供的文件和资料包括以下内容。

（1）工程规划许可证。

（2）设计单位资质等级证书。

（3）监理单位资质等级证书，监理合同及工程项目监理登记表。

(4) 施工单位资质等级证书及营业执照副本。

(5) 工程勘察设计文件。

(6) 中标通知书及施工承包合同等。

(三) 办理工程施工许可手续

一般情况下,工程项目正式开工前,发包人必须按照国家有关规定向工程所在地县级以上人民政府建设行政主管部门申请领取施工许可证。

施工许可申请应具备以下条件。

(1) 已取得建设工程用地许可证。

(2) 已取得建设工程规划许可证。

(3) 施工场地已经基本具备施工条件。

(4) 已确定承包人。

(5) 施工图设计文件已按规定进行审查。

(6) 项目管理实施规划(施工组织设计)已由发包人签字审定。

(7) 法律规定的必须委托监理的工程项目已经委托监理单位。

(8) 建设资金已落实。

(9) 法律、行政法规规定的其他条件。

四、施工现场准备

施工现场准备,即通常所说的室外准备或外业准备。施工现场准备是为工程创造有利于施工条件的保证,应按项目管理实施规划或施工组织设计的要求进行,主要内容如下。

(1) 清除障碍物。施工现场内无论地上或地下的障碍物都应该在开工前清除,一般由建设单位完成。

(2) 三通一平,即通水、通电、通路、平整场地。

(3) 测量放线,包括校正测量仪器、校核红线桩与水准点、制定测量放线方案。

(4) 临时设施搭设,包括工地办公室、职工宿舍、食堂、材料库房、作业棚。尽量利用原建筑物或施工现场的永久建筑物作为施工临时设施,尽量减少临时设施的数量,以节约资金。

建设单位应协助施工单位做好施工现场准备,并委托监理工程师对施工现场准备进行检查和监督。

除了施工现场准备外,施工单位还要做好各种物资准备,主要包括建筑材料准备、预制构件及商品混凝土准备、施工机具准备、模板和脚手架准备。

第三节　工程项目施工过程管理及收尾管理

一、工程项目施工过程管理

工程项目施工阶段的基本任务是按批准的设计文件完成工程实体的建造,将项目设计图纸转化成有形产品。因此,工程项目施工管理是为了实现项目预期目标对项目施工过程进行的全面管理。施工过程管理涉及工程项目的各个参与方,各参与方以业主方为核心,以合同管理为纽带，展开施工过程管理活动。

二、工程项目收尾管理

工程项目收尾管理是指对项目竣工验收、竣工结算与决算、回访保修和考核评价等收尾工作进行的计划、组织、协调和控制等活动。项目竣工验收是指承包人按照施工合同完成了项目的全部任务，且经检验合格，由发包人和承包人组织验收的过程。

(一) 工程项目竣工验收

1. 工程项目竣工验收的范围

(1) 凡列入固定资产投资计划的工程项目或单项工程，应按设计文件内容和要求全部建成且符合验收标准，必须及时组织验收，办理固定资产移交手续。

(2) 使用更新改造资金进行的基本建设或者技术改造工程项目，应按国家关于建设项目竣工验收规定办理竣工验收手续。

(3) 小型基本建筑和技术改造项目的竣工验收，可适当简化手续，但必须按规定办理竣工验收和固定资产交付生产手续。

2. 工程项目竣工验收的内容

(1) 项目建设总体完成情况。

(2) 项目资金到位及使用情况。

(3) 项目变更情况。

(4) 施工和设备到位情况。

(5) 执行法律法规情况。

(6) 投产或者投入使用准备情况。

(7) 竣工决算情况。

(8) 档案资料情况。

(9) 项目管理情况及其他需要验收的内容。

3. 工程项目竣工验收的主要依据

(1) 国家有关法律法规及国家发布的建设标准。

(2) 经批准的项目建议书、可行性研究报告(含修改以及调整文件)。

(3) 经批准的设计文件(含变更设计)。

(4) 设计时依据的规范、标准。

(5) 国家和相关部门颁布的工程质量检验评定标准、施工(包括设备安装)验收规范。

(6) 监理单位总监理工程师对竣工报告的签署意见。

(7) 设备技术说明书，从国外引进新技术或成套设备的建设项目，以及中外合资的建设项目签订的合同和外方提供的设计文件、标准等资料。

(8) 合同文件。

4. 工程项目竣工验收的形式

(1) 中间验收：由监理单位组织、业主和承包商派人参加。该部位的验收资料将作为最终验收的依据。

(2) 单项工程验收(交工验收)：由业主组织，会同承包商、监理单位、设计单位及使用单位等有关部门共同进行。

(3) 全部工程竣工验收(动用验收):大中型和限额以上项目由国家发改委或由其委托项目主管部门或地方政府部门组织验收,小型和限额以下项目由项目主管部门组织验收。业主、监理、施工、设计和使用单位参加验收工作。

(二) 工程项目竣工结算与决算

1. 工程项目竣工结算

竣工验收后,需要由承包人编制竣工结算,发包人审查,双方最终确定。项目竣工结算的编制方法,是在原工程投标报价或合同价的基础上,根据所收集、整理的各种结算资料,如设计变更、技术核定、现场签证和工程量核定单等进行直接费的增减调整计算,按取费标准的规定计算各项费用,最后汇总为工程结算造价。

工程项目价款的结算方式如下。

(1) 按月结算:月终结算,竣工后结清。

(2) 竣工后一次结算:项目比较小、工期在一年内或工程承包合同价值在 100 万元以下的,可实行工程价款每月月中预支、竣工后一次结算。

(3) 分段结算:当年开工、当年不能竣工的单项工程或者单位工程按照工程实际进度,划分不同阶段进行结算。

(4) 结算双方约定的其他结算方式。

2. 工程项目竣工决算

工程项目竣工决算是指所有的建筑工程竣工后,业主按照国家有关规定编制的竣工决算报告。工程项目竣工决算是正确核定新增固定资产价值、考核分析投资效果、建立健全经济责任制的依据,也是项目竣工验收报告的重要组成部分。

竣工决算是以实物量和货币为单位,综合反映建筑项目或单项工程的实际造价和投资效益,核定交付使用财产和固定资产价值的文件,是建筑项目的财务总结。竣工决算的内容由文字说明和决算报表两部分组成。

工程项目竣工决算一般由建设主管部门会同银行进行会审,重点审查以下内容。

(1) 根据批准的设计文件,审查有无计划外的工程项目。

(2) 根据批准的概(预)算或包干指标,审查建筑成本是否超标,并查明超标原因。

(3) 根据财务制度,审查各项费用开支是否符合规定,有无乱挤建设成本、扩大开支范围和提高开支标准的问题。

(4) 报废工程和应核销的其他支出中,各项损失是否经有关机构审批同意。

(5) 历年的建设资金投入和结余资金是否真实、准确。

(6) 审查及分析历年投资效果。

(三) 工程项目回访保修

工程项目实行工程保修制度。工程项目的回访保修是指工程项目在竣工验收交付使用后,在一定的期限内(如 1 年左右的时间)由施工单位主动到建设单位或用户进行回访,对工程发生的确实是由于施工单位施工责任造成的建筑物使用功能不良或无法使用的问题,由施工单位负责修理,直至达到正常使用的标准。

在项目经理的领导下,由生产、技术、质量及有关方面人员组成回访小组,并制订具体的回访工作计划。工程项目回访保修工作计划应包括的内容有:主管回访的部门、执行回访保修工作的单位、回访时间,以及回访的主要内容和方式。

实行工程质量保修是促进承包人加强工程施工质量管理、保护用户及消费者合法权益的必然要求,承包人应在工程项目竣工验收之前与发包人签订质量保修书,对交付发包人使用的工程在质量保修期内承担质量保修责任。

(四)工程项目考核评价

工程项目考核评价是对工程项目管理主体行为与工程项目实施效果的检验和评估,是客观反映工程项目管理目标实现情况的总结。通过工程项目考核评价,可以总结经验、找出差距、制定措施,进一步提高工程项目的管理水平。

根据工程项目管理范围和组织实施方式的不同,应采取不同的考核评价方式。通常而言,工程项目考核可按年度进行,也可按工程进度计划划分阶段进行,还可以综合以上两种方式进行。工程完工后,必须全面地对工程项目管理进行终结性考核。

项目考核评价指标可以分为定量指标和定性指标两类,是对工程项目管理的实施效果做出客观、正确、科学的分析和论证的依据。选择一组适用的指标对某一工程项目的管理目标进行定量或定性分析,是考核评价工程项目管理成果的需要。定量指标是指反映工程项目实施成果,可做量化比较分析的专业技术经济指标,比如工期、质量、成本、职业健康安全和环境保护等;定性指标是指综合评价工程或单项评价工程项目管理水平的非量化指标,主要有经营管理理念、项目管理策划、管理制度及方法、新工艺及新技术推广、社会效益及社会评价等。

复习思考题

1. 简述开展初步设计的必备条件。
2. 简述工程项目初步设计的主要内容。
3. 简述施工图设计应满足的深度要求。
4. 简述施工图设计审查的主要内容。
5. 简述图纸会审的主要内容。

第五章　工程项目招投标及合同管理

第一节　工程项目招投标概述

一、工程项目招投标

(一) 工程项目招投标的概念

招投标是指招标人发出招标公告(投标邀请)和招标文件,公布采购或出售标的物内容、标准要求和交易条件,满足条件的投标人按招标要求进行公平竞争,招标人依法组建的评标委员会按招标文件规定的评标方法和标准公正评审,择优确定中标人,公开交易结果并与中标人签订合同的过程。在工程招投标过程中,工程招标和工程投标是两个非常关键的环节。其中,工程招标指招标人就拟建工程发布公告,以法定方式吸引承包单位自愿参加竞争,从中择优选定工程承包方的行为。工程投标指响应招标、参与投标竞争的法人或者其他组织,按照招标公告或邀请函的要求制作并递送标书,履行相关手续,争取中标的过程。

(二) 工程招标的方式

1. 公开招标

公开招标也称无限竞争招标,是由招标人以招标公告的方式邀请不特定的法人或者其他组织投标。这种方式的优点是:投标的承包商多、范围广、竞争激烈,业主有较大的选择余地,有利于降低工程造价,提高工程质量和缩短工期;缺点是:由于投标单位多,招标工作量大,组织工作复杂,招标过程所需时间较长。此招标方式主要适用于投资额度大,工艺、结构复杂的较大型工程建设项目。

2. 邀请招标

邀请招标也称有限竞争招标,是由招标人以投标邀请书的方式邀请特定的法人或者其他组织投标。邀请招标的优点是:目标集中,招标组织工作较容易,工作量比较小;缺点是:由于参加的投标单位较少,竞争性较差,选择余地较小,如果招标单位在选择邀请单位前所掌握信息资料不足,则会失去发现最适合承担该项目的承包商的机会。

可以看出,两种招标方式各有优缺点,该如何选择,取决于招投标相关法律规定及项目自身的特点。

(三) 工程招投标程序

采用招标方式发包工程项目,必须严格遵守法律规定的程序。不同工程项目的招标程序大致相同,如图 5-1 所示。

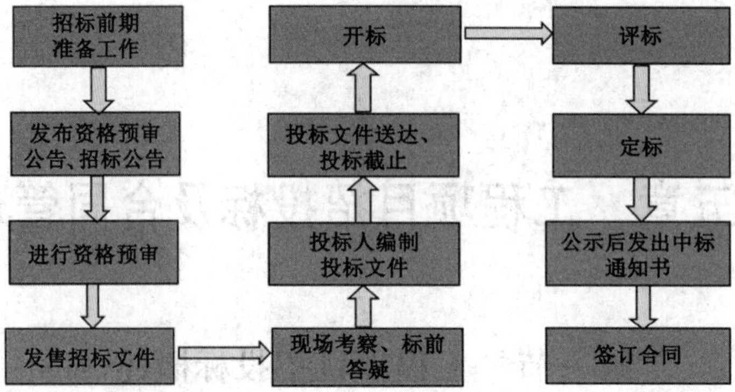

图 5-1　工程项目招投标程序

（四）工程招投标价格

在工程项目招投标过程中，招投标价格有不同的表现形式，包括招标控制价、投标报价及合同价（中标价）。

1. 招标控制价

招标控制价是招标人根据国家或省级行业建设主管部门颁发的有关计价依据和办法，以及拟定的招标文件和招标工程量清单所编制的招标工程的最高限价，是招标人控制投资的一种手段。

2. 投标报价

投标报价是投标人投标时报出的拟建工程价格。投标人为了得到工程施工承包的资格，按照招标人在招标文件中的要求进行估价，并根据投标策略而确定的卖方的要价。如果中标，这个价格就是合同谈判和签订的基础。投标报价应由投标人或其委托的具有相应资质的工程造价咨询机构编制。

3. 合同价（中标价）

在招标投标过程中，招标文件（含可能设置的标底）是发包人的定价意图，投标文件（含投标报价）是投标人的定价意图，而中标价则是双方均可接受的价格，并应成为合同的重要组成部分。评标委员会在选择中标人时，通常遵循“最大限度地满足招标文件中规定的各种综合评价标准”或“能够满足招标文件的实质性要求，并且经评审的投标价格最低”原则。前者属于综合评估法，后者属于经评审的最低投标价法。我国的招标投标法及相关法规不允许投标人以低于成本的报价竞标。合同价是承发包双方履约的依据，了解承发包方式与合同价的关系及合同价的形成过程有助于深刻理解合同价的内涵。

（1）合同价与承发包的关系。

工程项目承发包中最核心的问题是合同价的确定，而建设工程项目签订合同价取决于承发包方式的选择。目前承发包方式有直接发包和招标发包两种，其中招标发包是主要承发包方式。同时，签约合同价还因采用不同的计价方式，会产生较大的价格差额。对于招标发包的项目，即以招标投标方式签订的合同中，应以中标时确定的中标金额为准；对于直接发包的项目，如按初步设计总概算投资包干时，应以经审批的概算投资中与承包内容相应部分的投资（包括相应的不可预见费）为签约合同价；如按施工图预算包干，则应以审查后的施工图预算或综合预算为准。在建筑安装工程中，能准确确定合同价款的，需要明确相应的价款调整规定，如在合同签订时尚不能准确计算出合同价款的，尤其是按施工图预算加现场签证结算的工程，在合同中需要明确规定合同价款的计算原则，具体约定执行的计价依据与计算标准，以及合同价款的审定方式等。

(2) 合同价的形成过程。

在市场经济条件下，招标投标是一种优化资源配置、实现有序竞争的交易行为，也是工程承发包的主要方式。在工程项目招投标中，投标人应当按招标文件的要求编制投标文件。招标文件是投标人编制投标文件的主要依据，也是中标后签订施工合同的主要依据。合同价款的约定与招标投标文件具有相辅相成和密不可分的关系。招标人在招标时，把合同条款的主要内容纳入招标文件中，对投标报价的编制办法和要求及合同价款的方式已做了详细说明，如采用“单价合同”方式、“总价合同”方式或“成本加酬金合同”的方式发包，投标人按招标文件中的规定和要求，根据自己的实力和市场因素等确定投标报价。经评标被认可的投标价即为中标价，中标价只有通过合同的形式才能加以确认，即投标人中标后，所签订的合同价就是中标价。

二、工程项目招标文件

按照《中华人民共和国招标投标法》的规定，招标文件应当包括招标项目的技术要求，对投标人资格审查的标准、投标报价要求和评标标准等实质性要求和条件以及签订合同的主要条款。工程项目招标文件由招标单位或其委托的咨询机构编制，其既是投标单位编制投标文件的依据，也是招标单位与中标单位签订工程承发包合同的基础，投标文件中提出的各项要求，对整个招标工程乃至承发包双方都有约束力。工程项目招投标分为许多不同阶段，比如勘察设计招标、监理招标、施工招标、物质采购招标等，每个阶段的招标文件编制内容及要求不尽相同，这里重点介绍施工招标文件。

(一) 招标文件的组成

根据《中华人民共和国标准施工招标文件》(2007 年版)的规定，施工招标文件包括以下内容。

1. 招标公告(或投标邀请书)

当未进行资格预审时，招标文件中应包括招标公告。当进行资格预审时，招标文件中应包括投标邀请书，该邀请书可代替资格预审通过通知书，以明确投标人已具备投标资格，其他内容包括招标文件的获取、递交等。

2. 投标人须知

投标人须知主要包括对于工程项目概况的介绍和招标过程的各种具体要求，在正文中的未尽事宜可以通过“投标人须知前附表”进行进一步明确，由招标人根据招标项目具体特点和实际需要编制和填写，但无需与招标文件的其他章节相衔接，并不得与投标人须知正文的内容相抵触，否则抵触内容无效。投标人须知包括如下几个方面的内容。

(1) 总则：主要包括项目概况、资金来源和落实情况、招标范围、计划工期和质量要求的描述，对投标人资格要求的规定，对费用承担、保密、语言文字、计量单位等内容的约定，对踏勘现场、投标预备会的要求，以及对分包和偏离问题的处理等。项目概况中主要包括项目名称、建设地点以及招标人和招标代理机构的情况等。

(2) 招标文件：主要包括招标文件的构成以及澄清和修改等内容。在招标文件中应当确定投标人编制投标文件所需要的合理时间，即自招标文件开始发出之日起至投标人提交投标文件截止之日止，该段时间称投标准备时间，一般最短不得少于20天。

(3) 投标文件：主要包括投标文件的组成，投标报价编制的要求，投标有效期和投标保证金的规定，需要提交的资格审查资料，是否允许提交备选投标方案，以及投标文件标识所应遵循的标准格式要求等。

(4) 投标：主要规定投标文件的密封和标识、递交修改及撤回的各项要求。

(5) 开标：主要规定开标的时间、地点和程序等。

(6) 评标：主要说明评标委员会的组建方法、评标原则和拟采取的评标办法等。

(7) 合同授予：主要说明拟采用的定标方式、中标通知书的发出时间、要求承包人提交的履约担保和合同的签订时限等。

(8) 重新招标和不再招标：主要规定重新招标和不再招标的条件。

(9) 纪律和监督：主要包括对招投标过程各参与方的纪律要求。

(10) 需要补充的其他内容。

3. 评标办法

评标办法可选择经评审的最低投标价法和综合评估法。

4. 合同条款及格式

合同条款及格式包括本工程拟采用的通用合同条款、专用合同条款以及各合同附件的格式。通用合同条款是所有相同版本的建设工程施工合同共有的内容，专用合同条款是签订合同的双方针对合同项下的具体工程所做的有针对性的、不同于通用合同条款或者将通用合同条款予以细化的特别约定。

5. 工程量清单

工程量清单是表现拟建工程实体性项目、非实体性项目和其他项目名称和相应数量的明细清单，以满足工程项目具体量化和计量支付的需要。它是招标人编制招标控制价和投标人编制投标价的重要依据。如按照规定应编制招标控制价的项目，其招标控制价也应在招标时一并公布。

6. 图纸

图纸是指应由招标人提供的用于计算招标控制价和投标人计算投标报价所必需的各种详细程度的图纸。

7. 技术标准和要求

招标文件规定的各项技术标准应符合国家强制性规定。招标文件中规定的各项技术标准均不得要求或标明某一特定的专利、商标、名称、设计、原产地或生产供应者，不得含有倾向或者排斥潜在投标人的其他内容。如果必须引用某一生产供应商的技术标准才能准确或清楚地说明拟招标项目的技术标准时，则应当在“参照”后面加上“或相当于”的字样。

8. 投标文件格式

应提供各种投标文件编制所应依据的参考格式。

9. 投标人须知前附表规定的其他材料

如需要其他材料，应在投标人须知前附表中予以规定。

（二）招标文件的澄清及修改

1. 招标文件的澄清

投标人应仔细阅读和检查招标文件的全部内容。如发现缺页或附件不全，应及时向招标人提出，以便补齐。如有疑问，应在规定的时间前以书面形式要求招标人对招标文件予以澄清。

招标文件的澄清在规定的投标截止时间15天前以书面形式发给所有购买招标文件的投标人，但不指明澄清问题的来源。如果澄清发出的时间距投标截止时间不足15天，应相应推迟投标截止时间。

投标人在收到澄清后，应在规定的时间内以书面形式通知招标人，确认已收到该澄清。投标人收到澄清后的确认时间，可以采用一个相对的时间，如招标文件澄清发出后12小时以内；也可以采用一个绝对的时间，如2023年6月20日中午12:00以前。

2. 招标文件的修改

招标人对已发出的招标文件进行必要的修改，应当在投标截止时间15天前。标人可以以书面形式修改招标文件，并通知所有已购买招标文件的投标人。如果修改招标文件的时间距投标截止时间不足15天，应相应推后投标截止时间。投标人收到修改内容后，应在规定的时间内以书面形式通知招标人，确认已收到该修改文件。

三、工程项目投标文件内容

投标文件需对招标文件做出实质性响应，符合招标文件的各项要求，并严格遵守招投标的相关法律法规。科学规范地编制投标文件、合理策略地提出有竞争力的报价，对投标单位投标的成败和将来实施工程的盈亏起着决定性作用。

投标人应当按照招标文件的要求编制投标文件。投标文件应当包括下列内容：投标函及投标函附录，法定代表人身份证明或附有法定代表人身份证明的授权委托书，联合体协议书（如工程允许采用联合体投标），投标保证金，已标价工程量清单，施工组织设计，项目管理机构，拟分包项目情况表，资格审查资料，规定的其他材料。

四、工程评标与定标

工程评标与定标是招标程序中极为重要的环节。只有做出客观、公正的评标，才能最终正确地选择最优秀、最合适的承包商，从而有效地控制工程造价。

（一）评标

《中华人民共和国招标投标法》明确规定，招标人应当采取必要的措施，保证评标在严格保密的情况下进行，任何单位和个人不得非法干预、影响评标的过程和结果。工程评标应遵循竞争优选，公正、公平、科学合理，质量好、信誉高、价格合理、工期适当、施工方案先进可行，反不正当竞争及规范性与灵活性相结合的原则。

未经资格预审的投标单位，在评标前必须进行资格审查。只有资格审查合格的投标单位，其投标文件才能进行评价与比较。

1. 评标的准备与初步评审

评标活动应遵循公平、公正、科学、择优的原则，招标人应当采取必要的措施，保证评标在严格保密的情况下进行。评标是招标投标活动中一个十分重要的环节，如果对评标过程不进行保密，则有可能发生影响公正评标的不正当行为。

评标委员会成员名单一般应于开标前确定，而且该名单在中标结果确定前应当保密。评标委员会在评标过程中是独立的，任何单位和个人都不得非法干预、影响评标过程和结果。

(1) 评标工作的准备。

评标委员会成员应当编制供评标使用的相应表格，认真研究招标文件，至少应了解和熟悉招标的目标、招标项目的范围和性质、主要技术要求、标准和商务条款、评标标准、评标方法等。

(2) 初步评审。

① 形式评审标准：包括投标人名称与营业执照、资质证书、安全生产许可证一致；投标函上有法定代表人或其委托代理人签字或加盖单位公章；投标文件格式符合要求；联合体投标人已提交联合体协议书，并明确联合体牵头人(如有)；报价唯一，即只能有一个有效报价等。

② 资格评审标准：如果是未进行资格预审的，应具备有效的营业执照和安全生产许可证，并且资质等级、财务状况、类似项目业绩、信誉、项目经理、其他要求、联合体投标人等，均符合规定。如果是已进行资格预审的，仍按前文所述资格审查办法中详细审查标准来进行审查。

③ 响应性评审标准：包括投标报价校核；审查全部报价数据计算的正确性；分析报价构成的合理性，并与招标控制价进行对比分析；并且工期、工程质量、投标有效期、投标保证金、权利及义务、已标价工程量清单、技术标准和要求、分包计划等，均应符合招标文件的有关要求。

④ 施工组织设计和项目管理机构评审标准：包括施工方案与技术措施、质量管理体系与措施、安全管理体系与措施、环境保护管理体系与措施、工程进度计划与措施、资源配备计划、技术负责人、其他主要人员、施工设备、试验和检测仪器设备等，应符合有关标准。

2. 详细评审标准与方法

经初步评审合格的投标文件，评标委员会应当根据招标文件确定的评标标准和方法，对其技术部分和商务部分做进一步评审、比较。详细评审的方法包括经评审的最低投标价法和综合评估法两种。

(1) 经评审的最低投标价法。

经评审的最低投标价法是指评标委员会对满足招标文件实质要求的投标文件，根据详细评审标准规定的量化因素及量化标准进行价格折算，按照经评审的投标价由低到高的顺序推荐中标候选人，或根据招标人授权直接确定中标人，但投标报价低于其成本的除外。经评审的投标价相等时，投标报价低的优先；投标报价也相等的，由招标人自行确定。

① 经评审的最低投标价法的适用范围。按照《评标委员会和评标方法暂行规定》的规定，经评审的最低投标价法一般适用于具有通用技术、性能标准或者招标人对其技术、性能没有特殊要求的招标项目。

② 详细评审标准及规定。采用经评审的最低投标价法的，评标委员会应当根据招标文件中规定的量化因素和标准进行价格折算，对所有投标人的投标报价以及投标文件的商务

部分做必要的价格调整。根据《中华人民共和国标准施工招标文件》(2007年版)的规定,主要的量化、因素包括单价遗漏和付款条件等,招标人可以根据项目具体特点和实际需要,进一步删减、补充或细化、量化因素和标准。另外,如世界银行贷款项目采用此种评标方法时,通常考虑的量化因素和标准包括:一定条件下的优惠(借款国国内投标人有7.5%的评标优惠);工期提前的效益对报价的修正;同时投多个标段的评标修正等。所有这些修正因素都应当在招标文件中有明确的规定。对同时投多个标段的评标修正,一般做法是,如果投标人的某一个标段已被确定为中标,则在其他标段的评标中按照招标文件规定的百分比(通常为4%)乘以报价额后,在评标价中扣减此值。

(2) 综合评估法。

不宜采用经评审的最低投标价法的招标项目,一般应当采取综合评估法进行评审。综合评估法是指评标委员会对满足招标文件实质性要求的投标文件,按照规定的评分标准进行打分,并按得分由高到低的顺序推荐中标候选人,或根据招标人授权直接确定中标人,但投标报价低于其成本的除外。综合评分相等时,以投标报价低的优先;投标报价也相等的,由招标人自行确定。

(二) 定标

定标阶段的主要工作包括中标候选人的确定、评标报告的编写及提交,以及中标通知的发出。

第二节　工程项目合同及其管理概述

一、工程项目合同概述

(一) 工程项目合同的概念、特征和作用

1. 工程项目合同的概念

工程项目合同是承包人进行工程建设、发包人支付价款的合同,包括与工程建设相关的各种行为。

2. 工程项目合同的特征

(1) 合同主体的严格性。工程承包人一般都要求具备特定的专业资质。

(2) 合同标的的特殊性。工程合同的标的是建筑产品,具有单件性和多样性的特点。

(3) 合同履行期限的长期性。与工业生产相比,工程项目的周期较长,少则几个月,多则几年。

(4) 计划和程序的严格性。国家对工程项目的建设程序有着严格的管理制度。

(5) 合同形式的要式要求,《中华人民共和国合同法》规定,建设工程合同应当采用书面形式。这也是有些工程合同违反法律强制性规定导致无效的原因之一。

3. 工程项目合同的作用

(1) 工程项目合同是工程项目任务委托和承接的法律依据,是工程建设过程中双方的最高行为准则。

(2) 工程项目合同分配了工程任务,详细、具体地定义了工程任务相关的各种问题。

(3) 工程项目合同确定了项目的组织关系。

(4) 工程项目合同将工程项目涉及各方联系起来,协调并统一工程各参加方的行为。

(5) 工程项目合同是工程建设过程中双方争执解决的依据。

(二) 工程项目合同的分类

(1) 按承发包的工程范围大小不同,工程项目合同可以分为:工程项目总承包合同、工程项目承包合同、工程项目分包合同。工程项目总承包合同范围最广,包括设计和施工甚至还有采购;分包合同内容最少,只有项目承包中的部分内容或者服务。

(2) 按承发包的专业内容不同,工程项目合同可以分为:工程勘察合同、工程设计合同、工程施工合同、工程监理合同等。这些专业内容之间是有逻辑关系的,应遵守基本建设程序。

(3) 按合同的计价方式不同,工程项目合同可以分为:总价合同、单价合同、其他方式合同。总价合同在合同约定的工作范围内合同价格不做调整。单价合同以约定的单价作为合同价格计算、调整和确认的依据,在约定风险范围内单价不做调整。其他方式合同包括成本加酬金、定额计价等,在实践中应用较少。

一般而言,合同工期在一年以内且施工图设计文件已通过审查的工程项目,可以选择总价合同;紧急抢修、救援等建设工程,可以选择成本加酬金合同;其他工程项目宜选择单价合同。

(三) 工程项目合同法律关系

合同法律关系是特定社会关系在合同法律规范调整下形成的权利和义务关系。

一般的合同法律关系由三个要素构成,即主体、客体、内容,工程合同法律关系也不例外。

主体是指法律关系的参与人或者当事人,包括自然人、法人、其他组织。在工程项目合同中,法人主体居多。客体是指主体享有的权利和义务所指向的对象,包括物、财、行为、智力成果。内容是主体依法享有的权利和承担的义务。例如,一份委托监理合同就对应存在一个合同法律关系,合同主体分别是委托人和监理人;客体是监理服务,属于行为一类;内容就是委托人支付监理酬金、监理人完成约定范围的监理工作。

合同法律关系并非一成不变,它的产生、变更、消灭都源自特定法律事实的出现,包括合同主体不能控制的事件和主体能够控制的行为。如监理不履行监理义务,委托人可按合同约定更换新的监理单位,主体发生变化,原有法律关系消灭,产生新的合同法律关系。

(四) 工程项目合同体系

工程项目合同体系如图 5-2 所示。

二、工程项目合同管理概述

(一) 工程项目合同管理的含义

工程合同管理可以从宏观和微观层次分别来理解。

宏观的合同管理是指国家授权的有关行业主管部门和工商行政管理部门,根据法律和政策的规定,对合同的订立、履行、变更及解除等行为进行指导、组织、监督、签证和核查等,以维护合同当事人的正当权益,确保合同依法履行,纠正和查处违法行为,也称为合同的外

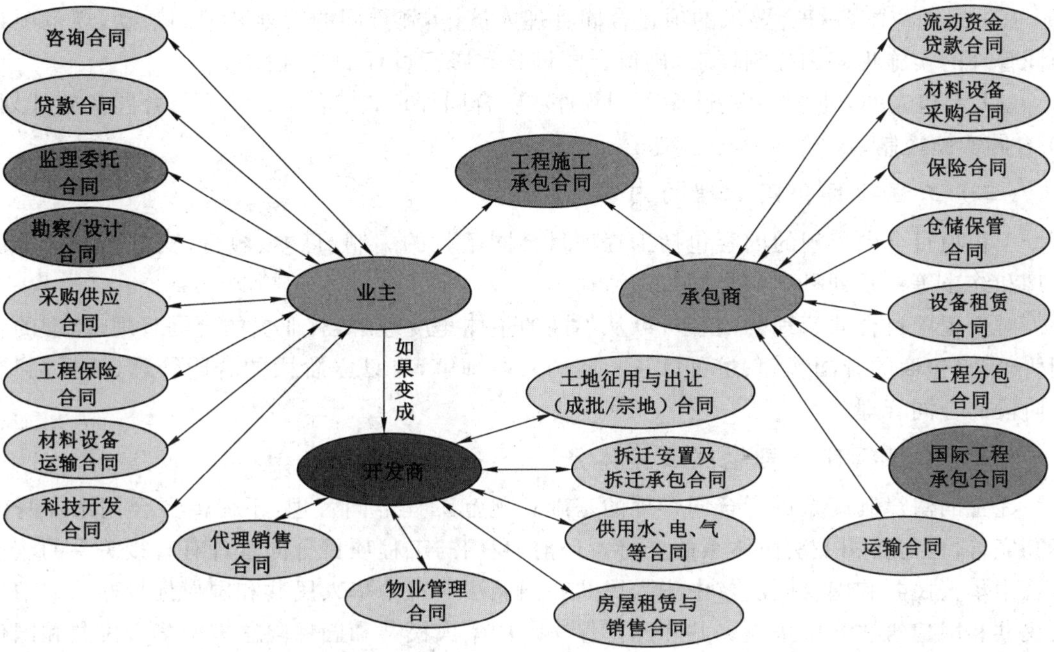

图 5-2　工程项目合同体系

部管理。

微观的合同管理是指订立合同的当事人及监理单位或其设立的相关机构，对其订立、履行合同的行为进行策划、组织、控制、协调等活动，以维护自身的正当权益并确保合同的顺利履行，也称为合同的内部管理。

合同的内外部管理如图 5-3 所示。本书的合同管理主要是指微观层面的合同管理。

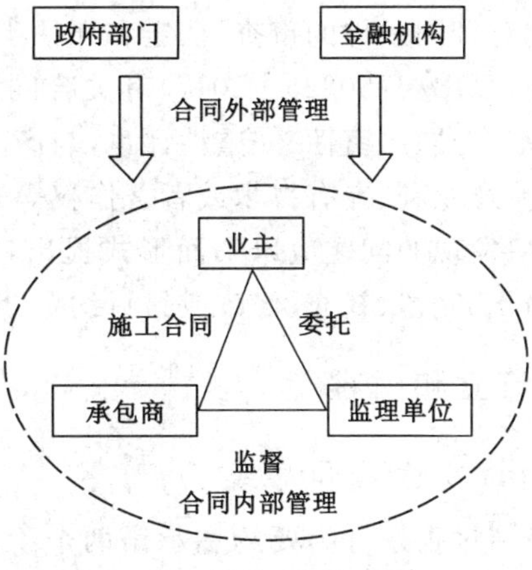

图 5-3　合同的内外部管理

另外，《建设工程项目管理规范》(GB/T 50326—2017)中对合同管理的一般规定如下。

(1) 组织应建立项目合同管理制度，明确合同管理责任，设立专门机构或人员负责合同管理工作。

(2) 组织应配备符合要求的项目合同管理人员,实施合同的策划和编制活动,规范项目合同管理的实施程序和控制要求,确保合同订立和履行过程的合规性。

(3) 承包人的合同管理应遵循下列程序:① 合同评审;② 合同订立;③ 合同实施计划;④ 合同实施控制;⑤ 合同管理总结。

(二) 工程项目合同管理的内容

工程项目合同管理的内容包括工程项目合同条款的编制、订立、履行、变更、索赔、争议处理和终止等一系列科学的合同管理活动。

对工程项目合同管理的内容可以从不同的主体角度理解,有业主的合同管理、监理的合同管理、承包商的合同管理;也可以从不同的阶段理解,有订立阶段的合同管理(招投标)履行阶段的合同管理。

(三) 工程项目合同管理法律体系

完善的法律制度是进行合同管理的基础。规范工程合同管理,不但需要合同法本身的不断完善,也需要相关法律体系的支持。目前,我国与工程项目合同管理有直接关系的法律有:《中华人民共和国合同法》《中华人民共和国民法典》《中华人民共和国招标投标法》《中华人民共和国建筑法》《中华人民共和国担保法》《中华人民共和国保险法》《中华人民共和国仲裁法》《中华人民共和国民事诉讼法》等,还有各种配套的行政法规、部门规章、地方法规,它们共同构成工程项目合同管理的法律体系。

第三节 工程项目合同签订管理

一、工程项目合同的评审

按照《建设工程项目管理规范》(GB/T 50326—2017)的相关规定,合同订立前,合同管理主体应进行合同评审,完成对合同条件的审查、认定和评估工作。

《建设工程项目管理规范》(GB/T 50326—2017)有关合同评审的内容包括:合法性、合规性评审,合理性、可行性评审;合同严密性、完整性评审,与产品或过程有关要求的评审,合同风险的评估等。合同内容涉及专利、专有技术或者著作权等知识产权时,应对其使用权的合法性进行审查。合同评审中发现的问题应以书面形式提出,要求予以澄清或调整。组织应根据需要进行合同谈判,细化、完善、补充、修改或另行约定合同条款和内容。

二、工程项目合同的订立和内容

(一) 工程项目合同的订立方式和形式

在法律程序上,把订立合同过程划分为要约和承诺两个阶段。要约是一方当事人以缔结合同为目的,向对方当事人所作的意思表示。承诺是受要约人同意要约的意思表示,承诺生效即代表合同成立。有些合同中,也存在要约邀请的预备行为,是为了引发产生一个要约,但它不是合同订立的必要条件。

采用招投标方式订立工程项目合同中,发布招标文件是要约邀请,递交投标文件为要约行为，招标人向投标人发出的中标通知书属于承诺。

工程项目合同应采用书面形式，并符合相关资质和许可管理的规定。法律法规规定需办理批准登记手续后合同生效的，要依规办理，否则合同并未生效，不受法律保护。

（二）工程项目合同内容与工程项目合同示范文本

订立工程项目合同时，要明确合同内容，即当事人的权利和义务。如施工合同内容包括：工程范围、建设工期、中间交工工程的开工和竣工时间、工程质量、工程造价、技术资料交付时间、材料和设备的供应责任、拨款和结算、竣工验收、质量保修范围和质量保证期、双方协作条款等。

在工程领域，经常使用合同示范文本，就是将各类合同的主要条款、式样等制定出规范的、指导性的文本，在全国范围内积极宣传和推广，引导当事人参照示范文本签订合同，以实现合同签订的规范化。示范文本是非强制使用的。

表 5-1 中是工程领域常见的合同示范文本，涉及工程建设常用的合同。有关部门会定期更新和完善，以确保它的适用性和合法性。

表 5-1　工程领域常见的合同示范文本

序号	示范文本名称	本版号
1	建设工程施工合同(示范文本)	GF-2017-0201
2	建设工程监理合同(示范文本)	GF-2012-0202
3	建设工程勘察合同(示范文本)	GF-2016-0203
4	建设工程设计合同(示范文本)(专业建筑工程)	GF-2015-0210
5	建设工程设计合同(示范文本)(房屋建筑工程)	GF-2015-0209
5	建设项目工程总承包合同(示范文本)	GF-2011-0216
6	建设工程施工专业分包合同(示范文本)	GF-2018-0213
7	建设工程施工劳务分包合同(示范文本)	GF-2018-0214
8	建设工程造价咨询合同(示范文本)	GF-2015-0212
9	标准施工招标资格预审文件	2013 年版
10	标准施工招标文件	2013 年版
11	中华人民共和国房屋建筑和市政工程标准施工招标资格预审文件	2010 年版
12	简明标准施工招标文件	2012 年版
13	标准设计施工总承包招标文件	2012 年版

三、工程项目合同的实施计划

（1）组织应规定合同实施工作程序，编制合同实施计划。合同实施计划应包括下列内容：① 合同实施总体安排；② 合同分解与分包策划；③ 合同实施保证体系的建立。

（2）合同实施保证体系应与其他管理体系协调一致。组织应建立合同文件沟通方式、编码系统和文档系统。

（3）承包人应对其承接的合同做总体协调安排。承包人自行完成的工作及分包合同的内容，应在质量、资金、进度、管理架构、争议解决方式方面符合总包合同的要求。

（4）分包合同实施应符合法律法规和组织有关合同管理制度的要求。

四、工程项目合同的实施控制

（1）项目管理机构应按约定全面履行合同。

（2）合同实施控制的日常工作应包括：① 合同交底；② 合同跟踪与诊断；③ 合同完善与补充；④ 信息反馈与协调；⑤ 其他应自主完成的合同管理工作。

（3）合同实施前，组织的相关部门和合同谈判人员应对项目管理机构进行合同交底。合同交底应包括：① 合同的主要内容；② 合同订立过程中的特殊问题及合同待定问题；③ 合同实施计划及责任分配；④ 合同实施的主要风险；⑤ 其他应进行交底的合同事项。

（4）项目管理机构应在合同实施过程中定期进行合同跟踪和诊断。合同跟踪和诊断应符合下列要求。

① 对合同实施信息进行全面收集、分类处理，查找合同实施中的偏差；

② 定期对合同实施中出现的偏差进行定性、定量分析，通报合同实施情况及存在的问题。

（5）项目管理机构应根据合同实施偏差结果制定合同纠偏措施或方案，经授权人批准后实施。实施需要其他相关方配合时，项目管理机构应事先征得各相关方的认同，并在实施中协调一致。

（6）项目管理机构应按规定实施合同变更的管理工作，将变更文件和要求传递至相关人员。合同变更应当符合下列条件。

① 变更的内容应符合合同约定或者法律法规规定。变更超过原设计标准或者批准规模时，应由组织按照规定程序办理变更审批手续。

② 变更或变更异议的提出，应符合合同约定或者法律法规规定的程序和期限。

③ 变更应经组织或其授权人员签字或盖章后实施。

④ 变更对合同价格及工期有影响时，应相应调整合同价格和工期。

（7）工程项目管理机构应控制和管理合同中止行为。合同中止应按照下列方式处理。

① 合同中止履行前，应以书面形式通知对方并说明理由。因对方违约导致合同中止履行时，在对方提供适当担保时应恢复履行；中止履行后，对方在合理期限内未恢复履行能力并且未提供相应担保时，应报请组织决定是否解除合同。

② 合同中止或恢复履行，如依法需要向有关行政主管机关报告或履行核验手续，应在规定的期限内履行相关手续。

③ 合同中止后不再恢复履行时，应根据合同约定或法律规定解除合同。

（8）项目管理机构应按照规定实施合同索赔的管理工作。索赔应符合下列条件。

① 索赔应依据合同约定提出。合同没有约定或者约定不明时，应按照法律法规规定提出。

② 应全面、完整地收集和整理索赔资料。

③ 索赔意向通知及索赔报告应按照约定或法定的程序和期限提出。

④ 索赔报告应说明索赔理由，提出索赔金额及工期。

(9) 工程项目合同实施过程中产生争议时,应按下列方式解决。

① 双方通过协商达成一致。

② 请求第三方调解。

③ 按照合同约定申请仲裁或向人民法院起诉。

第四节　工程项目合同的变更、违约及解除

一、工程项目合同的变更

(一) 工程项目变更的情形

合同履行过程中,发生下列情形即界定为工程项目变更。

(1) 增加或减少合同中任何工作,或追加额外的工作。

(2) 取消合同中任何工作,但转由他人实施的工作除外。

(3) 改变合同中任何工作的质量标准或其他特性。

(4) 改变工程的基线、标高、位置和尺寸。

(5) 改变工程的时间安排或实施顺序。

(二) 工程项目变更的原因

(1) 业主发出新的变更指令,对项目提出新要求。

(2) 设计的错误,导致图纸修改。

(3) 工程环境发生变化,预定的工程条件不准确,要求实施方案或实施计划变更。

(4) 新技术和新知识的应用。

(5) 政府部门对工程提出新的要求,如国家计划变化、环境保护要求、城市规划变动等。

(6) 由于合同实施出现问题,必须调整合同目标或修改合同条款。

(三) 工程项目变更估价调整的原则

如果工程项目变更对工程项目估价造成了影响,需要增加或减少工程价格的,应按照《建设工程工程量清单计价规范》要求确定调整单价。

(1) 已标价工程量清单或预算书有相同项目的,按照相同项目单价认定;变更导致实际完成的变更工程量与已标价工程量清单或预算书中列明的该项目工程量的变化幅度超过15%的,对综合单价予以调整。

(2) 已标价工程量清单或预算书中无相同项目,但有类似项目的,在合理范围内参照类似项目的单价认定。

(3) 已标价工程量清单中没有适用也没有类似于变更工程项目的,应由承包人根据变更工程资料、计量规则和计价办法、工程造价管理机构发布的信息价格和承包人报价浮动率提出变更工程项目的单价,并报发包人确认。

二、工程项目合同的违约

(一) 发包人违约

工程项目合同签订后,当事人应按合同约定完成相应的义务。如果不履行合同或者履

行合同与约定不一致，均为违约行为，应承担相应的违约责任。

1. 发包人的违约行为

(1) 不按合同约定提供前期资料或交付施工现场。

(2) 不按合同约定的时间支付工程预付款、进度款、竣工结算价款等。

(3) 工程建设过程中，不及时履行法定或约定的配合或审批工作。

2. 发包人承担违约责任的方式

(1) 赔偿因其违约行为给承包人造成的经济损失。

(2) 按合同约定的数额或计算办法支付违约金。

(3) 给承包人顺延工期。

(4) 承包人要求发包人继续履行合同的，应当在承担上述违约责任后继续履行该工程合同。

(二) 承包人违约

1. 承包人的违约行为

(1) 因承包人原因不能按照合同协议书约定的竣工日期或者工程师同意顺延的工期竣工。

(2) 因承包人原因导致工程质量达不到合同协议书约定的质量标准。

2. 承包人承担违约责任的方式

(1) 赔偿因其违约给发包人造成的经济损失。

(2) 按合同专用条款约定的计算方式支付违约金。

(3) 对于质量不合格的违约，发包人有权要求承包人采取返工、修理、更换等补救措施。

(4) 如果承包人具备履行能力，发包人可要求其继续履行合同。

值得注意的是，因监理工程师违约行为造成的承包人损失，由发包人承担违约责任后，还应根据委托监理合同追究监理单位的责任。

(三) 不可抗力及违约免除

不可抗力是指合同当事人在签订合同时不可预见，在合同履行过程中不可避免且不能克服的自然灾害和社会性突发事件，如地震、海啸、瘟疫、骚乱、戒严、暴动、战争和专用合同条款中约定的其他情形。不可抗力是合同违约免责的法定事由。

因不可抗力事件导致的违约行为，违约责任视具体情况区别对待。

(1) 合同全部不能履行，当事人可以解除合同，并免除全部责任。

(2) 合同部分不能履行，当事人可部分履行合同，并免除其不履行部分的责任。

(3) 合同不能按期履行，当事人可延期履行合同，并免除其迟延履行的责任。

(四) 不可抗力后果承担

在工程施工合同中，不可抗力导致的后果，由当事人按以下原则来承担。

(1) 永久工程、已运至施工现场的材料和工程设备的损坏，以及因工程损坏造成的第三方人员伤亡和财产损失由发包人承担。

(2) 承包人施工设备的损坏由承包人承担。

(3) 发包人和承包人承担各自人员伤亡和财产的损失。

(4) 因不可抗力影响承包人履行合同约定的义务，已经引起或将引起工期延误的，应当顺延工期，由此导致承包人停工的费用损失由发包人和承包人合理分担，停工期间必须支付的工人工资由发包人承担。

(5) 因不可抗力引起或将引起工期延误，发包人要求赶工的，由此增加的赶工费用由发包人承担。

(6) 承包人在停工期间按照发包人要求照管、清理和修复工程的费用由发包人承担。

三、工程项目合同的解除

(一) 工程项目合同解除的情形

合同履行完毕，双方取得既定合同目标，是最理想的结果。但有些合同无法继续履行只能解除。合同解除是指合同依法成立后，在尚未履行或者尚未完全履行时，提前终止合同效力的行为。合同解除分为约定解除和法定解除。

工程项目合同解除的情形如下。

(1) 发包人、承包人协商一致，可以解除合同。

(2) 发包人不按合同约定支付工程款，双方未达成延期付款协议，导致工程无法进行，承包人可以停止施工，由发包人承担违约责任。如果停止施工超过合同约定的时间，承包人有权解除合同。

(3) 承包人将其承包的全部工程转包，或者肢解后以分包的名义分别转包给他人，发包人有权解除合同。

(4) 因不可抗力致使合同无法履行，可以解除合同。

(二) 工程项目合同解除的后果

(1) 承包人应妥善做好已完工程和易购材料、设备的保护和移交工作，按发包人要求将自有机械设备和人员撤出施工场地。

(2) 发包人应为承包人撤出提供必要条件，并按合同约定支付已完合格工程价款。

(3) 已经订货的材料、设备由订货方负责退货和解除订货合同。

(4) 导致合同被解除的有过错一方应当赔偿因合同解除给对方造成的损失。

(5) 合同解除后，不影响双方在合同中约定的结算和清理条款的效力。

复习思考题

1. 根据《中华人民共和国招标投标法》规定，招标方式主要有哪几种？

2. 工程项目招投标价格包括哪几种？

3. 根据《中华人民共和国标准施工招标文件》(2007 年版)的规定，施工招标文件包括哪些主要内容？

4. 简述投标文件的主要内容。

5. 简述经评审的最低投标价法和综合评估法的含义。

6. 简述合同评审的目的。

7. 简述施工合同文件的构成。

8. 简述合同交底的主要步骤。

9. 简述工程变更估价调整的原则。

第六章　工程项目进度管理

第一节　工程项目进度管理概述

工程项目进度管理与工程项目的质量管理、成本管理统称为工程项目三大目标管理，是工程项目成功实施的重要保障。工程项目参与方众多，包括业主、设计方、施工方、供应商、监理方等，每一参与方都有自己的进度管理目标和方法。因为施工方是项目的主要实施主体，且其对工程项目的参与度很深入，故本章的进度管理主要阐述施工方的进度管理。

一、工程项目进度管理的内涵

（一）工程项目进度管理的概念

工程项目进度管理也称工程项目进度控制，是指根据进度总目标及资源优化配置的原则对工程项目建设各阶段的工作内容、工作程序、持续时间和衔接关系编制计划并付诸实施，进而在进度计划的实施过程中检查实际进度是否按计划要求进行，对出现的偏差情况进行分析，采取补救措施或调整、修改原计划后再付诸实施，如此循环，直到工程项目竣工验收交付使用。工程项目进度管理的最终目的是确保工程项目按预定的时间动用或提前交付使用。

（二）工程项目进度控制的原理

进度管理必须遵循动态控制原则，在计划执行过程中不断检查，并将实际状况与计划安排进行对比，在分析偏差及其产生原因的基础上，通过采取纠偏措施，使之能正常实施。如果采取措施后不能维持原计划，则需要对原进度计划进行调整或修正，再按新的进度计划实施。

工程项目进度控制原理可以概括为由进度计划、进度监测及进度调整共同构成的进度管理的基本过程，如图 6-1 所示。

（三）影响工程项目进度的因素

为了对工程施工进度进行有效控制，对影响工程项目进度的因素进行分析至关重要。影响工程项目施工进度的因素很多，归纳起来，主要包括工程项目相关单位、物资供应进度、资金、设计变更、施工条件、承包单位自身管理水平的影响等。

二、工程项目进度计划体系构成

工程项目进度计划是各参建单位进行进度管理的依据，对保证工程项目目标的实现至关重要。工程项目进度计划体系主要包括：建设单位的计划、监理单位的计划、设计单位的

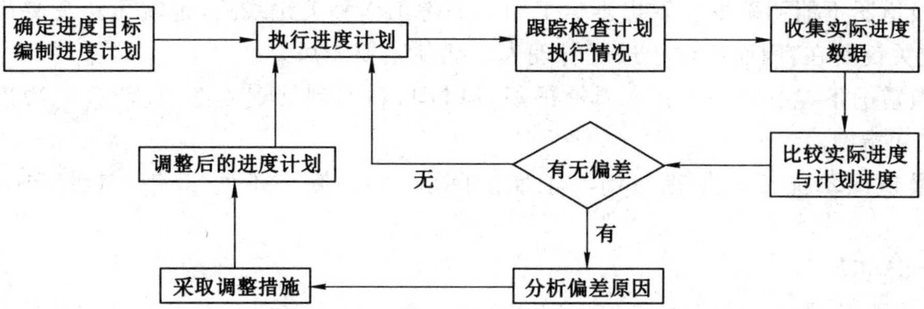

图 6-1　工程项目进度控制原理

计划和施工单位的计划。各单位的进度计划有各自的特征，但都以建设单位的进度计划为核心。

三、工程项目进度计划的表示方法

（一）工程进度的表达方式

1. 横道图

横道图是用水平线条表示工作流程的一种图表。它是由美国管理学家甘特提出的，故横道图也称甘特图。在横道图中，横向表示时间进度，纵向表示作业过程，水平线条的长度表示作业持续时间。某分部工程横道图如图 6-2 所示。

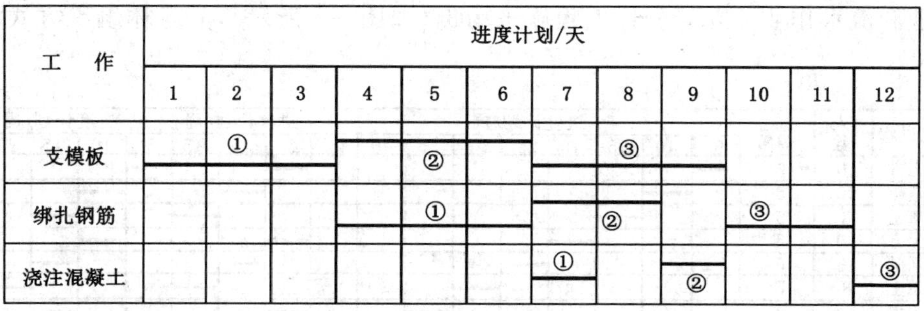

图 6-2　某分部工程横道图

（1）横道图的优点。

① 横道图能够清楚地表达各项工作的起止时间，内容排列整齐有序，形象直观。

② 可直接根据横道图计算各时段的资源需要量，并绘制资源需要量计划。

③ 横道图使用方便，易于掌握。

正是由于横道图的优点，使横道图自发明以来被广泛应用于各行各业的生产管理活动中，直到现在。

（2）横道图的局限性。

① 横道图不能明确地反映出各项工作之间错综复杂的关系，因而在计划执行过程中，当某些工作的进度由于某种原因提前或拖延时，不便于分析其对其他工作及总工期的影响程度，不利于工程项目进度的动态控制。

② 横道图不能明确地反映出影响工期的关键工作和关键线路，也就无法反映出整个工程项目的关键所在，因而不便于进度管理人员抓住主要矛盾。

③ 横道图不能反映出工作所具有的机动时间，看不到计划的潜力所在，无法进行最合理的组织和指挥。

④ 横道图不能反映工程费用与工期之间的关系，因而不便于缩短工期和降低工程成本。

2. 网络图

为了克服横道图的局限性，美国杜邦公司的摩根·沃克与雷明顿兰德公司的詹姆斯·凯利合作开发了一种面向计算机安排进度计划的方法，即关键线路法。以后，在此方法的基础上陆续开发的新的计划方法，被统称为网络图计划。

(1) 网络图的优点。

① 网络图能全面明确地反映工作之间的逻辑关系，便于分析进度偏差和调整进度计划。

② 网络图能进行工作时间参数计算，确定关键工作和关键线路。

③ 网络图能应用计算机对计划进行优化、调整和管理。

(2) 网络图的局限性。

① 除双代号时标网络计划以外，其他网络计划技术没有横道图简单、直观。

② 不能直接根据网络图计算资源需要量。

(二) 作业的组织方式

在生产领域中，组织产品生产的方法较多，归纳起来有三种基本方式，分别是依次作业、平行作业和流水作业。以某分部工程施工为例（如图 6-3 所示），其具体组织方式和特点如下。

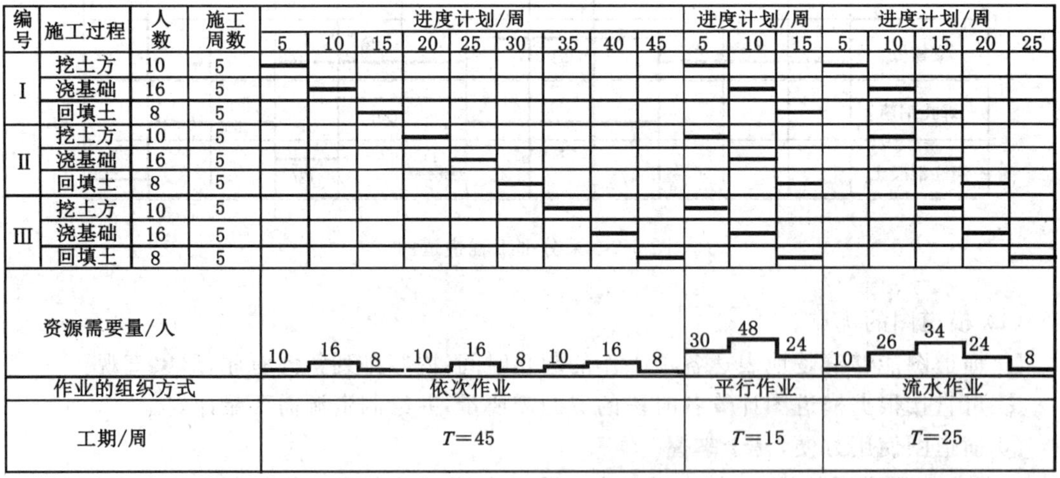

图 6-3　某分部工程施工作业组织方式

1. 依次作业

依次作业的组织方式是将拟建工程项目的整个建造过程分解成若干个施工过程，按照一定的施工顺序，前一个施工过程完成后，后一个施工过程才开始施工的作业组织方式。它是一种最基本的、最原始的施工作业组织方式，具有以下特点。

(1) 依次作业没有充分地利用工作面进行施工，工期较长。

(2) 如果按专业成立工作队，则各专业队不能连续作业，有时间间歇，劳动力及施工机具等资源无法均衡使用。

(3) 如果由一个工作队完成全部施工任务，则不能实现专业化施工，不利于提高劳动生产率和工程质量。

(4) 单位时间内投入的劳动力、施工机具、材料等资源量较少，有利于资源供应的组织。

(5) 施工现场的组织、管理比较简单。

2. 平行作业

平行作业的组织方式是几个组织相同的工作队，在同一时间、不同的空间，按施工工艺要求完成各施工作业。平行作业具有以下特点。

(1) 平行作业能充分地利用工作面进行施工，工期较短。

(2) 如果每一个施工作业均按专业成立工作队，则各专业队不能连续作业，劳动力及施工机具等资源无法均衡使用。

(3) 如果由一个工作队完成一个施工作业的全部施工任务，则不能实现专业化施工，不利于提高劳动生产率和工程质量。

(4) 单位时间内投入的劳动力、施工机具、材料等资源量成倍地增加，不利于资源供应。

(5) 施工现场的组织、管理比较复杂。

3. 流水作业

流水作业的组织方式是将拟建工程在平面上划分成若干个作业段，在竖向上划分成若干个作业层，再给每个作业过程配以相应的专业工作队，各专业工作队按照一定的作业顺序依次连续地投入到各作业段，完成各自的任务，从而保证拟建工程在时间和空间上有节奏、连续均衡地进行下去，直到完成全部作业任务。流水作业具有以下特点。

(1) 流水作业尽可能地利用工作面进行施工，工期比较短。

(2) 各工作队实现了专业化施工，有利于提高技术水平和劳动生产率，也有利于提高工程质量。

(3) 专业工作队能够连续施工，同时使相邻专业队的开工时间能够最大限度地搭接。

(4) 单位时间内投入的劳动力、施工机具、材料等资源量较为均衡，有利于资源供应。

(5) 流水作业为施工现场的文明施工和科学管理创造了有利条件。

第二节　流 水 施 工

一、流水施工的参数

(一) 工艺参数

工艺参数主要是指在组织流水施工时，用以表达流水施工在施工工艺方面进展状态的参数。工艺参数通常包括施工过程和流水强度两个参数。

1. 施工过程

根据施工组织及计划安排需要而将计划任务划分成的子项称为施工过程。当编制控制性施工进度计划时,组织流水施工的施工过程可以划分得粗略一些,可以是单位工程,也可以是分部工程。当编制实施性施工进度计划时,施工过程可以划分得细致一些,可以是分项工程,甚至可以是将分项工程按照专业工种不同分解而成的施工工序。

施工过程的数目一般用 n 表示,它是流水施工的主要参数之一。施工过程一般分为三类,即建造类施工过程、运输类施工过程和制备类施工过程。

(1) 建造类施工过程:在施工对象的空间上直接进行砌筑、安装与加工,最终形成建筑产品的施工过程。它是在建设工程施工中占有主导地位的施工过程,如建筑物或构筑物的地下工程、主体结构工程、装饰工程等。

(2) 运输类施工过程:将建筑材料、各类构配件、成品、制品和设备等运到工地仓库或施工现场使用地点的施工过程。

(3) 制备类施工过程:为了提高建筑产品生产的工厂化、机械化程度和生产能力而形成的施工过程。如砂浆、混凝土、各类制品、门窗等的制备过程和混凝土构件的预制过程。

由于建造类施工过程占用施工对象的空间,直接影响工期的长短,因此,必须列入施工进度计划,并在其中大多作为主导施工过程或关键工作。运输类与制备类施工过程一般不占用施工对象的工作面,不影响工期,故不需要列入流水施工进度计划之中。只有当其占用施工对象的工作面、影响工期时,才列入施工进度计划之中。例如,对于采用装配式钢筋混凝土结构的建设工程,钢筋混凝土构件的预制过程就需要列入施工进度计划之中;同样,结构安装中的构件吊运施工过程也需要列入施工进度计划之中。

2. 流水强度

流水强度是指流水施工的某施工过程(专业工作队)在单位时间内所完成的工程量,也称为流水能力或生产能力。例如,浇筑混凝土施工过程的流水强度是指每工作班浇筑的混凝土立方数。流水强度一般以 V_i 表示,可由下式计算求得。

$$V_i = R_i \cdot S_i$$

式中 V_i——某施工过程 i 的人工(或机械)操作流水强度;

R_i——投入施工过程 i 的某种专业工作队的工人数(或施工机械台数);

S_i——投入施工过程 i 的专业工作队(或施工机械)产量定额。

例如,某饰面工程每日安排 6 名工人,其产量定额为 5 $m^2 \cdot d^{-1}$,则该饰面工程流水强度为 30 人 $\cdot m^2 \cdot d^{-1}$。

(二) 空间参数

空间参数是指在组织流水施工时,用以表达流水施工在空间布置上开展状态的参数。空间参数通常包括工作面和施工段。

1. 工作面

工作面是指供某专业工种的工人或某种施工机械进行施工的活动空间。工作面的大小,表示能安排施工人数或机械台数的多少。每个作业的工人或每台施工机械所需工作面的大小,取决于单位时间内其完成的工程量和安全施工的要求。工作面确定的合理与否,直接影响专业工作队的生产效率。因此,必须合理确定工作面。

2. 施工段

将施工对象在平面或空间上划分成若干个劳动量大致相等的施工段落，称为施工段或流水段。施工段的数目一般用 m 表示，它是流水施工的主要参数之一。

(1) 划分施工段的目的。

划分施工段的目的是组织流水施工。由于建设工程体形庞大，可以将其划分成若干个施工段，从而为组织流水施工提供足够的空间。在组织流水施工时，专业工作队完成一个施工段上的任务后，遵循施工组织顺序又到另一个施工段上作业，产生连续流动施工的效果。在一般情况下，一个施工段在同一时间内，只安排一个专业工作队施工，各专业工作队遵循施工工艺顺序依次投入作业，同一时间内在不同的施工段上平行施工，使流水施工均衡地进行。组织流水施工时，可以划分足够数量的施工段，充分利用工作面，避免窝工，尽可能缩短工期。

(2) 划分施工段的原则。

由于施工段内的施工任务由专业工作队依次完成，因而在两个施工段之间容易形成一个施工缝。同时，施工段数量的多少将直接影响流水施工的效果。因此，为使施工段划分得合理，一般应遵循下列原则。

① 同一专业工作队在各个施工段上的劳动量应大致相等，相差幅度应控制在10%～15%。

② 每个施工段内要有足够的工作面，以保证相应数量的工人、主导施工机械的生产效率，满足合理劳动组织的要求。

③ 施工段的界限应尽可能与结构界限(如沉降缝、伸缩缝等)相吻合，或设在对建筑结构整体性影响较小的部位，以保证建筑结构的整体性。

④ 施工段的数目要满足合理组织流水施工的要求。施工段数目过多，会降低施工速度，延长工期；施工段数目过少，不利于充分利用工作面，可能造成窝工。

⑤ 对于多层建筑物、构筑物或需要分层施工的工程，应既分施工段，又分施工层，各专业工作队依次完成第一施工层中各施工段任务后，再转入第二施工层的施工段上作业，依次进行，以确保相应专业队在施工段与施工层之间，组织连续、均衡、有节奏的流水施工。

(三) 时间参数

时间参数是指在组织流水施工时，用以表达流水施工在时间安排上所处状态的参数。时间参数主要包括流水节拍、流水步距和流水施工工期等。

1. 流水节拍

流水节拍是指在组织流水施工时，某个专业工作队在一个施工段上的施工时间。第 j 个专业工作队在第 i 个施工段的流水节拍一般用 $t_{j,i}$ 来表示($j=1,2,3,\cdots,n$；$i=1,2,\cdots,m$)。流水节拍是流水施工的主要参数之一，它表示流水施工的速度和节奏性。流水节拍小，则流水速度快，节奏感强；否则相反。流水节拍决定着单位时间的资源供应量，也是区别流水施工组织方式的特征参数。

同一施工过程的流水节拍，主要由所采用的施工方法、施工机械以及在工作面允许的前提下投入施工的工人数、机械台数和采用的工作班次等因素确定。有时为了均衡施工和减少转移施工段时消耗的工时，可以适当调整流水节拍，其数值最好为半个班的整数倍。

流水节拍可分别按下列方法确定。

(1) 定额计算法。

如果已有定额标准,可按如下公式确定流水节拍:

$$t_{j,i}=\frac{Q_{i,j}}{S_j \cdot R_j \cdot N_j}=\frac{P_{j,i}}{R_j \cdot N_j}$$

或

$$t_{j,i}=\frac{Q_{j,i} \cdot H_j}{R_j \cdot N_j}=\frac{P_{j,i}}{R_j \cdot N_j}$$

式中 $t_{j,i}$——第 j 个专业工作队在第 i 个施工段的流水节拍;

$Q_{j,i}$——第 j 个专业工作队在第 i 个施工段要完成的工程量或工作量;

S_j——第 j 个专业工作队的计划产量定额;

R_j——第 j 个专业工作队所投入的人工数或机械台数;

N_j——第 j 个专业工作队的工作班次;

$P_{j,i}$——第 j 个专业工作队在第 i 个施工段需要的劳动量或机械台班数量;

H_j——第 j 个专业工作队的计划时间定额。

如果根据工期要求采用倒排进度的方法确定流水节拍,可用上式反算出所需要的人工数或机械台班数。但在此时,必须核查劳动力、材料和施工机械供应的可能性,以及工作面是否足够等。

(2) 经验估算法。

经验估算法是根据以往的施工经验进行估算,多适用于采用新工艺、新方法和新材料等没有定额可循的工程。一般为了提高其准确程度,往往先估算出该流水节拍的最长值 a、最短值 b 和正常值 c 三种时间,然后据此求出期望时间作为某专业工作队在某施工段上的流水节拍。经验估算法也称为三点时间估算法。

$$t=(a+4c+b)/6$$

2. 流水步距

流水步距是指组织流水施工时,相邻两个施工过程(或专业工作队)相继开始施工的最小间隔时间。流水步距一般用 $k_{j,j+1}$ 来表示,其中 $j(j=1,2,\cdots,n-1)$ 为专业工作队或施工过程的编号。流水步距是流水施工的主要参数之一。流水步距的数目取决于参加流水施工的过程数。如果施工过程数为 n 个,则流水步距的总数为 $n-1$ 个。流水步距的大小取决于相邻两个施工过程(或专业工作队)在各个施工段上的流水节拍及流水施工的组织方式。

(1) 确定流水步距应满足的基本要求。

① 各施工过程按各自流水速度施工,始终保持工艺的先后顺序。

② 各施工过程的专业工作队投入施工后尽可能保持连续作业。

③ 相邻两个施工过程(或专业工作队)在满足连续施工的条件下,能最大限度地实现合理搭接。

(2) 流水步距的确定。

① 当组织全等节拍流水时,流水步距是常数且等于流水节拍。

② 当组织成倍节拍流水时,流水步距等于流水节拍的最大公约数。

③ 当组织不定节拍流水时,流水步距是变数,其值的确定参见后文的"无节奏流水施

工”相关内容。

3. 流水施工工期

流水施工工期是指从第一个专业工作队投入流水施工开始，到最后一个专业工作队完成流水施工为止的整个持续时间。由于一项建设工程往往包含有许多流水组，故流水施工工期一般不是整个工程的总工期。

三、流水施工的基本组织方式

按照流水节拍的节奏特征，流水作业主要包括全等节拍流水施工、成倍节拍流水施工和无节奏流水施工三种方式。

（一）全等节拍流水施工

1. 全等节拍流水施工的特点和组织条件

全等节拍流水施工是指在有节奏流水施工中，各施工过程的流水节拍都相等的流水施工，也称为全等节奏流水施工。

(1) 全等节拍流水施工是一种最理想的流水施工方式，其特点如下。

① 所有施工过程在各个施工段上的流水节拍均相等。

② 相邻施工过程的流水步距相等，且等于流水节拍。

③ 专业工作队数等于施工过程数，即每一个施工过程均成立一个专业工作队。

④ 各个专业工作队在各个施工段上能够连续作业，施工段之间没有空闲时间。

(2) 组织全等节拍流水施工，需要满足下列条件。

① 各施工段的工程量基本相等。

② 要先确定主导施工过程的流水节拍。

③ 其他施工过程的流水节拍与主导施工过程的流水节拍相等。

2. 组织全等节拍流水施工的方法

(1) 确定项目施工起点流向，分解施工过程。

(2) 确定施工顺序，划分施工段。

(3) 确定流水节拍，使各流水节拍相等。

(4) 确定流水步距，使流水步距与流水节拍相等。

(5) 计算流水施工的工期。流水施工的工期可按下式进行计算：

$$T=(j\cdot m+n-1)\cdot k+\sum z_1-\sum c$$

式中 T——流水施工总工期；

j——施工层数；

m——施工段数；

n——施工过程数；

k——流水步距；

z_1——两施工过程在同一层内的技术组织间歇时间；

c——同一层内两施工过程间的平行搭接时间。

(6) 绘制流水施工指示图表。

3. 应用举例

(1) 单层无技术间歇和搭接。

【例 6-1】 某分部工程由四个分项工程组成，划分成五个施工段，流水节拍均为 3 天，无技术组织间歇。试确定流水步距，计算工期，并绘制流水施工进度图。

【解】 由已知条件知，宜组织全等节拍流水施工。

由全等节拍专业流水的特点知：流水步距 $k=t=3(\mathrm{d})$。

工期 $T=(m+n-1)\cdot k=(5+4-1)\times 3=24(\mathrm{d})$。

施工进度情况如图 6-4 所示。

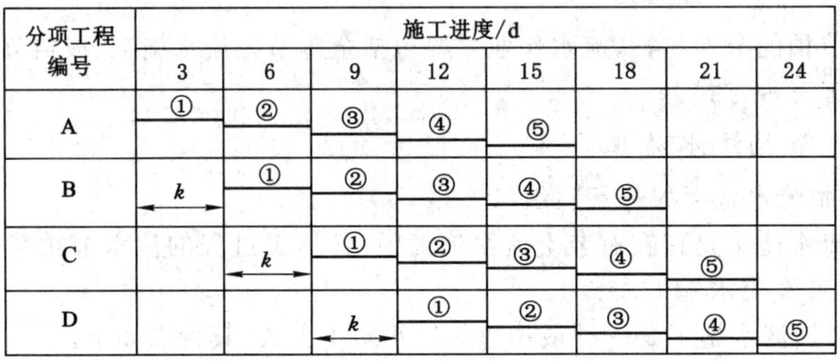

图 6-4　单层无技术间歇和搭接流水施工进度情况

（2）多层建筑物无技术间歇和搭接。

【例 6-2】 某二层现浇钢筋混凝土工程，有支模板、绑扎钢筋和浇混凝土三个施工过程，即 $n=3$。在竖向上划分为两个施工层，即结构层与施工层相一致。如流水节拍都是 3 d（可通过调整施工人数来实现），试分别按以下三种情况组织全等节拍流水施工：

（1）施工段数 $m=4$；

（2）施工段数 $m=3$；

（3）施工段数 $m=2$。

【解】 按全等节拍流水施工组织方法，流水施工开展状况如图 6-5 所示。由图 6-5 可以看出：

（1）当施工段数 m 大于施工过程数 n，即 $m=4$ 时，各施工段上不能连续有工作队在工作，但各工作队能连续工作，不会产生窝工现象。

（2）当施工段数 m 等于施工过程数 n，即 $m=3$ 时，各工作队都能连续工作，且各施工段上都能连续有工作队在工作。

（3）当施工段数 m 小于施工过程数 n，即 $m=2$ 时，各工作队不能连续工作，会产生窝工现象，但各施工段上能连续有工作队在工作。

（3）多层建筑物有技术间歇和平行搭接。

组织多层建筑物有技术间歇和平行搭接的流水施工时，为保证工作队在层间连续施工，施工段数目 m 应满足下列条件：

$$m \geqslant n+\frac{\sum z_1}{k}+\frac{\sum z_2}{k}-\frac{\sum c}{k}$$

式中　$\sum z_1$—— 一个楼层内各施工过程间的技术组织间歇时间之和；

$\sum z_2$—— 楼层间技术组织间歇时间；

施工层	施工过程名称	施工进度/d									
		3	6	9	12	15	18	21	24	27	30
Ⅰ层	支模板	①	②	③	④						
	绑扎钢筋		①	②	③	④					
	浇混凝土			①	②	③	④				
Ⅱ层	支模板					①	②	③	④		
	绑扎钢筋						①	②	③	④	
	浇混凝土							①	②	③	④

(a) $m>n$时流水施工开展状况

施工层	施工过程名称	施工进度/d							
		3	6	9	12	15	18	21	24
Ⅰ层	支模板	①	②	③					
	绑扎钢筋		①	②	③				
	浇混凝土			①	②	③			
Ⅱ层	支模板				①	②	③		
	绑扎钢筋					①	②	③	
	浇混凝土						①	②	③

(b) $m=n$时流水施工开展状况

施工层	施工过程名称	施工进度/d						
		3	6	9	12	15	18	21
Ⅰ层	支模板	①	②					
	绑扎钢筋		①	②				
	浇混凝土			①	②			
Ⅱ层	支模板				①	②		
	绑扎钢筋					①	②	
	浇混凝土						①	②

(c) $m<n$时流水施工开展状况

图 6-5　某二层现浇钢筋混凝土工程流水施工开展状况

$\sum c$—— 一层内平行搭接时间之和；

k—— 流水步距。

【例 6-3】 某项目有Ⅰ、Ⅱ、Ⅲ、Ⅳ四个施工过程，分两个施工层组织流水施工。施工过程Ⅱ完成后需养护一天，下一个施工过程Ⅲ才能施工，且层间技术间歇为 1 天，流水节拍均为 1 天。试确定施工段数，计算工期，绘制流水施工进度图。

【解】 (1) 流水步距：$k=t=t_i=1(\mathrm{d})$。

(2) 施工段数：$m=n+\dfrac{\sum z_1}{k}+\dfrac{\sum z_2}{k}=4+\dfrac{1}{1}+\dfrac{1}{1}=6$(段)。

(3) 工期：$T=(j\cdot m+n-1)\cdot k+\sum z_1-\sum c=(2\times6+4-1)\times1+1-0=16(\mathrm{d})$。

(4) 流水施工进度情况如图 6-6 所示。

施工层	施工过程名称	施工进度/d															
		1	2	3	4	5	6	7	8	9	10	11	12	13	14	15	16
Ⅰ	Ⅰ	①	②	③	④	⑤	⑥										
	Ⅱ		①	②	③	④	⑤	⑥									
	Ⅲ			z_1	①	②	③	④	⑤	⑥							
	Ⅳ					①	②	③	④	⑤	⑥						
Ⅱ	Ⅰ						z_2	①	②	③	④	⑤	⑥				
	Ⅱ								①	②	③	④	⑤	⑥			
	Ⅲ									z_1	①	②	③	④	⑤	⑥	
	Ⅳ											①	②	③	④	⑤	⑥

图 6-6　多层建筑物有技术间歇和平行搭接流水施工进度情况

（二）成倍节拍流水施工

1. 组织成倍节拍流水施工的条件及施工特点

当同一施工过程在各施工段上的流水节拍都相等，不同施工过程之间彼此的流水节拍全部或部分不相等但互为倍数时，可组织成倍节拍流水施工。

成倍节拍流水施工的特点如下。

(1) 同一施工过程在其各个施工段上的流水节拍均相等；不同施工过程的流水节拍不等，但其值为倍数关系。

(2) 相邻施工过程的流水步距相等，且等于流水节拍的最大公约数。

(3) 专业工作队数大于施工过程数，即有的施工过程只成立一个专业工作队，而对于流水节拍大的施工过程，可按其倍数增加相应专业工作队数目。

(4) 各个专业工作队在施工段上能够连续作业，施工段之间没有空闲时间。

2. 组织方法

(1) 确定施工起点流向，分解施工过程。

(2) 确定流水节拍。

(3) 确定流水步距 k_b, k_b = 各流水节拍最大公约数。

$$n_1=\sum_{j=1}^{n}b_j=\sum_{j=1}^{n}\frac{t_j}{k_b}$$

(4) 确定专业工作队数，其计算公式为：

$$n_1=\sum_{j=1}^{n}b_j=\sum_{j=1}^{n}\frac{t_j}{k_b}$$

式中　t_j——施工过程 j 在各施工段上的流水节拍；

b_j——施工过程 j 所要组织的专业工作队数；

n_1——专业工作队总数。

(5) 确定施工段数。

① 当不分施工层时，可按划分施工段的原则确定施工段数，不一定要求 $m \geqslant n$。

② 当分施工层时，施工段数

$$m \geqslant n+\frac{\sum z_1}{k_b}+\frac{\sum z_2}{k_b}+\frac{\sum c}{k_b}$$

式中　z_1——同一层内施工过程间的技术组织间歇；

z_2——层间技术组织间歇；

c——层内平行搭接。

(6) 确定计划总工期 T。

$$T=(j\cdot m+n_1-1)\cdot k_b+\sum z_1-\sum c$$

式中　j——为施工层数；

n_1——专业施工队数；

k_b——流水步距；

其他变量含义同前。

(7) 绘制流水施工进度表。

3. 应用举例

【例 6-4】 某工程由Ⅰ、Ⅱ、Ⅲ三个施工过程组成，流水节拍分别为 $t_1=2$ d，$t_2=6$ d，$t_3=4$ d。试组织成倍节拍流水施工，并绘制流水施工进度图。

【解】 (1) 流水步距：

$$k_b=\text{最大公约数}\{2,6,4\}=2(\text{d})$$

(2) 专业工作队数：

$$b_1=\frac{t_1}{k_b}=\frac{2}{2}=1(\text{队})$$

$$b_2=\frac{t_2}{k_b}=\frac{6}{2}=3(\text{队})$$

$$b_3=\frac{t_3}{k_b}=\frac{4}{2}=2(\text{队})$$

$$n_1=\sum_{j=1}^{3}b_j=1+3+2=6(\text{队})$$

(3) 施工段数：为了使专业工作队都能连续有节奏地工作，取 $m=n_1=6$(段)。

(4) 工期：$T=(6+6-1)\times 2=22(\mathrm{d})$。

(5) 流水施工图如图 6-7 所示。

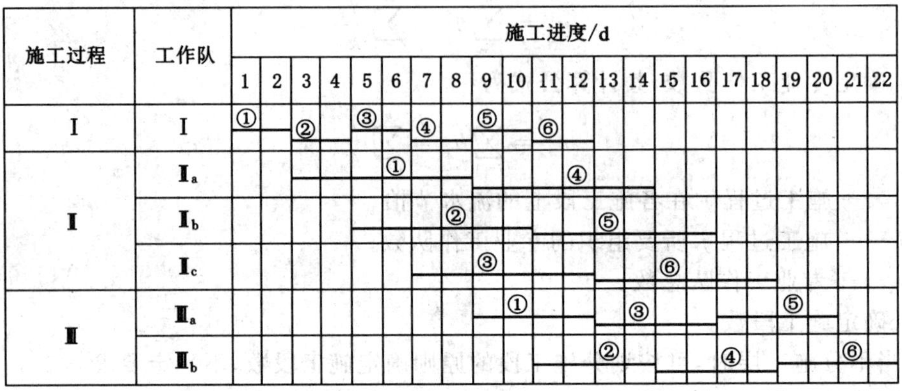

图 6-7　单层建筑物成倍节拍流水施工图

【例 6-5】 某二层现浇钢筋混凝土工程，有支模板、绑扎钢筋、浇混凝土三道工序，流水节拍分别为 $t_1=4$ d，$t_2=2$ d，$t_3=2$ d。绑扎钢筋与支模版可搭接 1 d；层间技术间歇 1 d。试组织成倍节拍流水施工，并绘制流水施工进度图。

【解】 (1) 流水步距 k_{b}＝各流水节拍的最大公约数＝2(d)。

(2) 工作队数按 $n_1=\sum_{j=1}^{n} b_j=\sum_{j=1}^{n}\frac{t_j}{k_{\mathrm{b}}}$ 计算：

$$b_1=\frac{t_1}{k_b}=\frac{4}{2}=2(\text{队})$$

$$b_2=\frac{t_2}{k_b}=\frac{2}{2}=1(\text{队})$$

$$b_3=\frac{t_3}{k_b}=\frac{2}{2}=1(\text{队})$$

$$n_1=\sum_{j=1}^{3} b_j=2+1+1=4(\text{队})$$

(3) 施工段数：

$$m=n_1+\frac{\sum z_1}{k_b}+\frac{\sum z_2}{k_b}-\frac{\sum c}{k_b}=4+\frac{0}{2}+\frac{1}{2}-\frac{1}{2}=4(\text{段})$$

(4) 总工期：

$$\begin{aligned}T&=(j\cdot m+n_1-1)k_b+\sum z_1-\sum c\\&=(2\times 4+4-1)\times 2+0-1=2+0-1\\&=21\ (\mathrm{d})\end{aligned}$$

(5) 流水施工进度图如图 6-8 所示。

(三) 无节奏流水施工

无节奏流水施工是指在组织流水施工时，全部或部分施工过程在各个施工段上的流水节拍不相等的流水施工，也称为分别流水施工。这种施工是流水施工中最常见的一种。

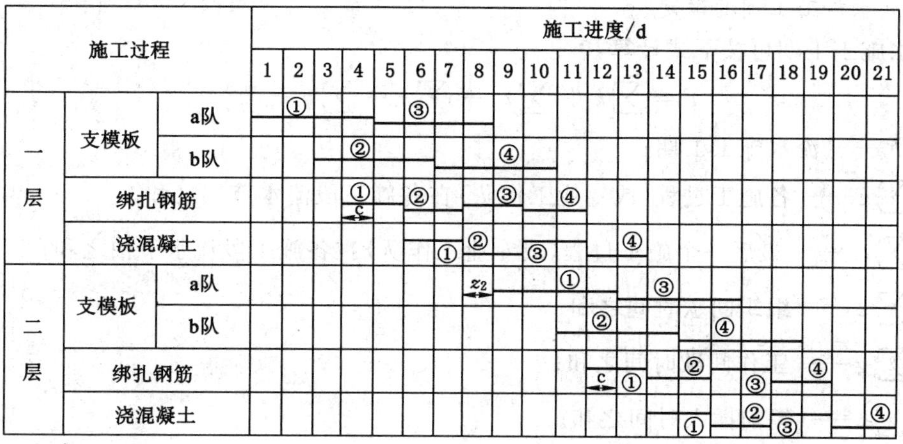

图 6-8 多层建筑物成倍节拍流水施工进度情况

1. 无节奏流水施工的特点

(1) 各施工过程在各施工段的流水节拍不全相等。

(2) 相邻施工过程的流水步距不尽相等。

(3) 专业工作队数等于施工过程数。

(4) 各专业工作队能够在施工段上连续作业,但有的施工段之间可能有空闲时间。

2. 组织无节奏流水施工的条件

在组织流水施工时,经常由于工程结构形式、施工条件不同等,造成各施工过程在各施工段上的工程量有较大差异,导致各施工过程的流水节拍差异很大,无任何规律。这时,可组织无节奏流水施工,以最大限度地实现连续作业。

3. 组织方法

组织无节奏流水施工的方法有两种,一种是保证空间连续(工作面连续),另一种是保证时间连续(工作队组连续)。具体组织方法如下:

(1) 确定施工起点流向,分解施工过程。

(2) 确定施工顺序,划分施工段。

(3) 按相应的公式计算各施工过程在各个施工段上的流水节拍。

(4) 按空间连续或时间连续的组织方法确定相邻两个专业工作队之间的流水步距。

4. 流水步距的确定

保证空间连续时,按流水作业的概念确定流水步距。

保证时间连续时,按潘特考夫斯基法,即累加数列错位相减取大差法计算流水步距。这种方法简捷、准确,便于掌握,方法如下。

(1) 根据专业工作队在各施工段上的流水节拍,求累加数列。累加数列是指同一施工过程或同一专业工作队在各个施工段上的流水节拍的累加。

(2) 根据施工顺序,对所求相邻的两累加数列,错位相减。

(3) 取错位相减结果中数值最大者作为相邻专业工作队之间的流水步距。

(4) 绘制流水施工进度图。

5. 流水施工工期的确定

流水施工工期可按下式计算：

$$T=\sum k+\sum t_n+\sum z+\sum g-\sum c$$

式中　T—— 流水施工工期；

$\sum k$—— 各施工过程（或专业工作队）在各施工段流水节拍之和；

$\sum t_n$—— 最后一个施工过程（或专业工作队）在各施工段流水节拍之和；

$\sum z$—— 组织间歇时间之和；

$\sum g$—— 工作间歇时间之和；

$\sum c$—— 提前插入时间之和。

6. 应用举例

【例 6-6】 某屋面工程有三道工序：保温层、找平层、卷材层，分三段进行流水施工，试分别绘制该工程时间连续和空间连续的流水施工进度图。各工序在各施工段上的作业持续时间如表 6-1 所示。

表 6-1　各工序在各施工段上的作业持续时间　　单位：d

施工过程	第一段	第二段	第三段
保温层	3	3	4
找平层	2	2	3
卷材层	1	1	2

【解】 (1) 按时间连续组织流水施工。

首先求保温层与找平层两施工过程之间的流水步距。

$k_{a,b}=\max\{3,4,6,-7\}=6(d)$。

同理，可求出找平层与卷材层之间的流水步距，$k_{b,c}=5(d)$。

(2) 绘制时间连续的流水施工进度图，如图 6-9 所示。

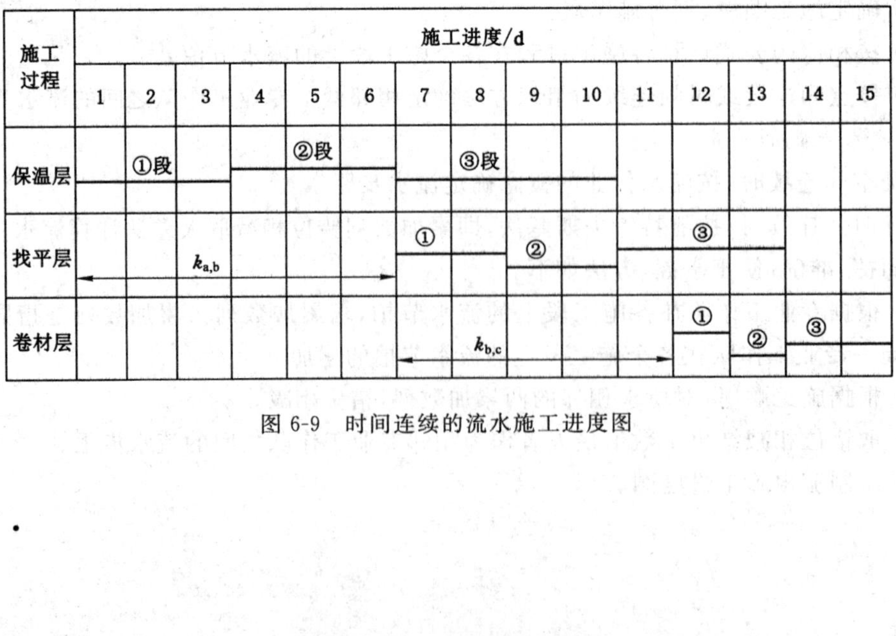

图 6-9　时间连续的流水施工进度图

(3) 绘制空间连续的流水施工进度图，如图 6-10 所示。

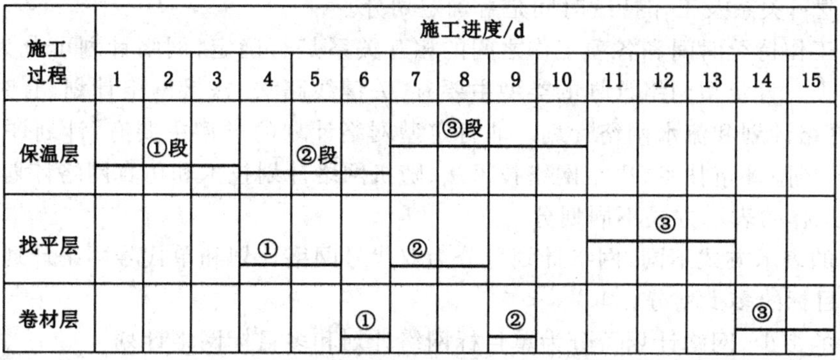

图 6-10　空间连续的流水施工进度图

第三节　双代号网络计划

一、双代号网络进度计划编制技术概述

(一) 网络计划概述

1. 网络图的概念

网络图由箭线和节点组成，用来表示工作流程的有向、有序网状图形。一个网络图表示一项计划任务。网络图中的工作是计划任务按需要粗细程度划分而成的、消耗时间或同时也消耗资源的一个子项目或子任务。工作可以是单位工程，也可以是分部工程、分项工程。一个施工过程也可以作为一项工作。在一般情况下，完成一项工作既需要消耗时间，也需要消耗劳动力、原材料、施工机具等资源。但也有一些工作只消耗时间而不消耗资源，如混凝土浇筑后的养护过程和墙面抹灰后的干燥过程等。

网络图有双代号网络图和单代号网络图两种。双代号网络图又称箭线式网络图，它以箭线及其两端节点的编号表示工作；同时，节点表示工作的开始或结束以及工作之间的连接状态。单代号网络图又称节点式网络图，它以节点及其编号表示工作，箭线表示工作之间的逻辑关系。

2. 网络计划技术的发展

应用较早的网络计划技术是关键线路法和计划评审法。关键线路法于 1956 年由美国杜邦公司提出，并在 1957 年首先应用于一个价值 1 000 多万美元的化工厂工程项目，取得了良好的效果。计划评审法于 1958 年由美国海军部武器局的特别计划室提出，应用于制订美国海军北极星导弹研制计划，并使其研制工作在时间和成本控制方面取得了显著的效果。

我国从 20 世纪 60 年代初在华罗庚教授的倡导下，对网络技术进行了研究和应用，收到了一定的效果。目前，我国采用的国家标准是《网络计划技术》(GB/T 13400.1～3—92)，行业标准是《工程网络计划技术规程》(JGJ/T 121—99)，这为工程网络计划技术在实际应用中提供了可以遵循的、统一的技术标准。

3. 网络计划技术的种类

(1) 按逻辑关系及工作持续时间是否确定划分。

按各项工作持续时间和各项工作之间的相互关系是否确定,网络计划可分为肯定型和非肯定型两类。肯定型网络计划的类型主要有:关键线路法、搭接网络计划、有时限的网络计划、多级网络计划和流水网络计划。非肯定型网络计划的类型主要有:计划评审技术、图示评审技术、风险评审技术、决策网络技术法、随机网络计划技术和仿真网络计划技术等。

(2) 按工作的表示方式不同划分。

按工作的表示方式不同,网络计划可分为双代号网络计划和单代号网络计划。

(3) 按目标的多少划分。

按目标的多少,网络计划可分为单目标网络计划和多目标网络计划。

(4) 按应用对象不同划分

按应用对象的不同,网络计划可分为分部工程网络计划、单位工程网络计划和群体工程网络计划。

(二) 工程项目进度计划的编制

1. 进度计划编制前的调查研究

调查研究的目的是掌握足够充分、准确的资料,从而为确定合理的进度目标、编制科学的进度计划提供可靠依据。调查研究的内容包括:工程任务情况、实施条件、设计资料,有关标准、定额、规程、制度,资源需求与供应情况;资金需求与供应情况;有关统计资料、经验总结及历史资料等。

2. 目标工期的设定

进度管理目标主要分为项目的建设周期、设计周期和施工工期。其中建设周期可根据国家基本建设统计资料确定;设计周期可根据国家颁布的设计周期定额查阅;施工工期可参考国家颁布的施工工期定额,并综合考虑工程特点及合同要求等确定。

3. 工程项目进度计划的编制程序

工程项目进度计划一般可用横道图或网络图表示。当应用网络图编制工程项目进度计划时,其编制程序一般包括 4 个阶段 10 个步骤,见表 6-2。

表 6-2 工程项目进度计划的编制程序

编制阶段	编制步骤	编制阶段	编制步骤
Ⅰ. 计划准备阶段	(1) 调查研究	Ⅲ. 计算时间参数及确定关键线路阶段	(6) 计算工作持续时间
	(2) 确定网络计划目标		(7) 计算网络计划时间参数
Ⅱ. 绘制网络图阶段	(3) 进行项目分解		(8) 确定关键线路和关键工作
	(4) 分析逻辑关系	Ⅳ. 编制正式网络计划阶段	(9) 优化网络计划
	(5) 绘制网络图		(10) 编制正式网络计划

二、双代号网络计划编制方法

(一) 双代号网络图的概念

用箭线或箭线两端节点的编号表示工作的网络图,称为双代号网络图,如图 6-11 所示。

通常把工作的名称写在箭线上，工作的持续时间写在箭线下方。箭尾表示工作的开始，箭尾节点称始节点；箭头表示工作的结束，箭头节点称末节点。双代号网络图中工作的表示方法如图6-12所示。

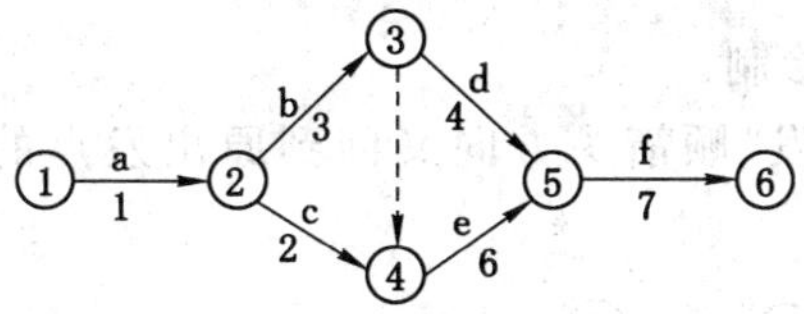

图6-11　双代号网络图

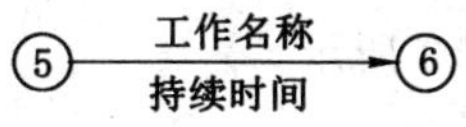

图6-12　双代号网络图中工作的表示方法

（二）双代号网络图基本术语

1. 内向箭线

以节点而言，箭头指向该节点的箭线，称为该节点的内向箭线。

2. 外向箭线

以节点而言，箭头背向该节点的箭线，称为该节点的外向箭线。

3. 紧前工作

紧安排在本工作之前进行的工作称本工作的紧前工作。如图6-11中，工作b的紧前工作为工作a。

4. 紧后工作

紧安排在本工作之后进行的工作称本工作的紧后工作。如图6-11中，工作a的紧后工作为工作b和工作c。

5. 先行工作

自开始节点至本工作之前各条线路上的所有工作称为本工作的先行工作。如图6-11中，工作e的先行工作为工作a、工作b和工作c。

6. 后续工作

本工作之后至结束节点各条线路上的所有工作叫本工作的后续工作。如图6-11中，工作b的后续工作为工作d、工作e和工作f。

7. 平行工作

平行工作是指可与本工作同时进行的工作。如图6-11中，工作b的平行工作为工作c。

8. 逻辑关系

工作之间的先后顺序关系称逻辑关系，分为工艺关系和组织关系两种。

(1) 工艺关系：由生产工艺或工作程序决定的先后顺序关系称为工艺上的逻辑关系，简称工艺关系。如柱绑扎钢筋应在柱支模之前进行。

(2) 组织关系：由组织安排或资源调配的需要而规定的先后顺序关系称为组织上的逻辑关系，简称组织关系。如不同施工段的先后施工顺序。

9. 虚工作

既不消耗资源，又不占用时间，仅表示逻辑关系的工作称为虚工作。如图6-11中，工作③和工作④为虚工作。

10. 线路

网络图从开始节点沿箭线方向连续通过若干个中间节点，最后到达结束节点所经过的道路称为线路。如图 6-11 中,①→②→③→⑤→⑥即为一条线路。

(三) 双代号网络图的绘制

1. 双代号网络图的绘制规则

(1) 双代号网络图必须按照既定的逻辑关系绘制。

(2) 双代号网络图中严禁出现从一个节点出发、顺箭头方向又回到原出发点的循环回路,如图 6-13 所示。

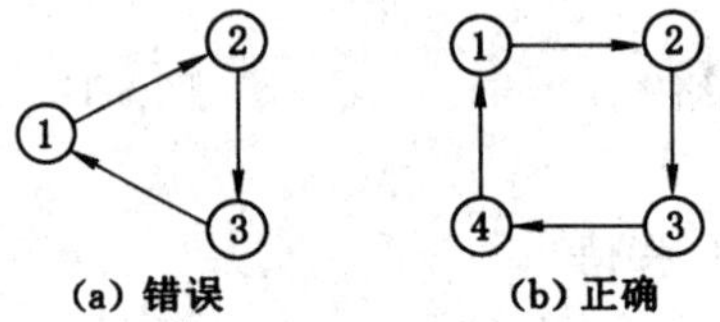

图 6-13 双代号网络图错误画法(一)

(3) 双代号网络图中严禁出现双向箭头或无箭头的连线,如图 6-14 所示。

图 6-14 双代号网络图错误画法(二)

(4) 双代号网络图中严禁出现没有箭尾节点或没有箭头节点的连线,如图 6-15 所示。

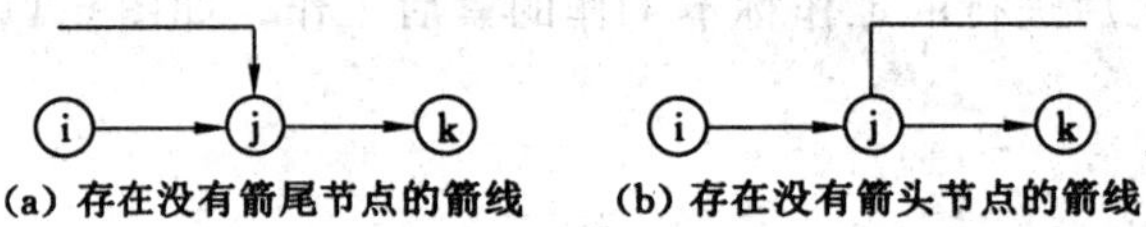

图 6-15 双代号网络图错误画法(三)

(5) 网络图中只允许有一个开始节点和一个结束节点,不应出现两个或两个以上的开始或结束节点。

(6) 网络图中的节点必须由小到大编号,编号严禁重复,但可以不连续。

(7) 网络图中不允许出现相同编号的箭线。

(8) 网络图中同一项工作只能用一对节点代号表示。

(9) 绘制网络图时,应尽量避免箭线交叉。当交叉不可避免时,可采用过桥法、断线法、指向法等几种表示方法,如图 6-16 所示。

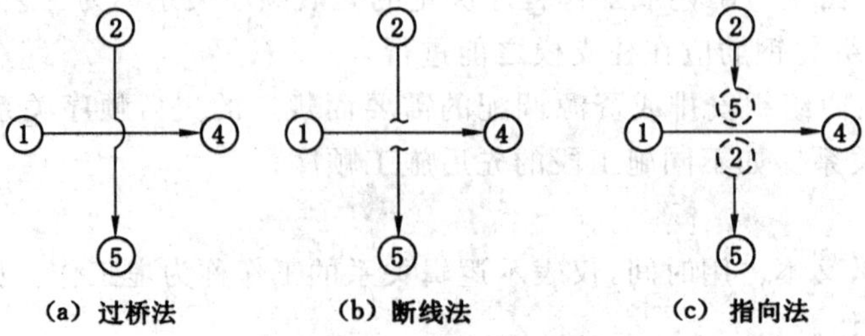

图 6-16 交叉箭线画法示意

（10）当网络图的开始节点有多条外向箭线或结束节点有多条内向箭线时，为使图形简洁，可采用母线法绘制，如图6-17所示。

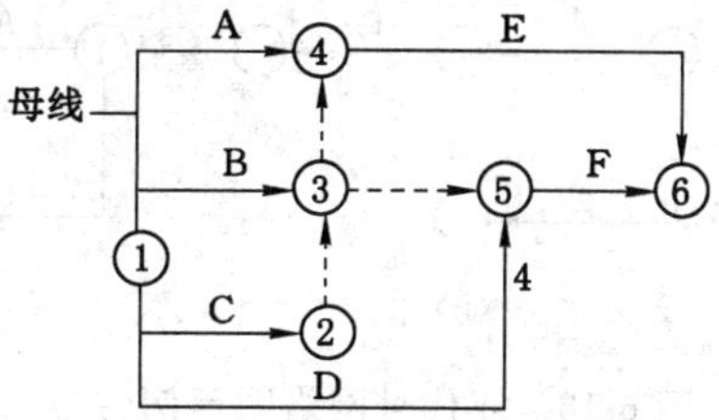

图6-17　母线法绘制网络图

（11）网络图应条理清楚、布局合理，箭线应尽量横平竖直，节点应排列均匀。

2. 双代号网络图的绘制方法

（1）逻辑关系分析。

依据已设计的工作方案、收集到的有关信息、工作分解、工作经验等，分析工作的逻辑关系，确定每项工作的紧前工作或紧后工作，形成工作逻辑关系分析表。

（2）网络图的构图。

依据网络图的绘制规则、工作逻辑关系分析表等，按照方便使用、方便分图与并图的原则，确定网络图的布局。

（3）从起始工作开始，自左至右依次绘制初始网络图。

首先绘制无紧前工作的工作箭线，使它们具有相同的开始节点，以保证网络图只有一个开始节点。然后，依次绘制其他工作箭线。当各项工作都绘制出来之后，合并那些没有紧后工作的工作结束节点，以保证网络图只有一个结束节点。

（4）检查各项工作及逻辑关系。

逐项检查网络图所表示的各项工作逻辑关系是否与给定的工作逻辑关系相一致。如需修正，主要是利用虚工作的断路或联系作用、增减虚工作来实现。

（5）节点编号。

当确认所绘制的网络图正确后，按前述要求进行节点编号。为避免以后增加工作时而改动整个网络图的节点编号，可采用不连续的编号方式。

3. 双代号网络图的绘制示例

【例6-7】 已知各工作之间的逻辑关系如表6-3所示，则可按下述步骤绘制其双代号网络图。

表6-3　工作间的逻辑关系

工作名称	A	B	C	D
紧前工作	—	—	A、B	B

【解】（1）绘制工作箭线A和工作箭线B，如图6-18(a)所示。

（2）按前述原则绘制工作箭线C，如图6-18(b)所示。

（3）按前述原则绘制工作箭线D后，将工作箭线C和D的箭头节点合并，以保证网络图只有一个结束节点。当确认给定的逻辑关系表达正确后，再进行节点编号。表 6-3 给定的逻辑关系对应的双代号网络图如图 6-18(c)所示。

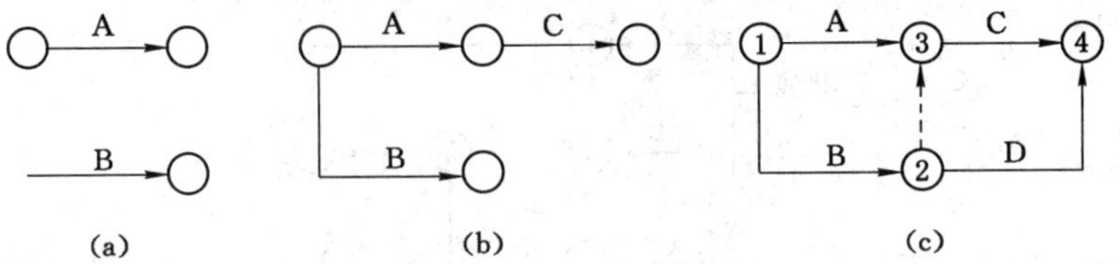

图 6-18 双代号网络图示例(一)

(四) 双代号网络图时间参数的概念及计算

1. 双代号网络图时间参数相关概念

(1) 时间参数。

所谓时间参数，是指网络计划、工作及节点所具有的各种时间值。

(2) 工作持续时间。

工作持续时间是指一项工作从开始到完成的时间，常用 D_{i-j} 表示。

(3) 工期。

工期泛指完成一项任务所需要的时间。在网络计划中，工期一般有以下三种：

① 计算工期：根据网络计划时间参数计算而得到的工期，用 T_c 表示。

② 要求工期：任务委托人所提出的指令性工期，用 T_r 表示。

③ 计划工期：根据要求工期所确定的预期工期，用 T_p 表示。

当已规定要求工期时，计划工期不应超过要求工期，即：$T_p \leqslant T_r$。当未规定要求工期时，可令计划工期等于计算工期，即：$T_p = T_r$。

(4) 工作的六个基本时间参数。

网络计划中工作的基本时间参数是：工作最早开始时间(ES_{i-j})、工作最早完成时间(EF_{i-j})、工作最迟完成时间(LF_{i-j})、工作最迟开始时间(LS_{i-j})、工作总时差(TF_{i-j})和工作自由时差(FF_{i-j})。

(5) 节点最早时间和最迟时间。

① 节点最早时间：双代号网络计划中，以该节点为开始节点的工作的最早开始时间。

② 节点最迟时间：双代号网络计划中，以该节点为结束节点的工作的最迟完成时间。

(6) 相邻两项工作之间的时间间隔(LAG)。

相邻两项工作之间的时间间隔是指本工作的最早完成时间与其紧后工作最早开始时间之间的差值。

2. 双代号网络图时间参数的计算方法

双代号网络计划时间参数的计算方法有按工作计算法和按节点计算法两种。

(1) 按工作计算法。

按工作计算法就是以网络计划中的工作为对象，直接计算各项工作的时间参数。

① 按工作计算法标注的步骤。

设双代号网络图的开始节点编号为“1”，结束节点编号为“n”，因计算双代号网络计划时间参数时常涉及紧前及紧后工作，为了讲解方便，假设 A、B、C 三个工作依次展开，其节点

编号依次为 h、i、j、k，如图 6-19 所示。

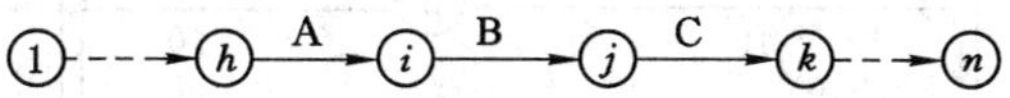

图 6-19　双代号网络图示例(二)

A. 计算工作的最早开始时间 ES_{i-j} 和最早完成时间 EF_{i-j}：

$$ES_{i-j}=\max\{EF_{h-i}\}=\max\{ES_{h-i}+D_{h-i}\}$$

$$EF_{i-j}=ES_{i-j}+D_{i-j}$$

B. 计算工期 T_c 的确定：

$$T_c=\max\{EF_{i-n}\}$$

C. 计算工作最迟完成时间 LF_{i-j} 和最迟开始时间 LS_{i-j}：

$$LF_{i-n}=T_p=T_c$$

$$LF_{i-j}=\min\{LS_{j-k}\}=\min\{LF_{j-k}-D_{j-k}\}$$

$$LS_{i-j}=LF_{i-j}-D_{i-j}$$

D. 计算工作的总时差：

$$TF_{i-j}=LF_{i-j}-EF_{i-j}=LS_{i-j}-ES_{i-j}$$

E. 计算工作自由时差。

a. 对于有紧后工作的工作：

$$FF_{i-j}=\min\{ES_{j-k}-EF_{i-j}\}$$

b. 对于无紧后工作的工作，也就是以网络计划结束节点为完成节点的工作，其自由时差等于计划工期与本工作最早完成时间之差，即

$$FF_{i-j}=T_p-EF_{i-j}$$

当 $T_p=T_c$ 时，$FF_{i-j}=TF_{i-j}$。

F. 确定关键工作和关键线路。

a. 在网络计划中，没有机动时间或总时差等于零的工作称为关键工作。

b. 自始至终全部由关键工作组成的线路，或者线路上总的工作持续时间最长的线路称为关键线路。在关键线路上可能有虚工作存在。关键线路一般用粗箭线或双箭线表示。关键线路上各项工作的持续时间总和应等于网络计划的计算工期，这一特点也是判别关键线路是否正确的准则。

② 应用举例。

【例 6-8】　某双代号网络图如图 6-20 所示，按工作计算法标注其时间参数如图 6-21 所示。

(2) 按节点计算法。

所谓按节点计算法，就是先计算网络计划中各个节点的最早时间和最迟时间，再据此计算各项工作的时间参数和网络计划的计算工期。下面仍以图 6-19 为例，说明按节点计算法计算时间参数的过程。

① 按节点计算法标注的步骤。

A. 计算节点的最早时间。

节点最早时间的计算应从网络计划开始节点开始顺着箭线方向依次进行。当未规定其

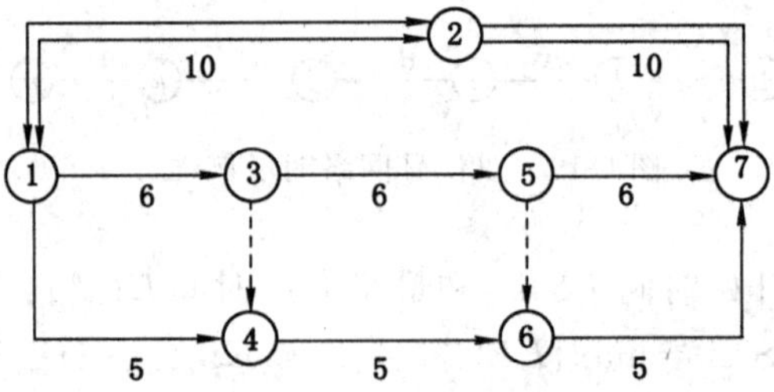

图 6-20　双代号网络图示例(三)

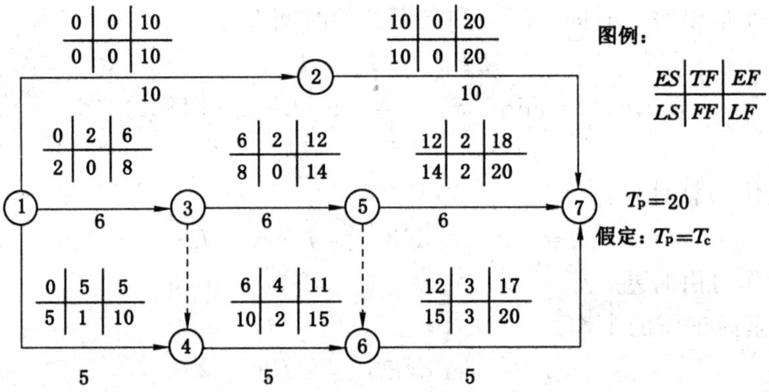

图 6-21　用工作法标注的双代号网络计划

最早开始时间时,网络计划开始的最早时间为零,其他节点最早时间等于其紧前节点最早完成时间的最大值,即

$$ET_1=0$$

$$ET_j=\max\{ET_i+D_{i-j}\}$$

式中　ET_j——工作 $i-j$ 的完成节点 j 的最早时间;

ET_i——工作 $i-j$ 的完成节点 i 的最早时间。

在本例中,节点④的最早时间为

$$ET_4=\max\{ET_1+D_{1-4},ET_3+D_{3-4}\}=\max\{0+5,6+0\}=6$$

同理可得其他节点最早时间。

B. 确定网络计划的计算工期。

计算工期等于网络计划结束节点的最早时间,即

$$T_c=ET_n$$

例如在本例中,$T_c=ET_7=20$。

C. 计算节点的最迟时间。

节点最迟时间的计算应从网络计划的结束节点开始逆着箭线方向依次进行。当规定有计划工期时,网络计划结束节点的最迟时间等于网络计划的计划工期;当未规定计划工期时,一般假定 $T_p=T_c$,即

$$LT_n=T_p=T_c$$

式中　LT_n——网络计划结束节点 n 的最迟时间。

其他节点的最迟时间应按公式进行计算：

$$LT_n = \min\{LT_j - D_{i-j}\}$$

式中　LT_i——工作 $i-j$ 的完成节点 j 的最迟时间；

LT_j——工作 $i-j$ 的完成节点 j 的最迟时间。

在本例中，节点⑤的最迟时间为

$$LT_5 = \min\{LT_6 - D_{5-6}, LT_7 - D_{5-7}\} = \min\{15-0, 20-6\} = 14$$

同理可得其他节点最迟时间。

D. 根据节点的最早时间和最迟时间判定工作的六个时间参数。

a. 工作最早开始时间等于该工作开始节点的最早时间，即

$$ES_{i-j} = ET_i$$

b. 工作最早完成时间等于该工作开始节点的最早时间与其持续时间之和，即

$$EF_{i-j} = ET_i + D_{i-j}$$

c. 工作最迟完成时间等于该工作结束节点的最迟时间，即

$$LF_{i-j} = LT_j$$

d. 工作最迟开始时间等于该工作结束节点的最迟时间与其持续时间之差，即

$$LS_{i-j} = LT_j - D_{i-j}$$

e. 工作总时差：

$$TF_{i-j} = LF_{i-j} - EF_{i-j} = LS_{i-j} - ES_{i-j}$$

$$FF_{i-j} = \min\{ES_{j-k} - EF_{i-j}\}$$

f. 工作自由时差：

$$TF_{i-j} = LF_{i-j} - EF_{i-j} = LS_{i-j} - ES_{i-j}$$

$$FF_{i-j} = \min\{ES_{j-k} - EF_{i-j}\}$$

② 应用举例。

【例 6-9】　用节点法标注图 6-20 的结果，如图 6-22 所示。

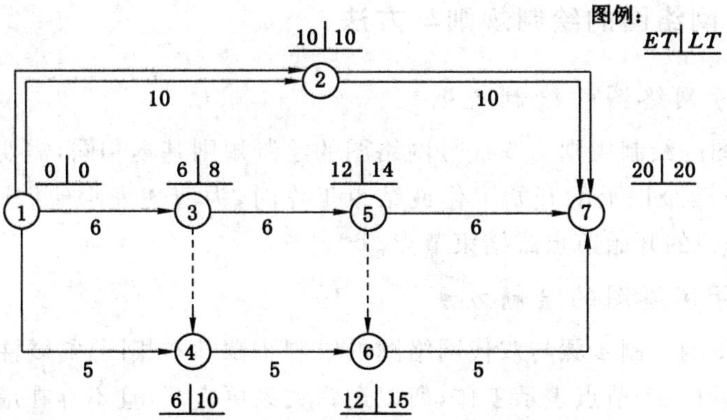

图 6-22　用节点法标注的双代号网络计划

第四节　单代号网络计划

一、单代号网络图的概念及特点

用节点或节点的编号表示工作的网络图，称为单代号网络图，如图 6-23 所示。

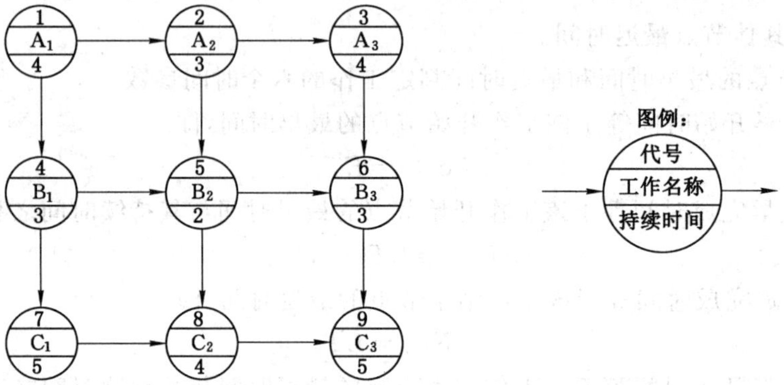

图 6-23　单代号网络图

与双代号网络图相比，单代号网络图的特点如下。

(1) 单代号网络图以节点及其编号表示工作，以箭线表示工作之间的逻辑关系。

(2) 单代号网络图中箭线无虚实之分。

(3) 由于工作的持续时间表示在节点之中，没有长度，故不够形象，也不便于绘制时标网络计划，更不能直接根据单代号网络进行工期资源优化。

(4) 表示工作之间逻辑关系的箭线可能产生较多的纵横交叉现象，这时可以通过增加虚节点解决。

二、单代号网络图的绘制规则与方法

(一) 单代号网络图的绘制规则

单代号网络图的绘制规则与双代号网络图的绘制规则基本相同，需要注意的是，在单代号网络图中，当有两个以上的开始工作或结束工作时，为清楚表示他们同时开始或同时结束，需增加一个虚拟的开始节点或结束节点。

(二) 单代号网络图的绘制方法

单代号网络图的绘制步骤与双代网络图的绘制步骤基本相同，需要注意的是，在单代号网络图中，因为是以一个节点表示工作，所以逻辑关系更直观，且不存在虚工作。

(三) 单代号网络图绘制示例

【例 6-10】 已知各工作之间的逻辑关系如表 6-4 所示，绘制单代号网络图如图 6-24 所示。

表 6-4　工作逻辑关系表

工作	A	B	C	D	E	G	H	I
紧后工作	D、G	D、E	E	G、H	H、I	—	—	—
持续时间	10	4	2	10	6	10	3	5

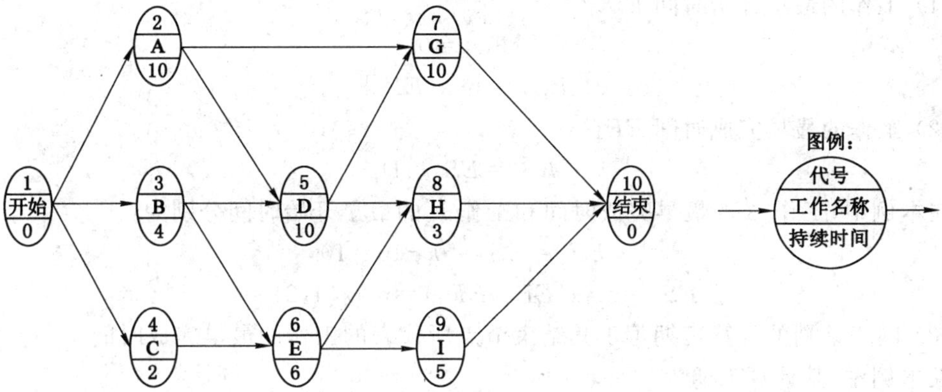

图 6-24　单代号网络图绘制示例

三、单代号网络计划时间参数计算

单代号网络计划与双代号网络计划只是表现形式不同，它们所表达的内容则完全一样。因此，两者时间参数计算方法是相同的，以图 6-24 所示的单代号网络图为例，其计划时间参数计算结果如图 6-25 所示。

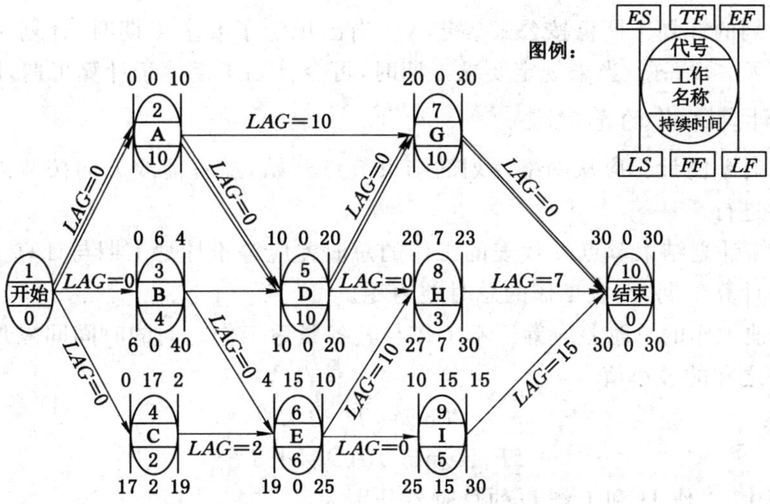

图 6-25　单代号网络计划

（一）计算工作的最早开始时间和最早完成时间

工作最早开始时间和最早完成时间的计算应从网络计划的开始节点开始，顺着箭线方向按节点编号从小到大的顺序依次进行。其计算步骤为:① 网络计划开始节点所代表的工作,未规定其最早开始时间时,取值为零。② 工作的最早完成时间应等于本工作的最早开始时间与其持续时间之和。③ 其他工作的最早开始时间应等于其紧前工作最早完成时间的最大值。④ 网络计划的计算工期等于其结束节点所代表的工作的最早完成时间。

(1) 工作的最早开始时间 ES。

$$ES_1=0$$
$$ES_j=\max\{EF_i\}$$

(2) 工作的最早完成时间 EF。

$$ES_i=ES_i+D_i$$

在本例中,工作 A 的最早完成时间和工作 E 的最早开始时间分别为:

$$EF_2=ES_2=0+10=10$$
$$ES_6=\max\{EF_3,EF_4\}=\max\{4,2\}=4$$

(3) 网络计划的计算工期等于其结束节点所代表的工作的最早完成时间。

在本例中,其计算工期为:

$$T_c=EF_{10}=30$$

(二) 计算相邻两项工作之间的时间间隔

相邻两项工作之间的时间间隔是指其紧后工作的最早开始时间与本工作最早完成时间的差值。

在本例中,工作 C 与工作 E 的时间间隔为:

$$LAG_{4,6}=ES_6-EF_4=4-2=2$$

(三) 确定网络计划的计划工期

网络计划的计划工期仍按公式确定:① 当已规定了要求工期时,计划工期不应超过要求工期,即:$T_p\leqslant T_t$;② 当未规定要求工期时,可令计划工期等于计算工期,即:$T_p=T_c$。

(四) 计算工作的总时差

工作总时差的计算应从网络计划的结束节点开始,逆着箭线方向按节点编号从大到小的顺序依次进行。

(1) 网络计划结束节点 n 代表的工作的总时差应等于计划工期与计算工期之差。当计划工期等于计算工期时,该工作的总时差为零。

(2) 其他工作的总时差应等于本工作与其各紧后工作之间的时间间隔加该紧后工作的总时差所得之和的最小值。

$$TF_n=T_p-T_c$$
$$TF_i=\min\{LAG_{i,j}+TF_j\}$$

在本例中,工作 H 和工作 D 的总时差分别为:

$$TF_8=LAG_{8,10}+TF_{10}=7+0=7$$
$$TF_5=\min\{LAG_{5,8}+TF_8,LAG_{5,7}+TF_7\}=\min\{0+7,0+0\}=0$$

(五) 计算工作的自由时差

(1) 网络计划终点节点 n 所代表的工作的自由时差等于计划工期与本工作的最早完成

时间之差。

(2) 其他工作的自由时差等于本工作与其紧后工作之间时间间隔的最小值。

$$FF_n = T_p - EF_n \text{ 或 } FF_n = T_c - EF_n$$

$$FF_i = \min\{LAG_{i,j}\}$$

在本例中，工作 D 和工作 G 的自由时差分别为：

$$FF_5 = \min\{LAG_{5,7}, LAG_{5,8}\} = \min\{0,0\} = 0$$

$$FF_7 = LAG_{7,10} = 0$$

(六) 计算工作的最迟完成时间和最迟开始时间

工作的最迟完成时间和最迟开始时间的计算可按以下两种方法进行。

1. 根据总时差计算

(1) 工作的最迟完成时间等于本工作的最早完成时间与其总时差之和。

(2) 工作的最迟开始时间等于本工作的最早开始时间与其总时差之和。

$$LF_i = EF_i + TF_i$$

$$LS_i = ES_i + TF_i$$

在本例中，工作 G 的最迟完成时间和最迟开始时间分别为：

$$LF_7 = EF_7 + TF_7 = 30 + 0 = 30$$

$$LS_7 = ES_7 + TF_7 = 20 + 0 = 20$$

2. 根据计划工期计算

工作最迟完成时间和最迟开始时间的计算应从网络计划的结束节点开始，逆着箭线方向按节点编号从大到小的顺序依次进行。

(1) 网络计划结束节点所代表的工作 n 的最迟完成时间等于计划工期，无计划工期时等于计算工期，即

$$LF_n = T_p \text{ 或 } LF_n = T_c$$

(2) 工作的最迟开始时间等于本工作的最迟完成时间与其持续时间之差，即

$$LS_i = LF_i - D_i$$

(3) 其他工作的最迟完成时间等于该工作各紧后工作最迟开始时间的最小值，即

$$LF_i = \min\{LS_j\}$$

式中　LF_i——工作 i 的最迟完成时间；

LS_j——工作 i 的紧后工作 j 的最迟开始时间。

在本例中，虚拟结束工作 10 和工作 G 的最迟开始时间分别为：

$$LS_{10} = LF_{10} - D_{10} = 30 - 0 = 30$$

$$LS_7 = LF_7 - D_7 = 30 - 10 = 20$$

工作 H 和工作 D 的最迟完成时间分别为：

$$LF_8 = LS_{10} = 30$$

$$LF_5 = \min\{LS_8, LS_7\} = \min\{27, 20\} = 20$$

(七) 确定网络计划的关键线路

1. 利用关键工作确定关键线路

如前所述，总时差最小的工作为关键工作，将这些关键工作相连，并保证相邻两项关键

工作之间的时间间隔为零而构成的线路就是关键线路。

2. 利用相邻两项工作之间的时间间隔确定关键线路

从网络计划的结束节点开始，逆着箭线方向依次找出相邻两项工作之间时间间隔为零的线路就是关键线路。在网络计划中，关键线路可以用粗箭线或双箭线标出，也可以用彩色箭线标出。

第五节　双代号时标网络计划

一、双代号时标网络计划的概念及特点

时标网络计划又称为日历网络计划，是指以时间坐标为尺度绘制的网络计划。时标单位可分为小时、天、周、旬、月、季、年等，应根据需要选定。在普通网络计划中，箭线的长度并不表示时间的长短，但在时标网络计划中，箭线的长短和位置将表示工作的时间长短和进程安排。

将表示工作的箭线的水平投影长度按该工作持续时间大小成比例绘制而成的双代号网络计划称双代号时标网络计划，简称时标网络计划。在时标网络计划中，必须以水平时间坐标为尺度表示工作的持续时间大小，并以实箭线表示工作，以虚箭线表示虚工作，以波形线表示工作与其紧后工作之间的时间间隔。

时标网络计划既具有网络计划的优点，又具有横道图直观易懂的优点。它能将网络计划的时间参数直观地表达出来，因此，在实际工作中应用十分广泛。

二、时标网络计划的分类

根据工作开始和完成时间不同，时标网络计划分为早时标网络计划和迟时标网络计划。

(1) 早时标网络计划：各项工作均按最早开始和最早完成绘制的时标网络计划。

(2) 迟时标网络计划：各项工作均按最迟开始和最迟完成绘制的时标网络计划。

早时标网络计划和迟时标网络计划分别有各自的用途，比较而言，早时标网络计划的应用更广泛些。

三、时标网络计划的绘制方法

时标网络计划的绘制方法有间接绘制法和直接绘制法两种，以早时标网络计划的绘制为例介绍如下。

(一) 间接绘制法

间接绘制法是指先根据无时标的网络计划计算其时间参数并确定关键线路，然后在时标网络计划表中进行绘制的方法。在绘制时应先将所有节点按其最早时间定位在时标网络计划表中的相应位置，再用规定线形按比例绘出实工作和虚工作。当某些工作箭线的长度不足以到达该工作的完成节点时，需用波形线补足，箭头应画在与该工作完成节点的连接处。

(二) 直接绘制法

直接绘制法是指不计算时间参数而直接按无时标的网络计划草图绘制时标网络计划的

方法。

下面以图 6-26 所示网络计划为例，说明用直接法绘制时标网络计划的过程。

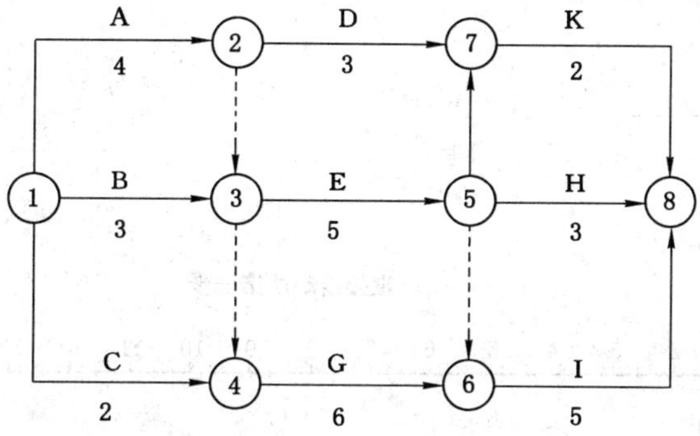

图 6-26　双代号网络计划

（1）将网络计划的开始节点定位在时标网络计划表的起始刻度线上。如图 6-27(a)所示，节点①就是定位在时标网络计划表的起始刻度线“0”位置上，可分别绘出工作箭线 A、B 和 C。

（2）除网络计划的开始节点外，其他节点定位在所有以该节点为末节点的工作箭线最早完成时间中，相对而言最晚结束的箭线末端（即最早完成时间 EF 的最大值）。也就是说，只有当某个节点的所有内向箭线全部绘制出来之后，从中选择最晚结束的箭线，才能确定其正确位置。

当某些工作箭线的长度不足以到达该节点时，需用波形线补足，箭头画在与该节点的连接处。如本例中，节点③应定位在 2—3 箭线（时间刻度线第 4 天末）和 1—3 箭线（时间刻度线第 3 天末）最早完成时间中最大值的末端（即第 4 天末），1—3 箭线长度不足以达到第 4 天末用波浪线补之。节点④同理，如图 6-27(b)所示。

（3）当某个节点定位置确定之后，可绘制以该节点为开始节点的所有工作箭线（即该节点的所有外向箭线）。如本例中，在图 6-27(b)的基础之上，可以分别以节点②、节点③和节点④为开始节点绘制工作箭线 D、工作箭线 E 和工作箭线 G，如图 6-27(c)所示。

（4）依此类推，重复上述步骤以确定其他各个节点的位置，直至绘出网络计划的结束节点。本例所对应的时标网络计划如图 6-27(d)所示，图中箭线表示关键线路。

四、时标网络计划中时间参数的判定

（一）关键线路和计算工期的判定

1. 关键线路的判定

时标网络计划中的关键线路可从网络图的结束节点开始，逆着箭线方向进行判定。凡自始至终不出现波形线的线路即为关键线路。因为不出现波形线，就说明在这条线路上相邻两项工作之间的时间间隔全部为零，也就是在计算工期等于计划工期的前提下，这些工作的总时差和自由时差全部为零。例如在图 6-27(d)所示的时标网络计划中，线路①→②→③→④→⑥→⑧即为关键线路。

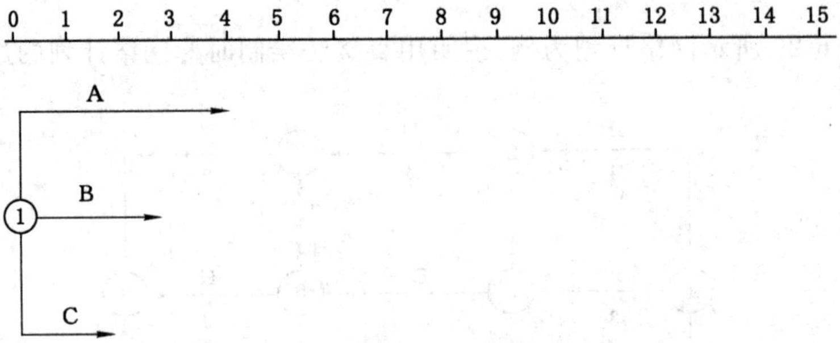

(a) 直接绘制法第一步

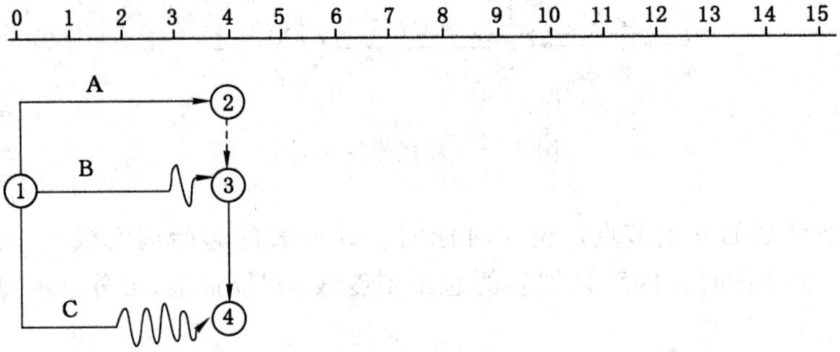

(b) 直接绘制法第二步

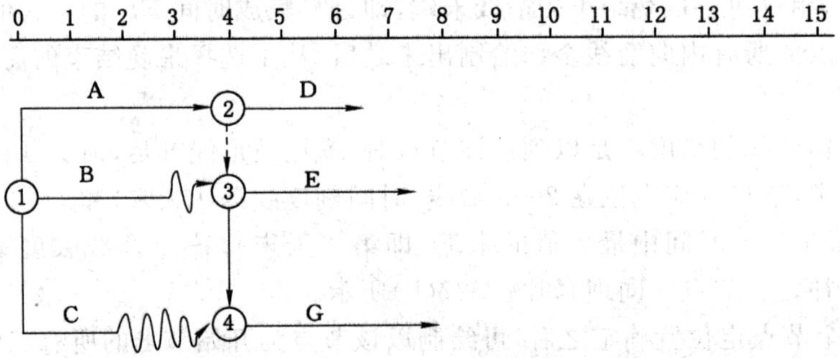

(c) 直接绘制法第三步

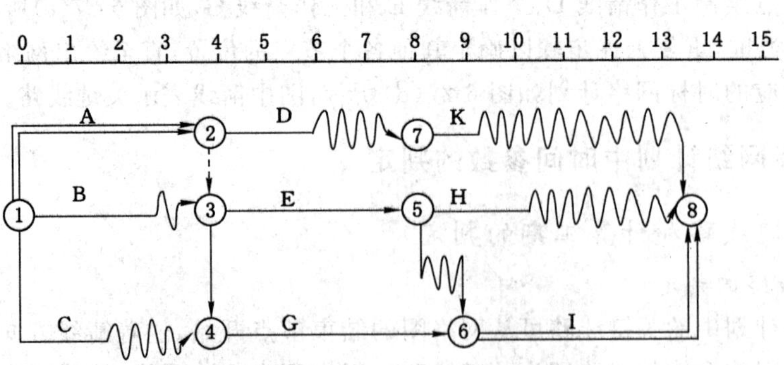

(d)（直接绘制法第四步）双代号时标网络计划

图 6-27　直接绘制法绘图过程

2. 计算工期的判定

网络计划的计算工期应等于结束节点所对应的时标值与开始节点所对应的时标值之差。

例如在图 6-27(d)中，所示时标网络计划的计算工期为：

$$T_c = 15 - 0 = 15$$

（二）相邻两项工作之间时间间隔的判定

除了以结束节点为完成节点的工作外，工作箭线中波形线的水平投影长度表示本工作与其紧后工作之间的时间间隔。例如图 6-27(d)中，工作 C 和工作 E 之间的时间间隔为 2；工作 C 和工作 G 之间的时间间隔为 2；工作 D、K 之间的时间间隔为 2；工作 B、E 之间的时间间隔为 1。

（三）工作六个时间参数的判定

1. 工作最早开始时间和最早完成时间的判定

工作箭线左端节点中心所对应的时标值为该工作的最早开始时间。当工作箭线中不存在波形线时，其右端节点中心所对应的时标值为该工作的最早完成时间；当工作箭线中存在波形线时，工作箭线实线部分右端点所对应的时标值为该工作的最早完成时间。例如在图 6-27(d)所示的时标网络计划中，工作 A 和工作 H 的最早开始时间分别为 0 和 9，而他们的最早完成时间分别为 4 和 12。

2. 工作总时差的判定

工作总时差的判定应从网络计划的结束节点开始，逆着箭线方向依次进行。

(1) 以结束节点为完成节点的工作，其总时差应等于计划工期与本工作最早完成时间之差，即

$$TF_{i-n} = T_p - EF_{i-n}$$

式中 TF_{i-n}——以网络计划结束节点 n 为完成节点的工作的总时差；

T_p——网络计划的计划工期；

EF_{i-n}——以网络计划结束节点 n 为完成节点的工作的最早完成时间。

例如在图 6-27(d)中，假设计划工期为 15，则工作 K 和工作 I 的总时差分别为：

$$TF_{7-8} = T_p - EF_{7-8} = 15 - 11 = 4$$

$$TF_{6-8} = T_p - EF_{6-8} = 15 - 15 = 0$$

(2) 其他工作的总时差等于其紧后工作的总时差加本工作与该紧后工作之间的时间间隔所得之和的最小值，即

$$TF_{i-j} = \min\{TF_{j-k} + LAG_{i-j,j-k}\}$$

例如在图 6-27(d)所示的时标网络计划中，工作 D 的总时差为：

$$TF_{3-5} = \min\{TF_{5-8} + LAG_{3-5,5-8}, TF_{5-6} + LAG_{3-5,5-8}\} = \min\{3+0, 0+1\} = 1$$

3. 工作自由时差的判定

(1) 以结束节点为完成节点的工作，其自由时差等于计划工期与本工作最早完成时间之差，即

$$FF_{i-n} = T_p - EF_{i-n}$$

(2) 其他工作的自由时差就是该工作箭线中波形线的水平投影长度。但当该工作之后

只紧接虚工作时，则该工作箭线上一定不存在波形线，而其紧接的虚箭线中波形线水平投影长度的最短者为该工作的自由时差。

例如，在图 6-27(d)中的时标网络计划中，工作 A、工作 B、工作 D 和工作 E 的自由时差均为零，而工作 C 的自由时差为 2。

4. 工作最迟开始时间和最迟完成时间的判定

(1) 工作的最迟开始时间等于本工作的最早开始时间与其总时差之和，即

$$LS_{i-j}=ES_{i-j}+TF_{i-j}$$

例如在图 6-27(d)中：

$$LS_{1-2}=ES_{1-2}+TF_{1-2}=0+0=0$$

(2) 工作的最迟完成时间等于本工作的最早完成时间与其总时差之和，即

$$LS_{i-j}=EF_{i-j}+TF_{i-j}$$

例如在图 6-27(d)中：

$$LF_{1-2}=EF_{1-2}+TF_{1-2}=4+0=4$$

第六节　单代号搭接网络计划

一、工序的基本搭接关系

单代号搭接网络计划有四种基本的工序搭接关系。

(1) 结束到开始的搭接关系：用 FS 或 FTS 表示，指相邻两工序，前项工序 i 结束后，经过时距 $Z_{i,j}$，后面工序 j 才能开始的搭接关系。当 $Z_{i,j}=0$ 时，表示相邻两工序之间没有间歇时间，即前项工序结束后，后面工序立即开始，这就是一般网络图。

(2) 开始到开始的搭接关系：用 SS 或 STS 表示，指相邻两工序，前项工序 i 开始以后，经过时距 $Z_{i,j}$，后面工序 j 才能开始的搭接关系。

(3) 结束到结束的搭接关系：用 FF 或 FTF 表示，指相邻两工序，前项工序 i 结束以后，经过时距 $Z_{i,j}$，后面工序 j 才能结束的搭接关系。

(4) 开始到结束的搭接关系：用 SF 或 STF 表示，这是指相邻两工序，前项工序 i 开始以后，经过时距 $Z_{i,j}$，后面工序 j 才能结束的搭接关系。

四种基本搭接关系及其表达方式如表 6-5 所示。

除以上搭接关系外，还有组合型搭接关系，最常用的是 SS 和 FF 之间的组合。

表 6-5　搭接关系及其表示方式

搭接关系	横道图表示方式	单代号搭接网络		举例
		表示方式	简易表示方式	
FS (FTS)	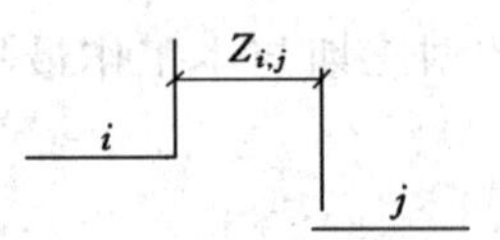	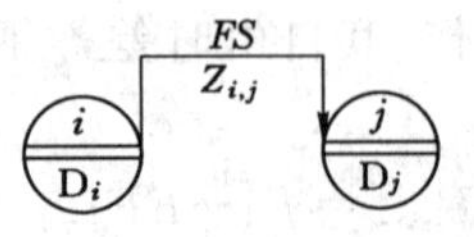	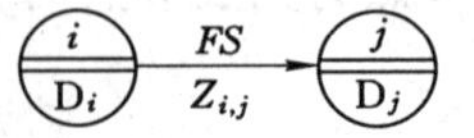	屋面保温层上的找平层结束 4 天以后，才能开始铺油毡防水层

表6-5（续）

搭接关系	横道图表示方式	单代号搭接网络		举例
		表示方式	简易表示方式	
SS (STS)	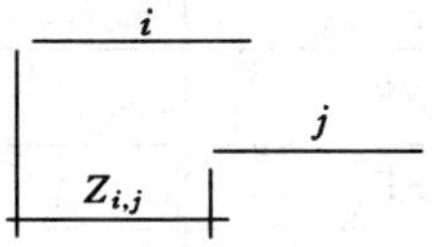	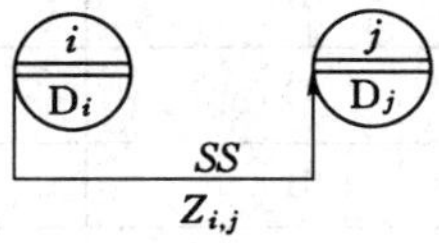	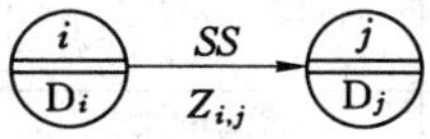	支模板开始1天以后，才能开始绑扎钢筋
FF (FTF)	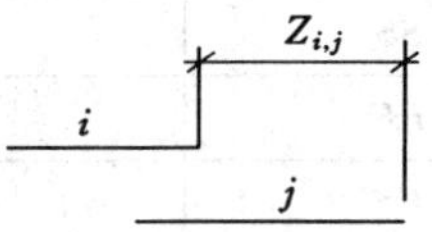	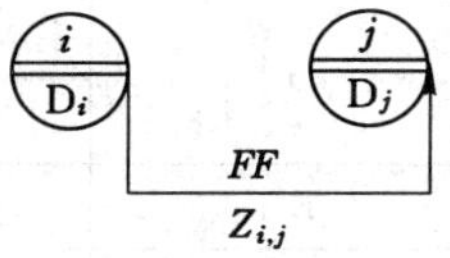	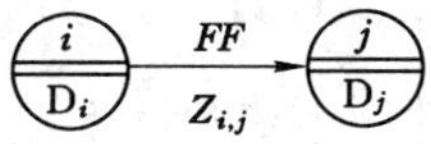	挖基槽结束1天以后，才能结束浇筑混凝土垫层
SF (STF)	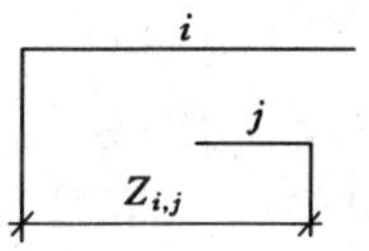	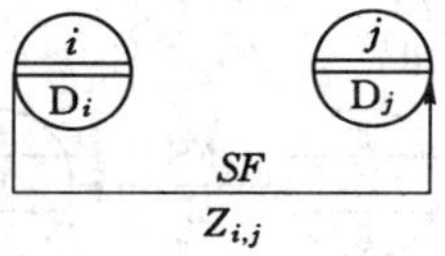	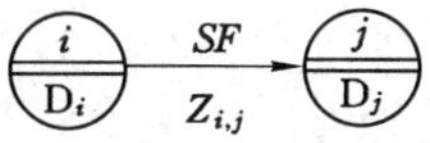	绑扎现浇梁、板钢筋开始1天以后，才能开始铺设电缆与管道；待铺设电缆与管道结束后，才能结束绑扎钢筋

二、单代号搭接网络图的绘制

单代号搭接网络图的绘制与单代号网络图的绘制方法基本相同。首先根据工序的工艺关系与组织关系绘制工序逻辑关系图，确定相邻工序的搭接类型与搭接时距；再根据工序逻辑关系图，按单代号网络图的绘制方法，绘制单代号网络图；最后再将搭接类型与时距标注在工序箭线上。

需要强调的是：与一般网络图相同，在单代号搭接网络图中，也不允许有两个或两个以上的开始节点或结束节点。此时，可通过增加虚箭线以解决这一问题。如图6-28中的虚箭线1—6和虚箭线7—9。

【例6-11】 某工程各项工作搭接关系及时距如表6-6所示，试绘制搭接网络图。

表6-6　工作搭接关系及时距

工作名称	作业时间	紧前工作	搭接关系	搭接时距 $Z_{i,j}$
A	5	—	—	—
B	8	—	—	—
C	10	A	SS	2

表6-6(续)

工作名称	作业时间	紧前工作	搭接关系	搭接时距 $Z_{i,j}$
D	20	A	*FF*	15
		B	FS	4
		C	*SS*	11
E	15	B	*FF*	3
F	13	C	*FS*	15
		D	*FS*	4
G	8	D	*SS*	10
			FF	5
		E	*FS*	3
		F	*SS*	3

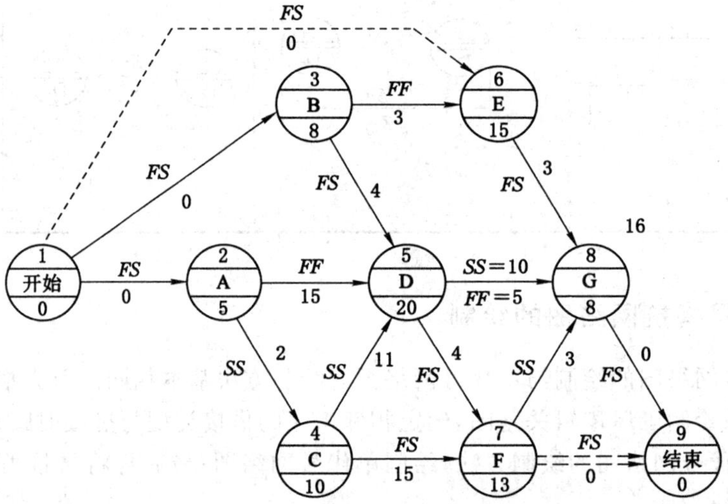

图 6-28　单代号搭接网络图绘制示例

【解】（1）根据绘制规则,结合工作搭接类型绘制的搭接网络图如图 6-28 所示。

（2）在图 6-28 中,6 号节点工作 E 的开始时间无约束条件,故应在其前增加一条虚箭线 1—6。7 号节点工作 F 的结束时间无约束条件,应在其后增加一条虚箭线 7—9。

三、单代号搭接网络图时间参数的计算

单代号搭接网络计划时间参数的计算与前述单代号网络计划和双代号网络计划时间参数的计算原理基本相同。但在计算公式和方法上有两点区别:第一,单代号搭接网络计划需要考虑搭接类型;第二,单代号搭接网络计划需要考虑搭接时距 $Z_{i,j}$。具体计算公式见表 6-7。

表 6-7　单代号搭接网络计划时间参数的计算

搭接类型	ES_j 与 EF_j（紧前工作为 i）	LS_i 与 LF_i（紧后工作为 j）	FF_i
SF	$ES_j=EF_i+Z_{i,j}$	$LF_i=LS_j-Z_{i,j}$	$FF_i=ES_j-EF_i-Z_{i,j}$
	$EF_j=ES_j+D_j$	$LS_i=LF_i-D_i$	
SS	$ES_j=ES_i+Z_{i,j}$	$LS_i=LS_j-Z_{i,j}$	$FF_i=ES_j-ES_i-Z_{i,j}$
	$EF_j=ES_j+D_j$	$LF_i=LS_i+D_i$	
FF	$EF_j=EF_i+Z_{i,j}$	$LF_i=LF_j-Z_{i,j}$	$FF_i=EF_j-EF_i-Z_{i,j}$
	$ES_j=EF_j-D_j$	$LS_i=LF_i-D_i$	
FS	$EF_j=ES_i+Z_{i,j}$	$LS_i=LF_j-Z_{i,j}$	$FF_i=EF_j-ES_i-Z_{i,j}$
	$ES_j=EF_j-D_j$	$LF_i=LS_i+D_i$	

当有多项紧前工作时，应按表 6-7 中相应公式计算出 ES、EF 后取最大值作为本工作的最早开始和最早完成时间。当有多项紧后工作时，应按表 6-7 中相应公式计算后取最小值作为本工作的最迟完成和最迟开始时间。自由时差的计算，需要考虑各种搭接关系并按表 6-7 中相应公式计算后取最小值作为本工作的自由时差。总时差的计算与前述普通单代号图计算方法相同，不再赘述。

现以图 6-28 中的 5 号节点工作 D 为例，说明其计算方法。本例全部时间参数计算结果如图 6-29 所示，箭线旁边数字为时间间隔 LAG，此时 LAG 等于紧后工作 ES 或 EF 减去紧前工作 ES 或 EF，再减去搭接时距。

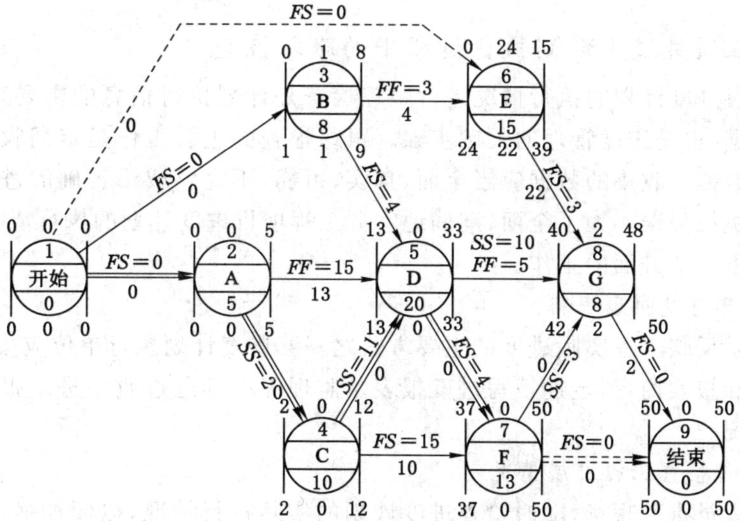

图 6-29　单代号搭接网络图时间参数计算结果

第七节 工程项目进度控制

一、工程项目进度计划监测

在工程项目实施过程中,监理工程师应经常地、定期地对进度计划的执行情况进行跟踪检查,发现问题后及时采取措施加以解决。工程项目进度监测过程如图 6-30 所示。

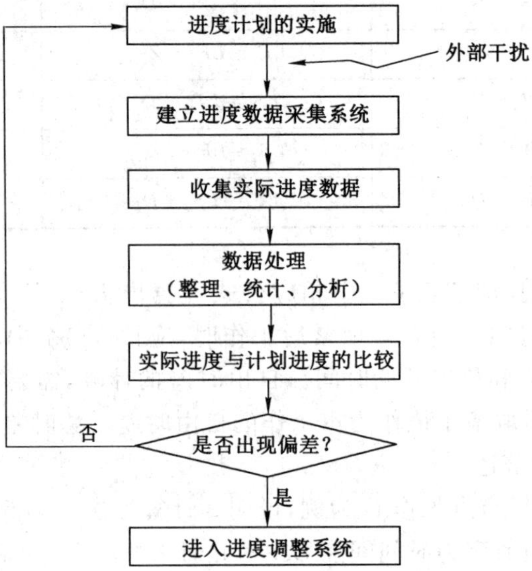

图 6-30 工程项目进度监测过程

(一) 工程项目进度计划执行过程中的跟踪检查

对工程项目进度计划的执行情况进行跟踪检查是计划执行信息的主要来源,是进度分析和调整的依据,也是进度管理的关键步骤。跟踪检查的主要工作是定期收集反映工程实际进度的有关数据。收集的数据应当全面、真实、可靠,不完整或不正确的进度数据将导致判断不准确或决策失误。为了全面、准确地掌握工程项目进度计划的执行情况,监理工程师应认真做好以下三个方面的工作。

1. 定期收集进度报表资料

进度报表是反映工程实际进度的主要方式之一。进度计划执行单位应按照进度监理制度规定的时间和报表内容,定期填写进度报表。监理工程师通过收集进度报表资料掌握工程实际进展情况。

2. 现场实地检查工程进展情况

应派监理人员常驻现场,随时检查进度计划的实际执行情况,以便加强进度监测工作,掌握工程实际进度的第一手资料,使获取的数据更加及时、准确。

3. 定期召开现场会议

通过定期召开现场会议,监理工程师可以与进度计划执行单位的有关人员面对面地交谈,既可以了解工程实际进度状况,也可以协调有关方面的进度关系。

一般说来，进度管理的效果与收集数据资料的时间间隔有关。究竟多长时间进行一次进度检查，这是监理工程师应当确定的问题。如果不经常、定期地收集实际进度数据，就难以有效地控制工程项目的实际进度。进度检查的时间间隔与工程项目的类型、规模、监理对象及有关条件等多方面因素相关，可视工程的具体情况，每月、每半月或每周进行一次检查。在特殊情况下，甚至需要每日进行一次进度检查。

（二）整理、统计和分析收集到的实际进度数据

为进行实际进度与计划进度的比较，必须对收集到的实际进度数据进行加工处理，形成与计划进度具有可比性的数据。例如，对检查时段实际完成工作量的进度数据进行整理、统计和分析，确定本期累计完成的工作量、本期已完成的工作量占计划总工作量的百分比等。

（三）实际进度与计划进度的对比分析

将实际进度数据与计划进度数据进行比较，可以确定工程项目实际执行状况与计划目标之间的差距。为了直观地反映实际进度偏差，通常采用表格或图形进行实际进度与计划进度的对比分析，从而得出实际进度比计划进度超前、滞后还是一致的结论。

二、工程项目实际进度与计划进度的比较方法

实际进度与计划进度的比较是工程项目进度监测的主要环节。常用的进度比较方法有横道图、S形曲线、香蕉形曲线、前锋线、列表比较法等。

（一）横道图比较法

横道图比较法是指将项目实施过程中收集到的数据，经加工整理后直接用横道线平行绘于原计划的横道线处，进行实际进度与计划进度的比较方法。横道图可以形象、直观地反映实际进度与计划进度的比较情况。

例如，某工程项目基础工程的计划进度和截至第9周周末的实际进度如图6-31所示，其中细线条表示该工程计划进度，粗实线表示实际进度。从图6-31中实际进度与计划进度的比较可以看出，到第9周周末进行实际进度检查时，挖土方和做垫层两项工作已经完成；支模板按计划也应该完成，但实际只完成75%，任务量拖欠25%；绑钢筋按计划应该完成60%，而实际只完成20%，任务量拖欠40%。

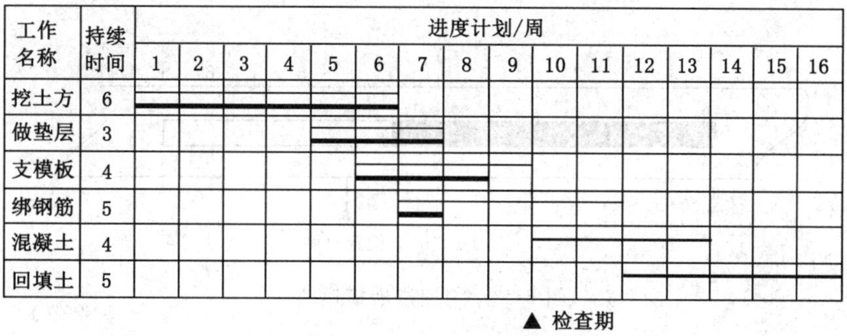

图6-31　某工程项目基础工程实际进度与计划进度的比较

根据各项工作的进度偏差，进度管理者可以采取相应的纠偏措施对进度计划进行调整，

以确保该工程按期完成。

图 6-31 所表达的比较方法仅适用于工程项目中的各项工作都是均匀进展的情况，即每项工作在单位时间内完成的任务量都相等的情况。事实上，工程项目中各项工作的进展不一定是匀速的。根据工程项目中各项工作的进展是否匀速，可分别采用以下两种方法进行实际进度与计划进度的比较。

1. 匀速进展横道图比较法

匀速进展是指在工程项目中，每项工作在单位时间内完成的任务量都是相等的，即工作的进展速度是均匀的。此时，每项工作累计完成的任务量与时间成线性关系，如图 6-32 所示。完成的任务量可以用实物工程量、劳动消耗量或费用支出表示。为了便于比较，通常用上述物理量的百分比表示。

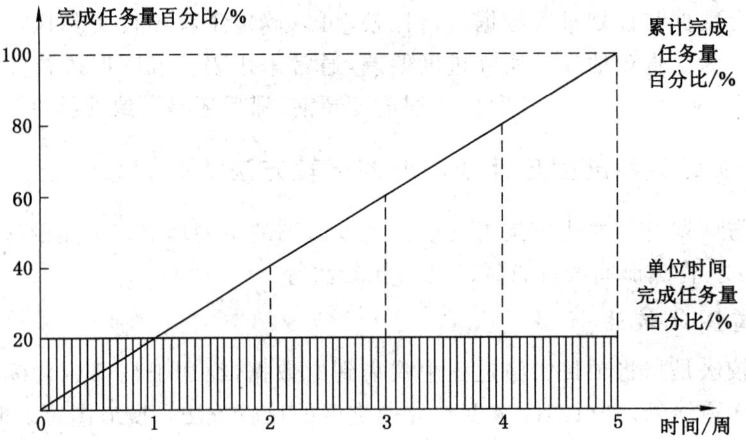

图 6-32　工作匀速进展时任务量与时间关系曲线

采用匀速进展横道图比较法的步骤如下(图 6-33)。

(1) 编制横道图进度计划。

(2) 在进度计划上标出检查日期。

(3) 将检查收集到的实际进度数据经加工整理后按比例用涂黑的粗线标于计划进度的下方。

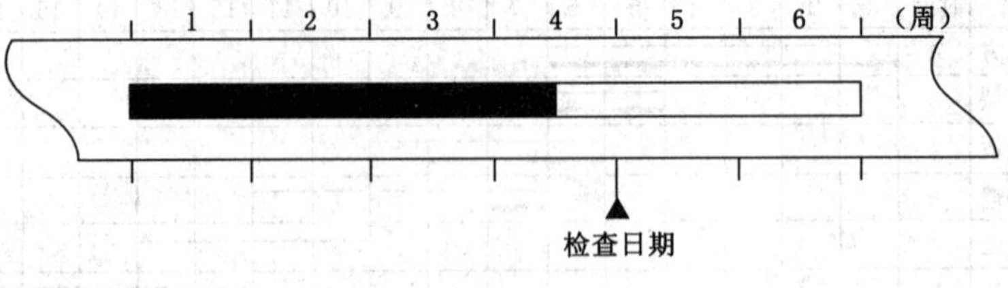

图 6-33　匀速进展横道图

(4) 对比分析实际进度与计划进度。

① 如果涂黑的粗线右端落在检查日期左侧，表明实际进度拖后。

② 如果涂黑的粗线右端落在检查日期右侧，表明实际进度超前。

③ 如果涂黑的粗线右端与检查日期重合，表明实际进度与计划进度一致。

必须指出，该方法仅适用于工作从开始到结束的整个过程中，其进展速度均为固定不变的情况。如果工作的进展速度是变化的，则不能采用这种方法进行实际进度与计划进度的比较；否则，会得出错误的结论。

2. 非匀速进展横道图比较法

当工作在不同单位时间里的进展速度不相等时，累计完成的任务量与时间的关系就不可能是线性关系。此时，应采用非匀速进展横道图比较法进行工作实际进度与计划进度的比较。

非匀速进展横道图比较法在用涂黑粗线表示工作实际进度的同时，还要标出其对应时刻完成任务量的累计百分比，并将该百分比与其同时刻计划完成任务量的累计百分比相比较，从而判断工作实际进度与计划进度之间的关系。

采用非匀速进展横道图比较法的步骤如下。

(1) 编制横道图进度计划。

(2) 在横道线上方标出各主要时间工作的计划完成任务量累计百分比。

(3) 在横道线下方标出相应时间工作的实际完成任务量累计百分比。

(4) 用涂黑粗线标出工作的实际进度，从开始之日标起，同时反映出该工作在实施过程中的连续与间断情况。

(5) 通过比较同一时刻实际完成任务量累计百分比和计划完成任务量累计百分比，判断工作实际进度与计划进度之间的关系。

① 如果同一时刻横道线上方累计百分比大于横道线下方累计百分比，表明实际进度拖后，拖欠的任务量为二者之差。

② 如果同一时刻横道线上方累计百分比小于横道线下方累计百分比，表明实际进度超前，超前的任务量为二者之差。

③ 如果同一时刻横道线上下方两个累计百分比相等，表明实际进度与计划进度一致。

由于工作进展速度是变化的，因此，在横道图中的横道线，无论是计划的还是实际的，只能表示工作的开始时间、完成时间和持续时间，并不表示计划完成的任务量和实际完成的任务量。此外，采用非匀速进展横道图比较法，不仅可以进行某一时刻(如检查日期)实际进度与计划进度的比较，而且还能进行某一时间段实际进度与计划进度的比较。当然，这需要实施部门按规定的时间记录当时的任务完成情况。

横道图比较法虽有记录和比较简单、形象直观、易于掌握、使用方便等优点，但由于其以横道计划为基础，因而带有局限性。在横道计划中，各项工作之间的逻辑关系表达不明确，关键工作和关键线路无法确定。一旦某些工作实际进度出现偏差，就难以预测其对后续工作和工程总工期的影响，也就难以确定相应的进度计划调整方法。因此，横道图比较法主要用于工程项目中某些工作实际进度与计划进度的局部比较。

(二) S形曲线比较法

1. S形曲线的概念

S形曲线比较法是先以横坐标表示时间、纵坐标表示累计完成任务量，绘制一条按计划时间累计完成任务量的S形曲线，再将工程项目实施过程中各检查时间实际累计完成任务量的S形曲线也绘制在同一坐标系中，从而进行实际进度与计划进度比较的一种方法。

从整个工程项目实际进展全过程看，单位时间投入的资源量一般是开始和结束时较少，中间阶段较多。与其相对应，单位时间完成的任务量也呈同样的变化规律。而随工程进展累计完成的任务量则应呈S形变化。由于其形似英文字母“S”，因此得名S形曲线，如图6-34所示。

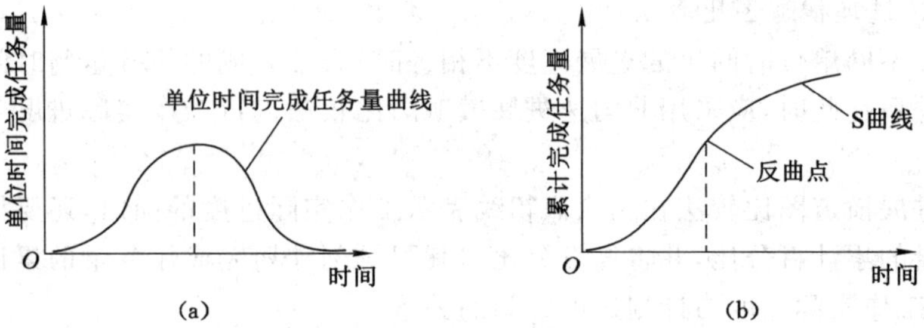

图6-34 时间与完成任务量关系曲线

2. S形曲线的绘制方法

(1) 确定单位时间计划和实际完成的任务量。

(2) 确定单位时间计划和实际累计完成的任务量。

(3) 确定单位时间计划和实际累计完成任务量的百分比。

(4) 绘制计划和实际的S形曲线。

(5) 分析比较S形曲线。

3. S形曲线的比较分析

同横道图比较法一样，S形曲线比较法也是在图上进行工程项目实际进度与计划进度的直观比较。在工程项目实施过程中，按照规定时间将检查收集到的实际累计完成任务量绘制在原计划S形曲线图上，即可得到实际进度S形曲线，如图6-35所示。

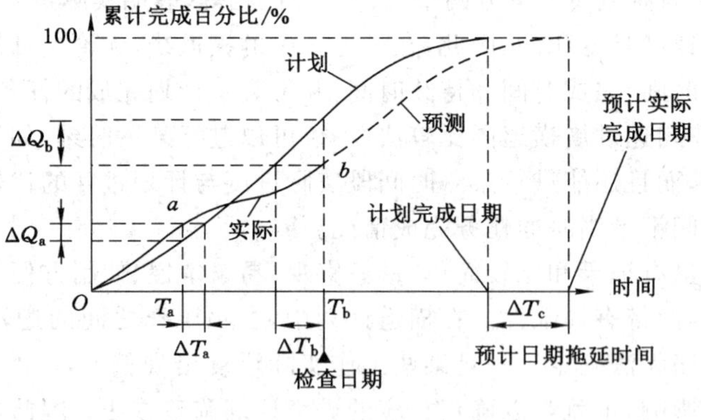

图6-35 S形曲线比较图

通过比较实际进度S形曲线和计划进度S形曲线，可以获得如下信息。

(1) 工程项目实际进展情况。

① 如果工程实际进展点落在计划S形曲线左侧，表明此时实际进度比计划进度超前，如图6-35中的a点。

② 如果工程实际进展点落在计划S形曲线右侧，表明此时实际进度拖后，如图6-35中

的 b 点。

③ 如果工程实际进展点正好落在计划 S 形曲线上，则表示此时实际进度与计划进度一致。

(2) 工程项目实际进度超前或拖后的时间。

在 S 形曲线比较图中可以直接读出实际进度比计划进度超前或拖后的时间。如图 6-35 中，ΔT_a 表示 T_a 时刻实际进度超前的时间，ΔT_b 表示 T_b 时刻实际进度拖后的时间。

(3) 工程项目实际超额或拖欠的任务量。

在 S 形曲线比较图中可以直接读出实际进度比计划进度超额或拖欠的任务量。如图 6-35 中，ΔQ_a 表示 T_a 时刻超额完成的任务量，ΔQ_b 表示 T_b 时刻拖欠的任务量。

(4) 后期工程进度预测。

如果后期工程按原计划速度进行，则可做出后期工程计划 S 形曲线，如图 6-35 中虚线所示，从而可以确定工期拖延预测值 ΔT_c。

(三) 香蕉形曲线比较法

香蕉形曲线是由两条 S 形曲线组合而成的闭合曲线。由 S 形曲线比较法可知，工程项目累计完成的任务量与计划时间的关系可以用一条 S 形曲线表示。对于一个项目的网络计划来说，以其中各项工作的最早开始时间安排进度而绘制的 S 形曲线，称为 ES 曲线；以其中各项工作的最迟开始时间安排进度而绘制的 S 形曲线，称为 LS 曲线。两条 S 形曲线具有相同的起点和终点，因此，两条曲线是闭合的。在一般情况下，ES 曲线上的其余各点均落在 LS 曲线的相应点的左侧。由于该闭合曲线形似香蕉，故称为香蕉形曲线，如图 6-36 所示。

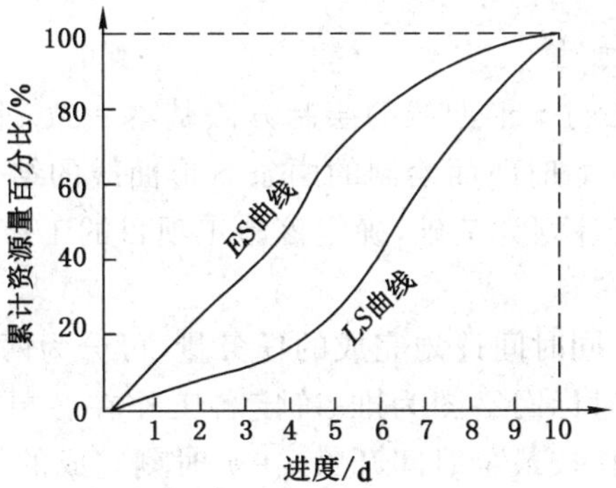

图 6-36　香蕉形曲线比较图

1. 香蕉形曲线比较法的作用

香蕉形曲线比较法能直观地反映工程项目的实际进展情况，并可以获得比 S 形曲线更多的信息。其主要作用有以下几个方面。

(1) 合理安排工程项目进度计划。

如果工程项目中的各项工作均按其最早开始时间安排进度，将导致项目的投资加大；如果各项工作都按其最迟开始时间安排进度，则一旦受到进度影响因素的干扰，将导致工期拖延，使工程进度风险加大。因此，一个科学合理的进度计划优化曲线应处于香蕉形曲线所包络的区域之内。

(2) 定期比较工程项目的实际进度与计划进度。

在工程项目的实施过程中，根据每次检查收集到的实际完成任务量，绘制出实际进度S形曲线，便可以与计划进度进行比较。工程项目实施进度的理想状态是任一时刻工程实际进展点应落在香蕉形曲线图的范围之内。如果工程实际进展点落在*ES*曲线的左侧，表明此刻实际进度比各项工作按其最早开始时间安排的计划进度超前；如果工程实际进展点落在*LS*曲线的右侧，则表明此刻实际进度比各项工作按其最迟开始时间安排的计划进度拖后。

(3) 预测后期工程进展趋势。

利用香蕉形曲线可以对后期工程的进展情况进行预测。例如在图6-37中，该工程项目在检查日时实际进度超前。检查日之后的后期工程进度安排如图6-37中的虚线所示，预计该工程项目提前完成。

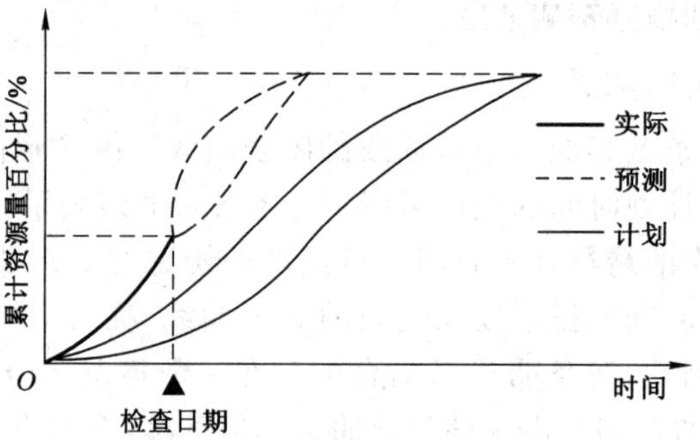

图6-37　工程进展趋势预测图

2. 香蕉形曲线的绘制方法

香蕉形曲线的绘制方法与S形曲线的绘制方法基本一致，不同之处在于它是分别以工作的最早开始时间和最迟开始时间而绘制的两条S形曲线的结合。其具体步骤如下。

(1) 以施工项目的网络计划为基础，确定该施工项目的工作数目n和计划检查次数m，并计算时间参数。

(2) 确定各项工作在不同时间计划完成的任务量，可分为两种情况。

① 以施工项目的最早时标网络图为准，确定各工作在各单位时间的计划完成任务量，常用$q_{i,j}$表示，即第i项工作按最早时间开工，在j时刻完成的任务量。

② 以施工项目的最迟时标网络图为准，确定各工作在各单位时间的计划完成任务量，常用$q_{i,j}$表示，即第i项工作按最迟开始时间开工，在j时刻完成的任务量。

(3) 计算施工项目总任务量。

(4) 计算在j时刻完成的项目总任务量分为两种情况。

(5) 计算在j时刻完成的项目总任务量百分比也分为两种情况。

(6) 绘制香蕉形曲线。描绘各点，并连接各点得*ES*曲线；描绘各点，并连接各点得*LS*曲线；由*ES*曲线和*LS*曲线组成香蕉形曲线。

在项目实施过程中，按同样的方法，将每次检查的各项工作实际完成的任务量，代入上述各相应公式，计算出不同时间实际完成任务量的百分比，并在香蕉形曲线的平面内给出实际进度曲线，便可以进行实际进度与计划进度的比较。

（四）前锋线比较法

前锋线比较法是通过绘制某检查时刻工程项目实际进度前锋线，进行工程实际进度与计划进度比较的方法。它主要适用于时标网络计划。所谓前锋线，是指在原时标网络计划上，从检查时刻的时标点出发，用点划线依次将各项工作实际进展位置点连接而成的折线，如图 6-38 所示。前锋线比较法是通过实际进度前锋线与原进度计划中各工作箭线交点的位置来判断工作实际进度与计划进度的偏差，进而判定该偏差对后续工作及总工期影响程度的一种方法。

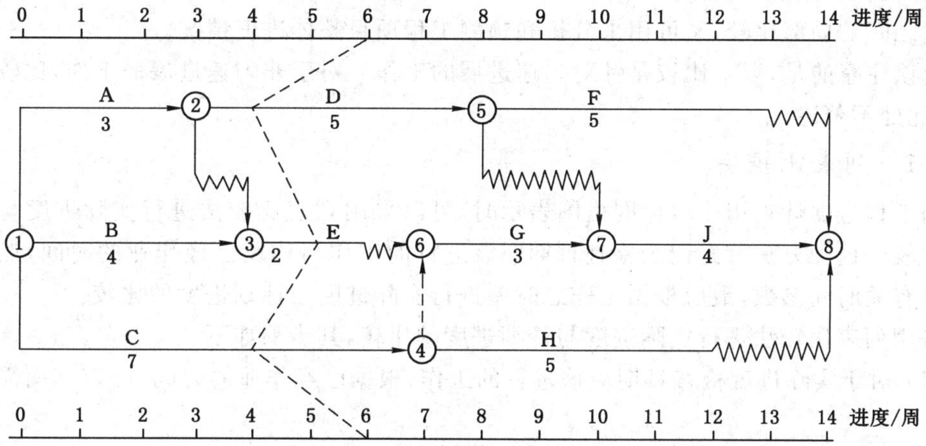

图 6-38 前锋线比较图

采用前锋线比较法进行实际进度与计划进度的比较，其步骤如下。

1. 绘制时标网络计划图

工程项目实际进度前锋线是在时标网络计划图上表示，为清楚起见，可在时标网络计划图的上方和下方各设一时间坐标。

2. 绘制实际进度前锋线

一般从时标网络计划图上方时间坐标的检查日期开始绘制，依次连接相邻工作的实际进展位置点，最后与时标网络计划图下方坐标的检查日期相连接。

工作实际进展位置点的标定方法有两种。

(1) 按该工作已完任务量比例进行标定。

假设工程项目中各项工作均为匀速进展，根据实际进度检查时刻该工作已完任务量占其计划完成总任务量的比例，在工作箭线上从左至右按相同的比例标定其实际进展位置点。

(2) 按尚需作业时间进行标定。

当某些工作的持续时间难以按实际工程量来计算而只能凭经验估算时，可以先估算出检查时刻到该工作全部完成尚需作业的时间，然后在该工作箭线上从右向左逆向标定其实际进展位置点。

3. 进行实际进度与计划进度的比较

前锋线可以直观地反映出检查日期有关工作实际进度与计划进度之间的关系。对某项工作来说，其实际进度与计划进度之间的关系可能存在以下三种情况。

（1）工作实际进展位置点落在检查日期的左侧，表明该工作实际进度拖后，拖后时间为二者之差。

（2）工作实际进展位置点与检查日期重合，表明该工作实际进度与计划进度一致。

（3）工作实际进展位置点落在检查日期的右侧，表明该工作实际进度超前，超前时间为二者之差。

4. 预测进度偏差对后续工作及总工期的影响

通过实际进度与计划进度的比较确定进度偏差后，可根据工作的自由时差和总时差预测该进度偏差对后续工作及项目总工期的影响。前锋线比较法既适用于工作实际进度与计划进度之间的局部比较，又可用来分析和预测工程项目整体进度情况。

应该注意的是，以上比较是针对匀速进展的工作。对于非匀速进展的工作，比较方法较复杂，此处不赘述。

（五）列表比较法

当工程进度计划用非时标网络图表示时，可以采用列表比较法进行实际进度与计划进度的比较。这种方法首先记录检查日期应该进行的工作名称及已经作业的时间，然后列表并计算有关时间参数，最后根据工作总时差进行实际进度与计划进度的比较。

采用列表比较法进行实际进度与计划进度的比较，其步骤如下。

（1）对于实际进度检查日期应该进行的工作，根据已经作业的时间，确定其尚需作业的时间。

（2）根据原进度计划计算检查日期应该进行的工作，应从检查日期到原计划最迟完成时尚需时间。

（3）计算工作尚有总时差，其值等于工作从检查日期到原计划最迟完成时间尚需时间与该工作尚需作业的时间之差。

（4）比较实际进度与计划进度，可能会出现以下几种情况。

① 如果工作尚有总时差与原有总时差相等，说明该工作实际进度与计划进度一致。

② 如果工作尚有总时差大于原有总时差，说明该工作实际进度超前，超前的时间为二者之差。

③ 如果工作尚有总时差小于原有总时差，且尚有总时差为正，说明该工作实际进度拖后，拖后的时间为二者之差，但不影响总工期。

④ 如果工作尚有总时差小于原有总时差，且尚有总时差为负值，说明该工作实际进度拖后，拖后的时间为二者之差，并且此时的工作实际进度偏差将影响总工期。

【例 6-12】 某工程项目进度计划如图 6-37 所示。该计划执行到第 10 周周末检查实际进度时，发现工作 A、B、C、D、E 已经全部完成，工作 F 已进行 1 周，工作 G 和工作 H 均已进行 2 周。试用列表比较法比较时间进度与计划进度。

【解】 根据工程项目进度计划及实际进度检查结果，可以计算出检查日期应进行工作的尚需作业时间、原有总时差及尚有总时差等，计算结果见表 6-8。通过比较尚有总时差和原有总时差，即可判断目前工程实际进展情况。

表 6-8　工程进度检查比较

工作代号	工作名称	检查计划时尚需作业周数	到计划最迟完成时尚需作业周数	原有总时差	尚有总时差	情况判断
5-8	F	4	4	1	0	拖后 1 周，但不影响工期
6-7	G	1	0	0	−1	拖后 1 周，影响工期 1 周
4-8	H	3	4	2	1	拖后 1 周，但不影响工期

三、工程项目进度计划调整

（一）工程项目进度计划调整过程

在工程项目实施进度监测过程中，一旦发现实际进度偏离计划进度，即出现进度偏差时，必须认真分析产生偏差的原因及其对后续工作和总工期的影响，必要时应采取合理、有效的进度计划调整措施，确保进度总目标的实现。进度调整的过程如图 6-39 所示。

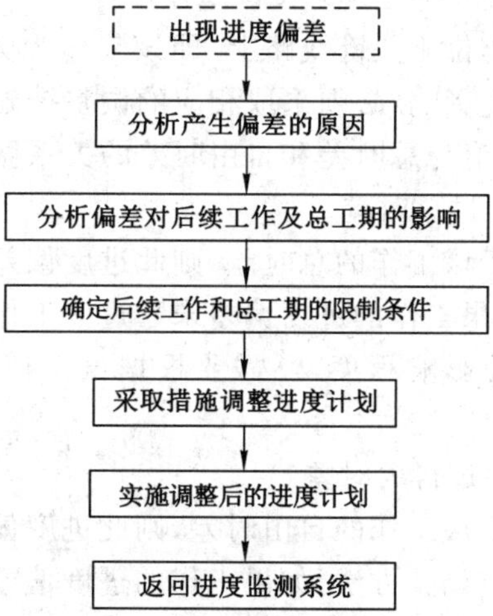

图 6-39　工程项目进度调整的过程

1. 分析进度偏差产生的原因

通过实际进度与计划进度的比较后发现进度偏差时，为了采取有效措施调整进度计划，必须深入现场进行调查，分析产生进度偏差的原因。

2. 分析进度偏差对后续工作及总工期的影响

当查明进度偏差产生的原因之后，要分析进度偏差对后续工作和总工期的影响程度，以确定是否应采取措施调整进度计划。

3. 确定后续工作和总工期的限制条件

当出现的进度偏差影响到后续工作或总工期而需要采取进度调整措施时，应当首先确定可调整进度的范围，主要指关键节点、后续工作的限制条件以及总工期允许变化的范围。这些限制条件往往与合同条件有关，需要认真分析后确定。

4. 采取措施调整进度计划

采取进度调整措施，应以后续工作和总工期的限制条件为依据，确保要求的进度目标得以实现。

5. 实施调整后的进度计划

进度计划调整之后，应采取相应的组织、经济、技术措施执行计划，并继续监测其执行情况。

（二）工程项目进度计划调整方法

1. 分析进度偏差对后续工作及总工期的影响

在工程项目实施过程中，当通过实际进度与计划进度的比较后发现有进度偏差时，需要分析该偏差对后续工作及总工期的影响，从而采取相应的调整措施对原进度计划进行调整，以确保工期目标的顺利实现。进度偏差的大小及其所处的位置不同，对后续工作和总工期的影响程度也不同，分析时需要利用网络计划中工作总时差和自由时差的概念进行判断。分析步骤如下。

（1）分析出现进度偏差的工作是否为关键工作。

如果出现进度偏差的工作位于关键线路上，即该工作为关键工作，则无论偏差有多大，都将对后续工作和总工期产生影响，必须采取相应的调整措施；如果出现偏差的工作是非关键工作，则需要根据进度偏差值与总时差和自由时差的关系做进一步分析。

（2）分析进度偏差是否超过总时差。

如果工作的进度偏差大于该工作的总时差，则此进度偏差必将影响后续工作和总工期，必须采取相应的调整措施；如果工作的进度偏差未超过该工作的总时差，则此进度偏差不影响总工期，而其对后续工作的影响程度，还需要根据偏差值与自由时差的关系做进一步分析。

（3）分析进度偏差是否超过自由时差。

如果工作的进度偏差大于该工作的自由时差，则此进度偏差将对后续工作产生影响，应根据后续工作的限制条件确定调整方法；如果工作的进度偏差未超过该工作的自由时差，则此进度偏差不影响后续工作，原进度计划可以不进行调整。

进度偏差对总工期和后续工作的影响分析过程如图 6-40 所示。通过分析，进度管理人员可以根据进度偏差的影响程度，制定相应的纠偏措施而进行调整，以获得符合实际进度情况和计划目标的新进度计划。

2. 进度计划的调整方法

当实际进度偏差影响到总工期、后续工作而需要调整进度计划时，其调整方法主要有两种。

（1）改变某些工作的逻辑关系。

当工程项目实施中产生的进度偏差影响到总工期，并且有关工作的逻辑关系允许改变时，可以改变关键线路和超过计划工期的非关键线路上的有关工作之间的逻辑关系，以达到缩短工期的目的。例如，将顺序进行的工作改为平行作业、搭接作业以及分段组织流水作业等，都可以有效地缩短工期。

【例 6-13】 某工程项目基础工程包括挖基槽（挖）、做垫层（垫）、砌基础（基）、回填土（填）四个施工过程，各施工过程的持续时间分别为 21 天、15 天、18 天和 9 天。如果采取顺

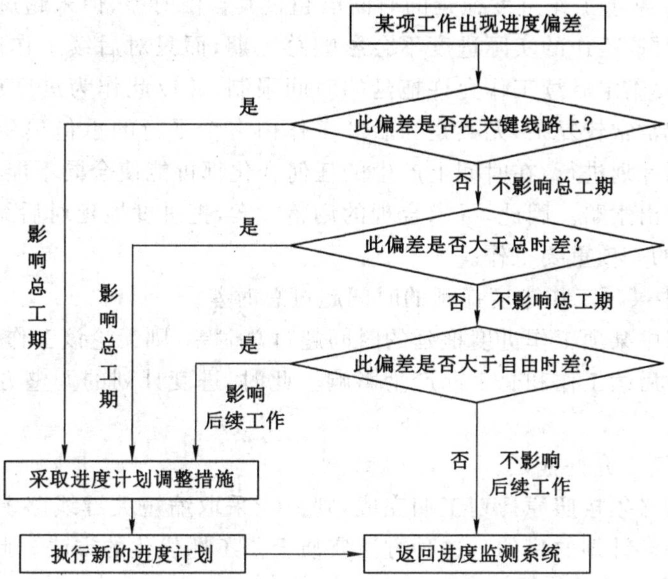

图 6-40　进度偏差对总工期和后续工作的影响分析过程

序作业方式进行施工，则其总工期为 63 天。为缩短该基础工程总工期，如果在工作面及资源供应允许的条件下，将基础工程划分为工程量大致相等三个施工段组织流水作业，试绘制该基础工程流水作业网络计划，并确定其计算工期。

【解】 该基础工程流水作业网络计划如图 6-41 所示。通过组织流水作业，可使该基础工程的计算工期由 63 天缩短为 35 天。

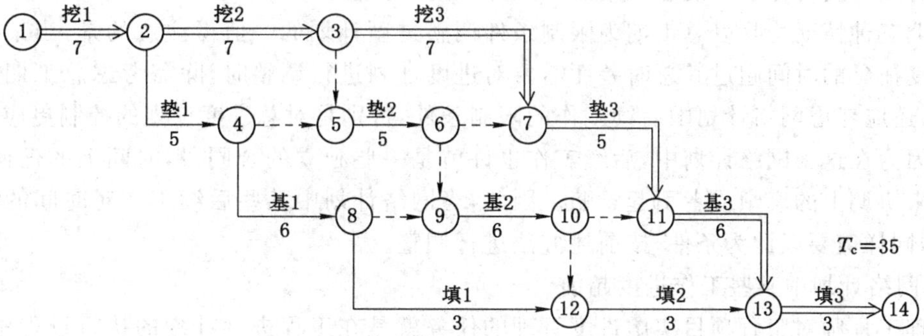

图 6-41　基础工程流水施工网络计划

(2) 缩短某些工作的持续时间。

这种方法是不改变工程项目中各项工作之间的逻辑关系，而通过采取增加资源投入、提高劳动效率等措施来缩短某些工作的持续时间，使工程进度加快，以保证按计划工期完成工程项目。这些被压缩持续时间的工作是位于关键线路和超过计划工期的非关键线路上的工作。同时，这些工作又是其持续时间可被压缩的工作。这种调整方法通常可以在网络图上直接进行。这种调整方法视限制条件及对后续工作的影响程度的不同而有所区别，一般可分为以下三种情况。

① 网络计划中某项工作进度拖延的时间已超过其自由时差,但未超过总时差。

如前所述,此时该工作的实际进度不会影响总工期,而只对后续工作产生影响。因此,在进行调整前,需要确定后续工作允许拖延的时间限制,并以此作为进度调整的限制条件。该限制条件的确定常常较复杂,尤其是当后续工作由多个平行的承包单位负责实施时。后续工作如不能按原计划进行,在时间上产生的任何变化都可能使合同不能正常履行,而导致蒙受损失的一方提出索赔。因此,寻求合理的调整方案,把进度拖延对后续工作的影响减到最小,是进度控制的一项重要工作。

② 网络计划中某项工作进度拖延的时间超过总时差。

如果网络计划中某项工作进度拖延的时间超过总时差,则无论该工作是否为关键工作,其实际进度都将对后续工作和总工期产生影响。此时,进度计划的调整方法又可分为以下三种情况。

A. 项目总工期不允许拖延。

如果工程项目必须按照原计划工期完成,则只能采取缩短关键线路上后续工作持续时间的方法来达到调整计划的目的。这种方法实质上是工期优化的方法。此处不再赘述。

B. 项目总工期允许拖延。

如果项目总工期允许拖延,则此时只需以实际数据取代原计划数据,并重新绘制实际进度检查日之后的简化网络计划即可。

C. 项目总工期允许拖延的时间有限。

如果项目总工期允许拖延,但允许拖延的时间有限,则当实际进度拖延的时间超过此限制时,也需要对网络计划进行调整,以便满足要求。具体的调整方法是以总工期的限制时间作为规定工期,对检查日之后尚未实施的网络计划进行工期优化,即通过缩短关键线路上后续工作持续时间的方法来使总工期满足规定工期的要求。

以上三种情况均是以总工期为限制条件调整进度计划的。值得注意的是,当某项工作实际进度拖延的时间超过其总时差而需要对进度计划进行调整时,除需考虑总工期的限制条件外,还应考虑网络计划中后续工作的限制条件,特别是对总进度计划的控制更应注意这一点。因为在这类网络计划中,后续工作也许就是一些独立的合同段,时间上的任何变化,都会带来协调上的麻烦或者引起索赔。因此,当网络计划中某些后续工作对时间的拖延有限制时,同样需要以此为条件,按前述方法进行调整。

③ 网络计划中某些工作进度超前。

监理工程师对工程项目实施进度管理的任务就是在工程进度计划的执行过程中,采取必要的组织协调和控制措施,以保证工程项目按期完成。在工程项目计划阶段确定的工期目标,往往是综合考虑了各方面因素而确定的合理工期。因此,时间上的任何变化,无论是进度拖延还是超前,都可能造成其他目标的失控。例如,在一个工程项目施工总进度计划中,由于某项工作的进度超前,致使资源的需求发生变化,而打乱了原计划对人、财、物等资源的合理安排,亦将影响资金计划的执行。特别是当多个平行的承包单位进行施工时,由此引起后续工作时间安排的变化,势必给监理工程师的协调工作带来许多麻烦。因此,如果工程项目实施过程中出现进度超前的情况,进度管理人员必须要综合分析进度超前对后续工作产生的影响,并同承包单位协商,提出合理的进度调整方案,以确保工期总目标的顺利实现。

复习思考题

1. 简述工程项目进度计划的构成。
2. 简述建设工程进度控制的原理。
3. 简述影响建设工程进度的因素。
4. 简述双代号网络计划图时间参数计算方法。
5. 简述工程项目实际进度与计划进度的比较方法。
6. 施工进度计划通常可用横道图和网络计划表示,二者各自的优缺点是什么?

第七章　工程项目成本管理

第一节　工程项目成本管理概述

项目成本管理是项目管理知识体系中最为重要的组成部分之一。开展任何项目的根本目的都是要以最小的成本去获得最大的价值，而成本和项目价值的管理都属于现代项目成本管理的范畴，所以成本管理是一个非常重要的项目管理的专门知识领域。

一、工程项目成本的定义和内涵

（一）工程项目成本的定义

狭义的工程项目成本是指在为实现项目目标而开展的各种项目活动中，因消耗资源而产生的各种费用。广义的工程项目成本还包括项目中涉及的税金与承包商利润等。工程项目成本在有些情况下也被称为工程项目造价或者工程项目费用，如有承发包的建设项目成本通常被称为项目造价，因为这种工程项目成本中包含国家收取的税金以及承包商利润。但是对于自我开发的工程项目而言，因其所有项目业主和实施者是一家而没有税金和利润问题，所以人们多将这种工程项目成本称为工程项目花费或工程项目费用。

无论人们如何称呼工程项目成本，其本质特性是不变的。但是，不同国家的会计制度规定不同，所以工程项目成本的范畴也不完全等于工程项目费用的总和。例如，我国不允许将正在建设项目中的某些项目业主所发生的项目费用计入项目造价，以保证项目业主不能从承包商处支取花费。但这只是工程项目成本核算方面的法律或规定问题，并不影响工程项目成本的定义和特性。从经济角度出发，在满足工程项目时间和质量等指标要求的前提下，工程项目成本越小越好。所以，为实现工程项目成本最小化（这是工程项目利益最大化的关键因素之一）就必须开展工程项目成本管理。

（二）工程项目成本的内涵

从价值工程的角度讲，工程项目成本的内涵并不只是花费，而是能够买到一定“功能”或“价值”的“花费”。所以，工程项目成本的内涵也可以使用下面的公式给出更好的描述：

$$V=\frac{F}{C}$$

式中　V——价值；

F——功能；

C——成本。

由上式可以看出，成本只是价值的要素之一，而且是为了实现价值所进行的投入。所以，工程项目成本就实现成本而言只是为了实现工程项目价值所进行的投入，是为了获得工程项目各种功能而进行的工程项目投入（或投资）。因此，工程项目成本管理必须以这种工程项目成本的内涵为出发点去开展，工程项目成本管理的方法必须从工程项目价值管理的角度入手。

二、工程项目成本管理的定义、内涵及内容

工程项目成本管理的根本目标是使吸纳的项目价值最大化。

（一）工程项目成本管理的定义

狭义的工程项目成本管理是指为保障工程项目实际发生的成本不超过项目预算而开展的项目成本估算、项目预算编制和项目预算控制等方面的管理活动。广义的工程项目成本管理是指为实现工程项目价值的最大化所开展的各种项目管理活动和工作。狭义的工程项目成本管理是为确保在既定项目预算内按时按质地实现项目目标所开展的一种工程项目管理专门工作。广义的工程项目成本管理涉及项目成本、项目功能和项目价值三个方面的管理工作。近年来，工程项目成本管理的理论越来越向着工程项目价值管理的方向倾斜，以更好地满足人们对项目价值的追求，这使工程项目成本管理的范畴不断扩大，而且它的作用也显得日益重要。

（二）工程项目成本管理的内涵

长期以来，我国对项目成本管理方面的认识基本上停留在对于建设项目造价的确定与扩展上。随着现代项目管理理论和方法的引进，人们开始认识各种其他种类项目的成本管理规律和方法，这对深化和发展项目成本管理的内涵起到了很大的推动作用。项目成本管理内涵的发展和变化主要表现在两个方面：一是现代项目成本管理包括各种项目的成本管理；二是现代项目成本管理的主要内涵即项目价值的管理。

现代工程项目成本管理认为，工程项目成本是由于人们开展项目活动而占用和消耗资源形成的，而项目活动是为实现项目目标服务的。因此，在确保工程项目目标的前提下，人们可以通过从控制工程项目活动多少、规模和内容等方面入手，最终实现对工程项目成本的有效管理。

工程项目成本管理不是努力降低成本的事情，而应该是努力提升价值的事情。实际上，项目全生命周期成本核算和价值工程等方法都是为实现项目价值最大化服务的，项目价值最大化才是工程项目成本管理的真正目标和根本内涵。

（三）工程项目成本管理的内容

1. 工程项目成本估算

工程项目成本估算是指根据工程项目活动资源估算以及各种资源的市场价格或逾期价格等信息，估算和确定工程项目各种活动的成本和整个工程项目全部成本的一项工程项目成本管理工作。工程项目成本估算中最主要的任务是确定整个项目所需的人、机、料、费等成本要素及其费用。

2. 工程项目成本预算

工程项目成本预算是一项制定工程项目成本控制基线或工程项目成本计划的管理工作。这项工作包括根据工程项目的成本估算项目的各项活动分配预算和确定整个项目的总

预算两项工作。工程项目成本预算的关键是合理、科学地确定项目成本的控制基线。

3. 工程项目成本控制

工程项目成本控制是指在工程项目实施过程中依据项目成本预算，努力将项目实际成本控制在项目预算范围之内的管理工作。这包括不断度量项目实际发生的成本，分析和度量项目实际成本与项目预算之间的差异，采取纠偏措施或修订项目预算的方法实现对工程项目成本的控制。

另外，工程项目成本预测也是工程项目成本控制的一个组成部分，它是依据项目成本和各种相关因素的发展与变化情况，分析和预测项目成本的未来发展和变化趋势以及项目成本最终可能的结果的项目成本管理工作。工程项目成本预测为工程项目成本控制和预算调整及变更等提供依据。事实上，工程项目成本管理各项工作之间并没有严格而清晰的界限，它们多数是相互重叠、相互影响的。

三、工程项目施工成本管理的定义、内涵与内容

（一）工程项目施工成本管理的定义

施工成本是指在建设工程项目的施工过程中所发生的全部生产费用的总和，包括所消耗的原材料、辅助材料、构配件等费用，周转材料的摊销费或租赁费，施工机械的使用费或租赁费，支付给生产工人的工资、奖金、工资性质的津贴，以及进行施工组织与管理所发生的全部费用支出等。工程项目施工成本由直接成本和间接成本组成。直接成本是指施工过程中耗费的构成工程实体或有助于工程实体形成的各项费用支出，是可以直接计入工程对象的费用，包括人工费、材料费和施工机具使用费等。间接成本是指准备施工、组织和管理施工生产的全部费用支出，是非直接用于也无法直接计入工程对象，但为进行工程施工而必须发生的费用，包括管理人员工资、办公费、差旅交通费等。

施工成本管理就是要在保证工期和质量满足要求的情况下，采取相应管理措施，包括组织措施、经济措施、技术措施、合同措施，把成本控制在计划范围内，并进一步寻求最大程度的成本节约。

（二）工程项目施工成本管理的内涵

工程项目施工成本管理应从工程投标报价开始，直至项目保证金返还为止，贯穿于项目实施的全过程。成本作为项目管理的一个关键性目标，包括责任成本目标和计划成本目标，它们的性质和作用不同。前者反映公司对施工成本目标的要求，后者是前者的具体化，把施工成本在公司层和项目经理部的运行有机地连接起来。

根据成本运行规律，施工成本管理责任体系应包括公司层和项目经理部。公司层的成本管理除生产成本以外，还包括经营管理费用；项目经理部应对生产成本进行管理。公司层贯穿于项目投标、实施和结算过程，体现效益中心的管理职能；项目经理部则着眼于执行公司确定的施工成本管理目标，发挥现场生产成本控制中心的管理职能。

（三）工程项目施工成本管理的内容

施工成本管理的主要内容包括：施工成本预测、施工成本计划、施工成本控制、施工成本核算、施工成本分析和施工成本考核。

1. 施工成本预测

施工成本预测是在工程施工前对成本进行的估算，它是根据成本信息和施工项目的具体情况，运用一定的专门方法，对未来的成本水平及其发展趋势做出科学的估计。通过成本预测，可以在满足项目业主和本企业要求的前提下，选择成本低、效益好的最佳成本方案，并能够在施工项目成本形成过程中，针对薄弱环节，加强成本控制，克服盲目性，提高预见性。因此，施工成本预测是施工项目成本决策与计划的依据。施工成本预测，通常是对施工项目计划工期内影响其成本变化的各个因素进行分析，比照近期已完工施工项目或将完工施工项目的成本（单位成本），预测这些因素对工程成本中有关项目（成本项目）的影响程度，预测出工程的单位成本或总成本。

2. 施工成本计划

施工成本计划是以货币形式编制施工项目在计划期内的生产费用、成本水平、成本降低率，以及为降低成本所采取的主要措施和规划的书面方案。它是建立施工项目成本管理责任制、开展成本控制和核算的基础，是项目降低成本的指导文件，是设立目标成本的依据。

3. 施工成本控制

施工成本控制是在施工过程中，对影响施工成本的各种因素加强管理，并采取各种有效措施，将施工中实际发生的各种消耗和支出严格控制在成本计划范围内，通过动态监控并及时反馈，严格审查各项费用是否符合标准，计算实际成本和计划成本之间的差异并进行分析，进而采取多种措施，减少或消除施工中的损失浪费。

4. 施工成本核算

施工成本核算包括两个基本环节：一是按照规定的成本开支范围对施工费用进行归集和分配，计算出施工费用的实际发生额；二是根据成本核算对象，采用适当的方法，计算出该施工项目的总成本和单位成本。施工成本管理需要正确及时地核算施工过程中发生的各项费用，计算施工项目的实际成本。施工项目成本核算所提供的各种成本信息，是成本预测、成本计划、成本控制、成本分析和成本考核等各个环节的依据。

5. 施工成本分析

施工成本分析是在施工成本核算的基础上，对成本的形成过程和影响成本升降的因素进行分析，以寻求进一步降低成本的途径，包括有利偏差的挖掘和不利偏差的纠正。施工成本分析贯穿于施工成本管理的全过程，它是在成本的形成过程中，主要利用施工项目的成本核算资料（成本信息），与目标成本、预算成本以及类似的施工项目的实际成本等进行比较，了解成本的变动情况。同时，也要分析主要技术经济指标对成本的影响，研究成本变动的因素，检查成本计划的合理性，并通过成本分析，深入研究成本变动的规律，寻找降低施工项目成本的途径，以便有效地进行成本控制。成本偏差的控制，分析是关键，纠偏是核心。要针对分析得出的偏差发生原因，采取切实措施，加以纠正。

成本偏差分为局部成本偏差和累计成本偏差。局部成本偏差包括按项目的月度（或周、天等）核算成本偏差、按专业核算成本偏差以及按分部分项作业核算成本偏差等。累计成本偏差是指已竣工的工程在某一时间点上实际总成本与相应的计划总成本的差异。分析成本偏差的原因，应采取定性和定量相结合的方法。

6. 施工成本考核

施工成本考核是指在施工项目完成后，对施工项目成本形成中的各责任者，按施工项目成本目标责任制的有关规定，将成本的实际指标与计划、定额、预算进行对比和考核，评定施工项目成本计划的完成情况和各责任者的业绩，并以此给予相应的奖励和处罚。通过成本考核，做到有奖有惩、赏罚分明，才能有效地调动每一位员工在各自施工岗位上努力完成目标成本的积极性，从而降低施工项目成本，提高企业的效益。

第二节　工程项目成本计划

工程项目成本计划是在成本预测基础上，以货币形式编制的工程项目从开工到竣工计划支出的施工费用，是指导工程项目降低成本的技术经济文件，是工程项目目标成本的具体化。本节主要针对工程项目施工成本计划展开论述。

一、施工成本计划的类型

对于一个施工项目而言，其成本计划是一个不断深化的过程，在这一过程的不同阶段会形成深度和作用不同的成本计划。按作用不同，施工成本计划可分为三类。

（一）竞争性成本计划

竞争性成本计划是施工项目投标及签订合同阶段的估算成本计划。这类成本计划以招标文件中的合同条件、投标者须知、技术规范、设计图纸和工程量清单为依据，以有关价格条件说明为基础，结合调研、现场踏勘、答疑等情况，根据施工企业自身的工料消耗标准、水平、价格资料和费用指标等，对本企业完成投标工作所需要支出的全部费用进行估算。在投标报价过程中，虽也着力考虑降低成本的途径和措施，但总体上比较粗略。

（二）指导性成本计划

指导性成本计划是选派项目经理阶段的预算成本计划，是项目经理的责任成本目标。它是以合同价为依据，按照企业的预算定额标准制订的设计预算成本计划，且一般情况下需确定责任总成本目标。

（三）实施性成本计划

实施性成本计划是项目施工准备阶段的施工预算成本计划，它是以项目实施方案为依据，以落实项目经理责任目标为出发点，采用企业的施工定额通过施工预算的编制而形成的成本计划。

二、施工成本计划的编制依据

施工成本计划是施工项目成本控制的一个重要环节，是实现降低施工成本任务的指导性文件。

施工成本计划的编制依据包括：① 投标报价文件；② 企业定额、施工预算；③ 施工组织设计或施工方案；④ 人工、材料、机械台班的市场价；⑤ 企业颁布的材料指导价、企业内部机械台班价格、劳动力内部挂牌价格；⑥ 周转设备内部租赁价格、摊销损耗标准；⑦ 已签订的工程合同、分包合同（或估价书）；⑧ 结构件外加工计划和合同；⑨ 有关财务成本核算制度和财务历史资料；⑩ 施工成本预测资料；⑪ 拟采取的降低施工成本的措施；⑫ 其他相关资料。

三、按施工成本组成编制施工成本计划的方法

施工成本计划的编制以成本预测为基础，关键是确定目标成本。计划的制订，需结合施工组织设计的编制过程，通过不断地优化施工技术方案和合理配置生产要素，进行工、料、机消耗的分析，制定一系列节约成本的措施，确定施工成本计划。一般情况下，施工成本计划总额应控制在目标成本的范围内，并建立在切实可行的基础上。

施工总成本目标确定之后，还需通过编制详细的实施性施工成本计划把目标成本层层分解，落实到施工过程的每个环节，有效地进行成本控制。施工成本计划的编制方式有：按施工成本构成编制施工成本计划、按施工项目组成编制施工成本计划和按施工进度编制施工成本计划。

第三节　工程项目成本控制

工程项目成本控制是指项目在施工过程中，对影响工程项目成本的各种因素加强管理，并采取各种有效措施，将施工中实际发生的各种消耗和支出严格控制在成本计划范围内。工程项目成本控制的核心是对施工过程和成本计划进行实时监控，严格审查各项费用支出是否符合标准，计算实际成本和计划成本之间的差异并进行分析。本节主要针对工程项目施工成本控制展开论述。

一、施工成本控制的依据

（一）工程承包合同

施工成本控制要以工程承包合同为依据，围绕降低工程成本这个目标，从预算收入和实际成本两个方面，研究节约成本、增加收益的有效途径，以求获得最大的经济效益。

（二）施工成本计划

施工成本计划是根据施工项目的具体情况制定的施工成本控制方案，既包括预定的具体成本控制目标，又包括实现控制目标的措施和规划，是施工成本控制的指导文件。

（三）进度报告

进度报告提供了对应时间节点的工程实际完成量、工程施工成本实际支付情况等重要信息。施工成本控制工作正是通过实际情况与施工成本计划相比较，找出二者之间的差别，分析偏差产生的原因，从而采取措施改进以后的工作。此外，进度报告还有助于管理者及时发现工程实施中存在的隐患，并在可能造成重大损失之前采取有效措施，尽量避免损失。

（四）工程变更

在项目的实施过程中，由于各方面的原因，工程变更是很难避免的。工程变更一般包括设计变更、进度计划变更、施工条件变更、技术规范与标准变更、施工次序变更、工程量变更等。一旦出现变更，工程量、工期、成本都有可能发生变化，从而使得施工成本控制工作变得更加复杂和困难。因此，施工成本管理人员应当通过对变更要求中各类数据的计算、分析，及时掌握变更情况，包括已发生工程量、将要发生工程量、工期是否拖延、支付情况等重要信

息,判断变更以及变更可能带来的索赔额度等。

除了上述几种施工成本控制工作的主要依据以外,施工组织设计、分包合同等有关文件资料也都是施工成本控制的依据。

二、施工成本控制的步骤

要做好施工成本的过程控制,必须制定规范化的过程控制程序。在成本的过程控制中,有两类控制程序,分别是管理行为控制程序和指标控制程序。管理行为控制程序是对成本全过程控制的基础,指标控制程序则是成本进行过程控制的重点,两个程序既相对独立又相互联系,既相互补充又相互制约。

(一)管理行为控制程序

管理行为控制的目的是确保每个岗位人员在成本管理过程中的管理行为符合事先确定的程序和方法的要求。从这个意义上讲,首先要清楚企业建立的成本管理体系是否能对成本形成的过程进行有效的控制,其次要考察体系是否处在有效的运行状态。管理行为控制程序就是为规范项目施工成本的管理行为而制定的约束和激励机制,具体内容如下。

1. 建立项目施工成本管理体系的评审组织和评审程序

成本管理体系的建立不同于质量管理体系。质量管理体系反映的是企业的质量保证能力,由社会有关组织进行评审和认证;成本管理体系的建立是企业自身生存发展的需要,没有社会组织来评审和认证。

2. 建立项目施工成本管理体系运行的评审组织和评审程序

项目施工成本管理体系的运行有一个逐步推行的渐进过程。一个企业的各分公司、项目经理部的运行质量往往是不平衡的。因此,必须建立专门的常设组织,依照程序定期地进行检查和评审,及时发现问题,总结经验,以保证成本管理体系的持续改进。

3. 目标考核,定期检查

管理程序文件应明确每个岗位人员在成本管理中的职责,确定每个岗位人员的管理行为。要把每个岗位人员是否按要求去履行职责作为一个目标来考核。为了方便检查,应将考核指标具体化,并设专人定期或不定期地检查。项目成本岗位责任考核表如表 7-1 所示。

表 7-1　项目成本岗位责任考核表

序号	岗位名称	职责	检查方法	检查人	检查时间
1	项目经理	(1) 建立项目成本管理组织; (2) 组织编制项目施工成本管理手册; (3) 定期或不定期地检查有关人员的管理行为是否符合岗位管理手册	(1) 查看有无组织结构图; (2) 查看《项目施工成本管理手册》	上级或自查	开工初期检查一次,以后每月检查一次
2	项目工程师	(1) 指定采用新技术降低成本的措施; (2) 编制总进度计划; (3) 编制总的工具及设备使用计划	(1) 查看资料; (2) 将现场实际情况与计划进行对比	项目经理或其委托人	开工初期检查一次,以后每月检查 1～2 次

表7-1(续)

序号	岗位名称	职责	检查方法	检查人	检查时间
3	主管材料员	(1) 编制材料采购计划； (2) 编制材料采购月报表； (3) 对材料管理工作每周组织检查一次； (4) 编制月材料盘点表及材料收发结存报表	(1) 查看资料； (2) 将现场实际情况与管理制度中的要求进行对比	项目经理或其委托人	每月或不定期抽查
4	成本会计	(1) 编制月度成本计划； (2) 进行成本核算，编制月度成本核算表； (3) 每月编制一次材料复核报告	(1) 查看资料； (2) 审核编制依据	项目经理或其委托人	每月检查一次
5	施工员	(1) 编制月度用工计划； (2) 编制月材料需求计划； (3) 编制月度工具及设备计划； (4) 开具限额领料单	(1) 查看资料； (2) 将计划与实际对比，考核其准确性及实用性	项目经理或其委托人	每月或不定抽查

应根据检查的内容编制相应的检查表，由项目经理或其委托人检查后填写检查表。检查表要由专人负责整理归档。

4. 制定对策，纠正偏差

对管理工作进行检查的目的是保证管理工作按预定的程序和标准进行，从而保证项目施工成本管理能够达到预期的目的。因此，对检查中发现的问题，要及时进行分析，并根据不同的情况，及时采取对策。

(二) 指标控制程序

能否达到预期的成本目标，是施工成本控制是否成功的关键。对各岗位人员的成本管理行为进行控制，就是为了保证成本目标的实现。施工项目成本指标控制程序如下。

1. 确定施工项目成本目标及月度成本目标

在工程开工之初，项目经理部应根据公司与项目签订的项目承包合同确定项目的成本管理目标，并根据工程进度计划确定月度成本计划目标。

2. 收集成本数据，检测成本形成过程

过程控制的目的就在于不断纠正成本形成过程中的偏差，保证成本项目的发生是在预定范围之内。因此，在施工过程中要定期收集反映施工成本支出情况的数据，并将实际发生情况与目标计划进行对比，从而保证有效控制成本的整个形成过程。

3. 分析偏差原因，制定对策

施工过程是一个多工种、多方位立体交叉作业的复杂活动，成本的发生和形成是很难按预定的目标进行的。因此，需要对产生的偏差及时分析原因，分清是客观因素(如市场调价)还是人为因素(如管理行为失控)，及时制定对策并予以纠正。

4. 用成本指标考核管理行为，用管理行为来保证成本指标

管理行为的控制程序和成本指标的控制程序是对项目施工成本进行过程控制的主要内

容,这两个程序在实施过程中是相互交叉、相互制约又相互联系的。只有把成本指标的控制程序和管理行为的控制程序相结合,才能保证成本管理工作有序地、富有成效地进行。成本指标控制程序如图7-1所示。

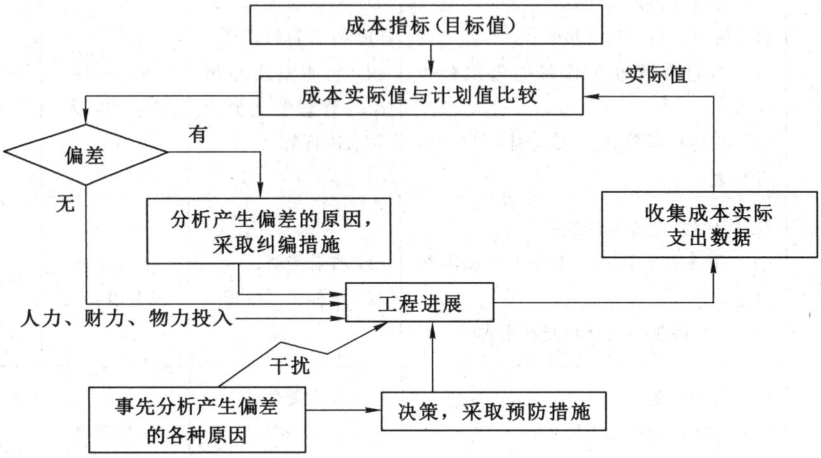

图7-1　成本指标控制程序

三、施工成本控制的方法

(一)施工成本的过程控制方法

施工阶段是成本发生的主要阶段,这个阶段的成本控制主要是通过确定成本目标并按计划成本组织施工,合理配置资源,对施工现场发生的各项成本费用进行有效控制。施工成本的过程控制方法如下。

1. 人工费的控制

人工费的控制实行"量价分离"的方法,即将作业用工及零星用工按定额工日的一定比例综合确定用工数量与单价,通过劳务合同进行控制。

2. 材料费的控制

材料费控制同样按照"量价分离"原则,以控制材料用量和材料价格。

(1) 材料用量的控制。

在保证符合设计要求和质量标准的前提下,合理使用材料,通过定额控制、指标控制、计量控制、包干控制等手段有效控制物资材料的消耗。

(2) 材料价格的控制。

材料价格主要由材料采购部门控制。由于材料价格是由买价、运杂费、运输中的合理损耗等组成,因此控制材料价格,主要是通过掌握市场信息、应用招标和询价等方式控制材料、设备的采购价格。

施工项目的材料物资包括构成工程实体的主要材料和结构件,以及有助于工程实体形成的周转使用材料和低值易耗品。从价值角度看,材料物资的价值约占建筑安装工程造价的60%甚至70%以上,因此,对材料价格的控制非常重要。由于材料物资的供应渠道和管理方式各不相同,所以控制的内容和所采取的控制方法也有所不同。

3. 施工机械使用费的控制

合理选择施工机械设备，合理使用施工机械设备对成本控制具有十分重要的意义，尤其是高层建筑施工。据某些工程实例统计，在高层建筑地面以上部分的总费用中，垂直运输机械费用占 6%～10%。由于不同的起重运输机械各有不同的特点，因此在选择起重运输机械时，首先应根据工程特点和施工条件确定采用的起重运输机械的组合方式。在确定采用何种组合方式时，首先应满足施工需要，其次要考虑费用的高低和综合经济效益。

施工机械使用费主要由台班数量和台班单价两方面决定，因此，为有效控制施工机械使用费支出，应主要从这两个方面进行控制。

（二）赢得值法

赢得值法作为一项先进的项目管理技术，是由美国国防部于 1967 年首次确立的。目前，国际上先进的工程公司已普遍采用赢得值法进行工程项目的费用、进度综合分析控制。

1. 赢得值法的三个基本参数

用赢得值法进行费用、进度综合分析控制，基本参数有三项，即已完成工作预算费用、计划工作预算费用和已完成工作实际费用。

（1）已完成工作预算费用。

已完成工作预算费用，是指在某一时间已经完成的工作（或部分工作），以批准认可的预算为标准所需要的资金总额。由于发包人正是根据这个值为承包人完成的工作量支付相应的费用，也就是承包人获得（挣得）的金额，故称赢得值或挣值。

已完成工作预算费用＝已完成工作量×预算单价

（2）计划工作预算费用。

计划工作预算费用，即根据进度计划，在某一时刻应当完成的工作（或部分工作），以预算为标准所需要的资金总额。一般来说，除非合同有变更，计划工作预算费用在工程实施过程中应保持不变。

计划工作预算费用＝计划工作量×预算单价

（3）已完成工作实际费用。

已完成工作实际费用，即到某一时刻为止，已完成的工作（或部分工作）实际花费的总金额。

已完成工作实际费用＝已完成工作量×实际单价

2. 赢得值法的四个评价指标

在以上三个基本参数的基础上，可以确定赢得值法的四个评价指标，它们都是时间的函数。

（1）费用偏差。

费用偏差＝已完成工作预算费用－已完成工作实际费用

当费用偏差为负值时，表示项目运行超出预算费用；当费用偏差为正值时，表示项目运行节支，实际费用没有超出预算费用。

（2）进度偏差。

进度偏差＝已完成工作预算费用－计划工作预算费用

当进度偏差为负值时，表示进度延误，即实际进度落后于计划进度；当进度偏差为正值时，表示进度提前，即实际进度快于计划进度。

(3) 费用绩效指数。

费用绩效指数＝已完成工作预算费用/已完成工作实际费用

当费用绩效指数＜1时，表示超支，即实际费用高于预算费用；当费用绩效指数＞1时，表示节支，即实际费用低于预算费用。

(4) 进度绩效指数。

进度绩效指数＝已完成工作预算费用/计划工作预算费用

当进度绩效指数＜1时，表示进度延误，即实际进度比计划进度慢；当进度绩效指数＞1时，表示进度提前，即实际进度比计划进度快。

费用(进度)偏差反映的是绝对偏差，结果很直观，有助于费用管理人员了解项目费用出现偏差的绝对数额，并依此采取一定措施，制订或调整费用支出计划和资金筹措计划。但是，绝对偏差有其不容忽视的局限性。例如，同样是10万元的费用偏差，对于总费用为1 000万元的项目和总费用为1亿元的项目而言，其严重性显然是不同的。因此，费用(进度)偏差仅适合于对同一项目进行偏差分析。费用(进度)绩效指数反映的是相对偏差，它不受项目层次的限制，也不受项目实施时间的限制，因而在同一项目和不同项目比较中均可采用。

在项目的费用、进度综合控制中引入赢得值法，可以克服进度、费用分开控制的缺点，即当发现费用超支时，很难立即知道是由于费用超出预算，还是由于进度提前；同样，当发现费用低于预算时，也很难立即知道是由于费用节省，还是由于进度拖延。而引入赢得值法，即可定量地判断进度、费用的执行效果。

(三) 偏差分析的表达方法

偏差分析可以采用不同的表达方法，常用的有横道图法、表格法和曲线法。

1. 横道图法

用横道图法进行费用偏差分析，是用不同的横道标识已完成工作预算费用、计划工作预算费用和已完成工作实际费用，横道的长度与其金额成正比例。如图7-2所示。

横道图法具有形象、直观、一目了然等优点，它能够准确表达出费用的绝对偏差，而且能直观地表明偏差的严重性。但这种方法反映的信息量少，一般在项目的较高管理层应用。

2. 表格法

表格法是进行偏差分析最常用的一种方法。它将项目编码、名称、各费用参数以及费用偏差数综合归纳入一张表格中，并且直接在表格中进行比较。由于各偏差参数都在表中列出，使得费用管理者能够综合地了解并处理这些数据。如表7-2所示。

用表格法进行偏差分析具有如下优点。

(1) 灵活性、适用性强，可根据实际需要设计表格，进行增减项。

(2) 信息量大，可以反差分析所需的资料，从而有利于费用控制人员及时采取针对性措施，加强控制。

(3) 表格处理可借助于计算机，从而节约大量数据处理所需的人力，并大大提高速度。

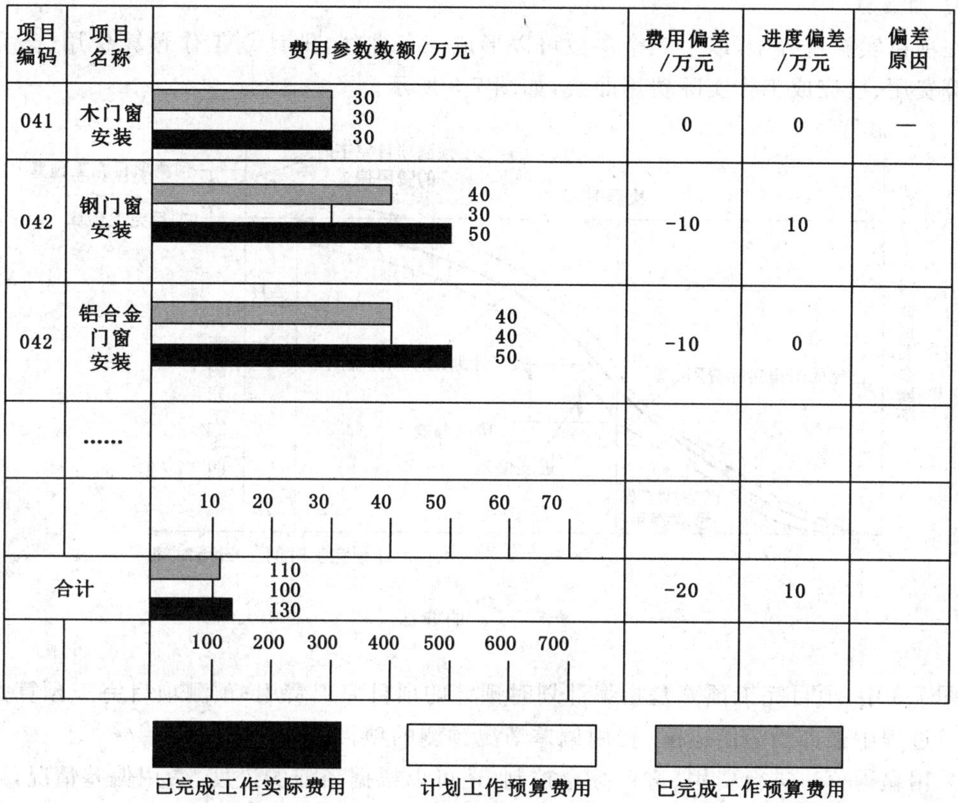

图 7-2　横道图法

表 7-2　费用偏差分析表

项目编码		041	042	043
项目名称		木门窗安装	钢门窗安装	铝合金门窗安装
单位				
预算(计划)单价	(1)			
计划工作量	(2)			
计划工作预算费用	(3)＝(2)×(1)	30	30	40
已完成工作量	(4)			
已完成工作预算费用	(5)＝(4)×(1)	30	40	40
实际单价	(6)			
其他款项	(7)			
已完成工作实际费用	(8)＝(4)×(6)＋(7)	30	50	50
费用局部偏差	(9)＝(5)－(8)	0	－10	－10
费用绩效指数	(10)＝(5)÷(8)	1	0.8	0.8
费用累计偏差	(11) ＝ $\sum$(9)		－20	
进度局部偏差	(12)＝(5)－(3)	0	10	0
进度绩效指数	(13)＝(5)÷(3)	1	1.33	1
进度累计偏差	(14) ＝ $\sum$(12)		10	

3. 曲线法

在项目实施过程中，以上三个参数可以形成三条曲线，即计划工作预算费用、已完成工作预算费用、已完成工作实际费用曲线，如图 7-3 所示。

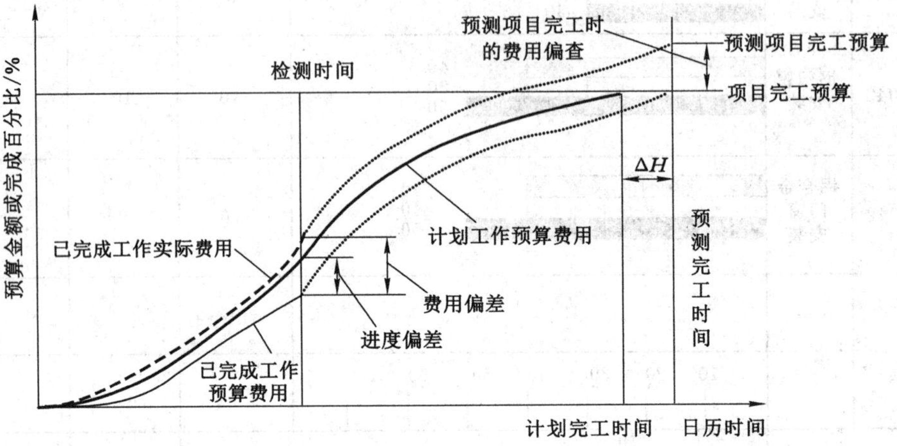

图 7-3　曲线法

图 7-3 中，项目完工预算是指编计划时预计的项目完工费用；预测项目完工预算是指计划执行过程中根据当前的进度、费用偏差情况预测的项目完工总费用。

采用赢得值法进行费用、进度综合控制，还可以根据当前的进度、费用偏差情况，通过原因分析，对趋势进行预测，如预测项目结束时的进度、费用情况。

【例 7-1】 某工程项目有 2 000 m^2 缸砖面层地面施工任务，交由某分包商承担，计划于 6 个月内完成，计划的各工作项目单价和计划完成的工作量如表 7-3 所示。该工程进行了 3 个月以后，发现某些工作项目实际已完成的工作量及实际单价与原计划有偏差，其数值见表 7-3。

表 7-3　工作量表

工作项目名称	平整场地	室内夯填土	垫层	缸砖面砂浆结合	踢脚
单位	100 m^2	100 m^2	10 m^2	100 m^2	100 m^2
计划工作量（3 个月）	150	20	60	100	13.55
计划单价（元/单位）	16	46	450	1 520	1 620
已完成工作量（3 个月）	150	18	48	70	9.5
实际单价（元/单位）	16	46	450	1 800	1 650

问题：试用表格法列出第三个月末时各工作的计划工作预算费用、已完成工作预算费用、已完成工作实际费用，并分析费用局部偏差值、费用绩效指数、进度局部偏差值、进度绩效指数，以及费用累计偏差和进度累计偏差。

【解】 用表格法分析费用偏差，如表 7-4 所示。

表 7-4　缸砖面层地面施工费用分析表

项目编码		001	002	003	004	005	总计
项目名称		平整场地	室内夯填土	垫层	缸砖面砂浆结合	踢脚	
单位		100 m^2	100 m^2	10 m^2	100 m^2	100 m^2	
计划工作量(3 个月)	(1)	150	20	60	100	13.55	
计划单价(元/单位)	(2)	16	46	450	1 520	1 620	
计划工作预算费用	(3)＝(1)×(2)	2 400	920	27 000	152 000	21 951	204 271
已完成工作量(3 个月)	(4)	150	18	48	70	9.5	
已完工作预算费用	(5)＝(4)×(2)	2 400	828	21 600	106 400	15 390	146 618
实际单价(元/单位)	(6)	16	46	450	1 800	1 650	
已完工作实际费用	(7)＝(4)×(6)	2 400	828	216 000	126 000	15 675	166 503
费用局部偏差	(8)＝(5)－(7)	0	0	0	－19 600	－285	
费用绩效指数	(9)＝(5)÷(7)	1.0	1.0	1.0	0.847	0.98	
费用累计偏差	(10)＝Σ(8)	－19 885					
进度局部偏差	(11)＝(5)－(3)	0	－92	－5 400	－45 600	－6 561	
进度绩效指数	(12)＝(5)÷(3)	1	0.9	0.8	0.7	0.7	
进度累计偏差	(13)＝Σ(11)	－57 653					

（四）偏差原因分析与纠偏措施

1. 偏差原因分析

在实际执行过程中，最理想的状态是已完成工作实际费用、计划工作预算费用、已完成工作预算费用三条曲线靠得很近且平稳上升，这表示项目按预定计划目标进行。如果三条曲线离散度不断增加，则可能出现较大的投资偏差。

偏差分析的一个重要目的就是要找出引起偏差的原因，从而采取有针对性的措施，减少或避免相同问题的再次发生。在进行偏差原因分析时，首先应当将已经导致和可能导致偏差的各种原因逐一列举出来。导致不同工程项目产生费用偏差的原因具有一定的共性，因而可以通过对已建项目的费用偏差原因进行归纳、总结，为该项目采取预防措施提供依据。

产生费用偏差的主要原因如图 7-4 所示。

2. 纠偏措施

要压缩已经超支的费用而不影响其他目标是十分困难的，一般来说，只有当给出的措施比原计划已选定的措施更为有利时，成本才能降低。例如，寻找新的、效率更高的设计方案；购买部分产品，而不是采用完全由自己生产的产品；重新选择供应商，但会产生供应风险，因为选择需要时间；改变实施过程；变更工程范围；索赔，如向业主、承(分)包商、供应商索赔，以弥补费用超支。

表 7-5 为赢得值法参数分析与对应措施表。

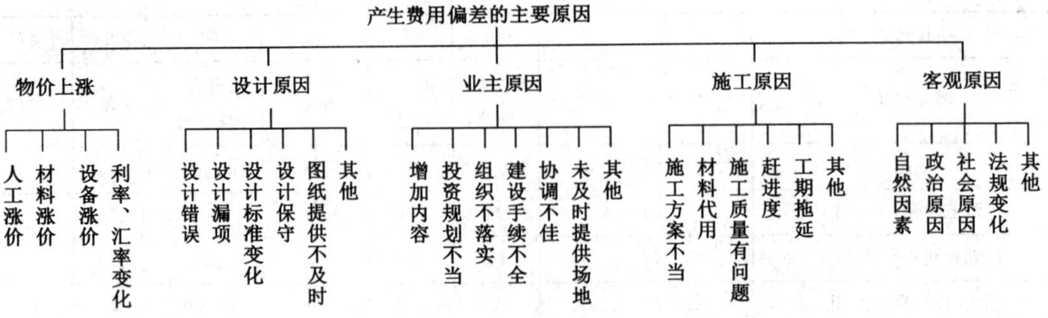

图 7-4　产生费用偏差的主要原因

表 7-5　赢得值法参数分析与对应措施表

序号	图形	三个参数的关系	分析	措施
1	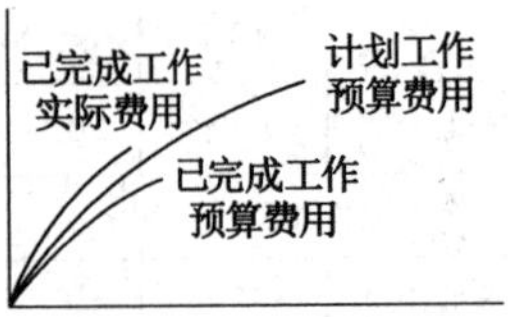	已完成工作实际费用＞计划工作预算费用＞已完成工作预算费用；进度偏差＜0；费用偏差＜0	效率低、进度较慢、投入延后	用工作效率高的人员更换一批工作效率低的人员
2	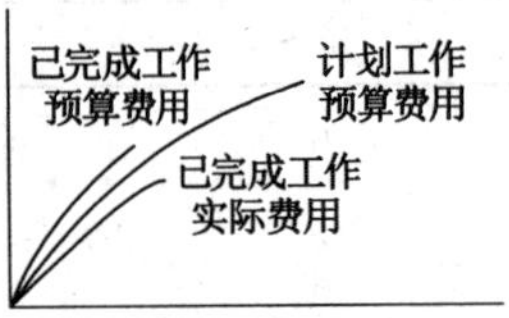	已完成工作预算费用＞计划工作预算费用＞已完成工作实际费用；进度偏差＞0；费用偏差＞0	效率高、进度较快、投入超前	若偏离不大，维持现状
3	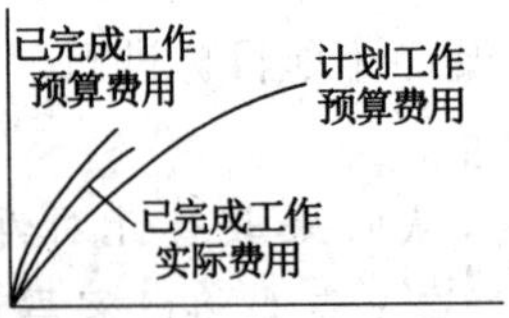	已完成工作预算费用＞已完成工作实际费用＞计划工作预算费用；进度偏差＞0；费用偏差＞0	效率较高、进度快、投入超前	抽出部分人员，放慢进度
4	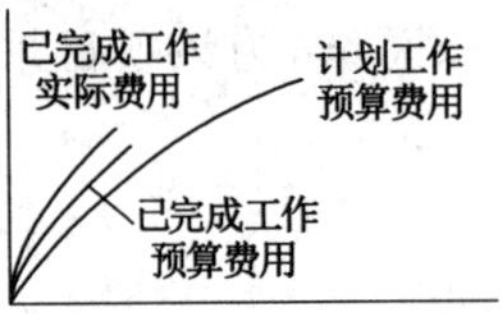	已完成工作实际费用＞已完成工作预算费用＞计划工作预算费用；进度偏差＞0；费用偏差＜0	效率较低、进度较快、投入超前	抽出部分人员，增加少量骨干人员
5	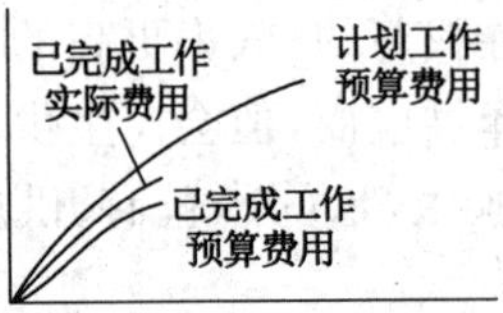	计划工作预算费用＞已完成工作实际费用＞已完成工作预算费用；进度偏差＜0；费用偏差＜0	效率较低、进度较慢、投入延后	增加高效人员的投入

表7-5(续)

序号	图形	三个参数的关系	分析	措施
6	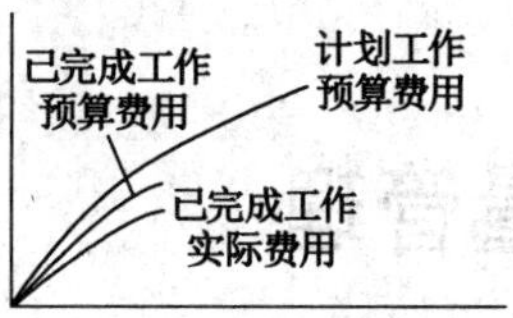	计划工作预算费用＞ 已完成工作预算费用＞ 已完成工作实际费用； 进度偏差＜0； 费用偏差＜0	效率较高、 进度较慢、 投入延后	迅速增加人员的投入

复习思考题

1. 工程项目成本管理的内容有哪些？
2. 工程项目施工成本管理的主要任务有哪些？
3. 工程项目施工成本管理的措施有哪些？
4. 工程项目施工成本计划的方法有哪些？
5. 工程项目施工成本控制的方法有哪些？
6. 工程项目施工成本的分析方法有哪些？

第八章 工程项目质量管理

第一节 工程项目质量管理概述

一、工程项目质量

(一) 工程项目质量的概念

质量指一组固有特性满足要求的程度。对质量的理解应把握以下几点。

(1) 质量不仅是指产品质量,也可以是某项活动或过程的工作质量。

(2) 特性是指可区分的性质。特性可以是固有的或赋予的,也可以是定性或定量的。

(3) 满足要求就是应满足明示(如合同、规范、图纸中的规定)、隐含(如一般习惯)或必须履行(如法律法规、行业规则)的需要和期望。

(4) 顾客和其他相关方对产品、过程或体系的质量要求是动态的、发展的和相对的。

工程项目质量指工程项目的固有特性满足工程项目相关方要求的程度,简称“工程质量”。工程质量的特性主要表现在适用性、耐久性、安全性、可靠性、经济性及与环境的协调性六个方面。

(二) 工程质量的特点

1. 影响因素多

影响工程质量的因素很多,归纳起来主要有五个方面,即人(man)、材料(material)、机械(machine)、方法(method)和环境(environment),简称“4M1E 因素”。

(1) 人员素质。

人是生产经营活动的主体,也是工程项目建设的决策者、管理者和操作者。人员的素质,将直接或间接地对规划、决策、勘察、设计和施工的质量产生影响。因此,建筑行业实行企业资质管理和各类专业从业人员持证上岗制度,是保证人员素质的重要管理措施。

(2) 工程材料。

工程材料的选用是否合理、产品是否合格、材质是否经过检验、保管使用是否得当等,都将直接影响建设工程的结构特性,影响工程外表及观感、使用功能及使用安全等方面的质量要求。

(3) 机械设备。

机械设备可分为两类,一是指组成工程实体及配套的工艺设备和各类机具,它们构成了建筑设备安装工程或工业设备安装工程,具有完整的使用功能;二是指施工过程中使用的各类机具设备,简称“施工机具设备”,是施工生产的手段,其类型是否符合工程施工特点、性能是否先进稳定、操作是否方便安全等，都将会影响工程项目的质量。

(4) 工艺方法。

在工程施工中，施工方案是否合理、施工工艺是否先进、施工操作是否正确等，都将对工程质量产生重要影响。大力推进采用新技术、新工艺、新方法，不断提高工艺技术水平，是保证工程质量稳步提高的重要途径。

(5) 环境条件。

环境条件是指对工程质量特性起重要作用的环境因素，包括工程技术环境、工程作业环境、工程管理环境、周边环境等。环境条件往往对工程质量产生特定的影响。加强环境管理，改进作业条件、把握好技术环境，并辅以必要的措施，是控制环境对质量影响的重要保证。

2. 质量波动大

由于建筑生产的单件性、流动性，工程质量容易产生波动且波动较大。同时，由于影响工程质量的偶然性因素和系统性因素比较多，其中任一因素发生变动，都会使工程质量产生波动。为此，要严防出现系统性因素的质量变异，把质量波动控制在偶然性因素范围内。

3. 质量隐蔽性

建设工程在施工过程中，分项工程交接多、中间产品多、隐蔽工程多，因此质量存在隐蔽性。若在施工中不及时进行质量检查，事后只能从表面上检查，就很难发现内在的质量问题，从而产生判断错误。

4. 终检局限大

工程项目的终检(竣工验收)无法进行工程内在质量的检验、发现隐蔽的质量缺陷。因此，工程项目的终检存在一定的局限性。这就要求工程质量控制应以预防为主，重视事前、事中控制，防患于未然。

5. 评价方法的特殊性

工程质量的检查评定及验收是按检验批、分项工程、分部工程、单位工程进行的。检验批的质量是分项工程乃至整个工程质量检验的基础，检验批质量合格主要取决于主控项目和一般项目经抽样检验的结果。隐蔽工程在隐蔽前要确保检验合格。涉及结构安全的试块、试件以及有关材料，应按规定进行见证取样检测；涉及结构安全和使用功能的重要分部工程要进行抽样检测。工程质量是在施工单位按合格质量标准自行检查评定的基础上，由建设单位组织有关单位进行确认和验收的。这种评价方法体现了验评分离、强化验收、完善手段、过程控制的指导思想。

(三) 工程质量的形成过程

工程建设的不同阶段，对工程项目质量的形成有着不同的作用和影响。

1. 项目建议书阶段对工程项目质量的影响

项目建议书阶段是对工程项目提出轮廓设想(包括产品方案、拟建规模、建设地点、投资估算等)的阶段，它对工程项目的功能和建设决策会产生重大影响。

2. 项目可行性研究阶段对工程项目质量的影响

项目可行性研究阶段是对工程项目的各种实施方案在技术、经济、环境效益和社会效益上进行综合论证、分析、比较，进而推荐最佳方案的阶段。根据可行性研究报告做出的项目决策，能使项目的建设充分反映业主的意愿并与地区环境相适应，做到投资、质量、进度目标的统一协调，对工程项目的质量有决定性影响，是项目成败的关键。

3. 设计阶段对工程项目质量的影响

工程设计是根据建设项目总体需要和地质报告，对工程的外形和内在的实体进行筹划、研究、构思、设计和描绘，形成设计说明书和图纸等相关文件，使得质量目标和水平具体化，为施工提供直接的依据。工程设计质量是决定工程质量的关键环节。

4. 建设准备阶段对工程项目质量的影响

建设准备阶段的主要参与方包括业主方和施工方。业主方的主要工作是开工前的各种准备工作，包括建设资金、七通一平、施工方案评审等。施工方的主要工作包括材料、人员、机械进场，施工现场布置等，这个阶段的工作业绩对工程项目的建设质量有着潜在的影响。

5. 施工阶段对工程项目质量的影响

施工阶段是实现建设工程价值和使用价值的阶段，施工质量对建设工程项目的总体质量起保证作用。工程施工活动决定了设计意图能否体现，直接关系到工程的安全可靠、使用功能的保证，以及外表观感能否体现建筑设计的艺术水平。在一定程度上，工程施工是形成实体质量的决定性环节。

6. 竣工验收阶段对工程项目质量的影响

项目的竣工验收阶段是对项目的建设质量进行试运转、检查和考评的阶段，对工程投入使用后的使用质量有重大影响。

二、工程项目质量管理

（一）工程项目质量管理的概念

1. 质量管理

质量管理是指确定质量方针、目标和职责，并在质量体系中通过诸如质量策划、质量控制、质量保证和质量改进使其实施的全部管理职能的所有活动。它是一个组织全部管理职能的组成部分，其职能是质量方针、质量目标和质量职责的制定与实施。

2. 工程项目质量管理

工程项目质量管理是指为达到工程项目质量要求所采取的技术和管理活动。理解工程项目质量管理的概念，需要明晰以下几点。

(1) 工程项目的质量标准。工程项目的质量标准主要体现为工程合同、设计文件、规范规定的质量标准。

(2) 工程项目质量管理活动。工程项目质量管理活动指组织围绕工程质量能满足不断更新的质量要求而开展的策划、组织、计划、实施、检查和监督审核等所有管理活动的总和。

(3) 工程项目质量管理的相关责任者。工程项目质量管理由组织的最高领导负全责，各级职能部门分别担负相应职责。

（二）工程项目质量管理的内容

(1) 确定管理对象，如一个检验批、一道工序、一个分项工程、一个安装过程等。

(2) 规定管理的标准，即详细说明管理对象应达到的质量要求。这些标准依据具体工程的不同而有所不同，但都不能低于国家强制性标准。

(3) 制定具体的管理方法。针对不同工程、工程部位的不同特征，质量管理的方法有很多,包括工艺规程、管理用图表等。

(4) 明确检验方法。因为工程项目质量的隐蔽性,工程项目质量检验贯穿整个施工过程,包括检验批、分部工程、分项工程、单位工程、单项工程等,不同的部位有不同的检验、检测方法。

(5) 分析差异。由于施工过程中内外部环境的复杂多变性,实际检验结果与质量目标常常会出现偏差。如果出现偏差,应分析实测数据与标准之间产生差异的原因。

(6) 提出解决办法。若在前期检验检测中出现质量问题等,应分析问题产生的原因,并提出相应的措施、方法等。

三、工程项目质量管理体系

(一) 工程项目质量管理体系的范围

(1) 体系的工程范围:工程项目范围内的全部工程;工程项目范围内的某一单项工程或标段工程;工程项目某单项工程范围内的一个单位工程。

(2) 体系的任务范围。工程项目质量管理体系服务于工程项目全过程质量管理的任务或若干阶段承包的质量管理任务,其质量管理的体系职能贯穿于项目的勘察、设计、采购、施工和竣工验收等各个实施环节。

(3) 体系的主体范围。工程项目中的各参与方,包括建设单位、勘察单位、设计单位、施工单位、工程监理单位、材料设备供应厂商等在工程项目质量管理体系中,承担着不同的质量责任。

(二) 建立工程项目质量体系的基本要求

(1) 满足各方要求,最重要的是满足业主、顾客和其他利益相关方明确和隐含的需要,使他们满意。

(2) 规划管理过程。应规划好一系列互相关联的过程来实施项目,包括项目实施过程和项目管理过程。

(3) 全方位控制。通过严密的全方位的控制,保证过程和产品的质量都满足项目的目标。

(4) 项目经理的引领。项目经理必须引导团队成员树立质量意识,创建良好的质量环境。

(三) 工程项目质量管理体系的七大原则

(1) 以顾客为关注焦点。要满足直接或间接顾客的要求和期望,并且努力超越顾客的期望。

(2) 领导作用。领导者应确保组织的目的与方向保持一致,应当创造并保持良好的内部环境,使员工能充分参与实现组织目标的活动。

(3) 全员参与。整个组织内各级人员的胜任、授权和参与,是提高组织创造价值和提供价值能力的必要条件。

(4) 过程方法。当活动被作为相互关联的功能连贯的过程进行系统管理时,可以更加有效和高效地得到预期的结果。

(5) 改进。成功的组织总是致力于持续改进。

(6) 询证决策。基于数据和信息的分析和评价的决策,更有可能获得期望的结果。

(7) 关系管理。为了持续成功,组织需要管理与供方等相关方的关系。

(四) 工程项目质量管理体系的评价

(1) 应评定质量计划的适宜性及实施的工作符合质量计划的程度。

(2) 对工程质量的评价应由项目经理负责,并吸收包括实施者在内的其他利益相关者参与。

(3) 项目管理目标制定和实施方案中应包括质量的评价目的、评价过程、评价准则及每次评价的要求,并在项目实施过程中设置足够的空间,以进行项目质量的度量和评定。

(4) 阶段质量评价结果应及时反馈在之后的阶段工作上,确保相应的人员及时获得信息和采取措施。应明确质量评价职责,在项目结束时对项目质量管理进行全面评价。

四、工程质量责任体系

工程质量责任体系包括建设单位的质量责任,勘察、设计单位的质量责任,施工单位的质量责任,工程监理单位的质量责任,建筑材料、构配件及设备生产或供应单位的质量责任等,具体内容可以参考相关法律法规。

五、工程质量管理制度

(一) 施工图设计文件审查制度

施工图设计文件审查简称施工图审查,它是指国务院建设行政主管部门和各省、自治区、直辖市人民政府建设行政主管部门,委托依法认定的设计审查机构,根据国家法律法规、技术标准与规范,对施工图进行结构安全和强制性标准、规范执行情况等进行的独立审查。

(二) 工程质量监督管理制度

工程质量监督管理的主体是各级政府建设行政主管部门和其他有关部门。具体实施由建设行政主管部门或其他有关部门委托的工程质量监督机构负责。

(三) 工程质量检测制度

工程质量检测机构是对建设工程、建筑构件、制品及现场所用的有关建筑材料、设备质量进行检测的法定单位,在建设行政主管部门领导和标准化管理部门指导下开展检测工作,出具的检测报告具有法定效力。

(四) 建议工程质量保修制度

建设工程质量保修制度是指建设工程在办理交工验收手续后,在规定的保修期限内,因勘察、设计、施工、材料等原因造成的质量问题,要由施工单位负责维修、更换,并由责任单位负责赔偿损失。

建设工程承包单位在向建设单位提交工程竣工验收报告时,应向建设单位出具工程质量保修书,并载明建设工程保修范围、保修期限和保修责任等。在正常使用条件下,建设工程的最低保修期限规定如下。

(1) 基础设施工程、房屋建筑工程的地基基础和主体结构工程的最低保修期限为设计文件规定的该工程的合理使用年限。

(2) 屋面防水工程、有防水要求的卫生间、房间和外墙面的防渗漏的最低保修期限为

5 年。

(3) 供热与供冷系统的最低保修期限为 2 个采暖期或供冷期。

(4) 电气管线、给排水管道、设备安装和装修工程的最低保修期限为 2 年。

(5) 其他项目的保修期由发包方与承包方约定。

保修期自竣工验收合格之日起计算。

第二节　工程项目质量策划

一、工程项目质量策划的定义

工程项目质量策划是指确定工程项目质量及采用的质量体系要求的目标和活动,致力于设定质量目标并规定必要的作业过程和相关资源,以实现质量目标。对上述定义,可从四个方面理解。

(1) 质量策划是质量管理的前期活动。

(2) 质量策划首先是对产品质量的策划。

(3) 应根据产品策划的结果确定适用的质量体系要素和采用的程度,质量体系的设计和实施应与产品的质量特性、目标、要求和约束条件相适应。

(4) 对有特殊要求的产品、合同和措施,应制订质量计划,并对质量改进作出规定。

二、工程项目质量策划的依据

(1) 质量方针。质量方针指由最高管理者正式发布与质量有关的组织总的意图和方向。

(2) 范围说明。范围说明即以文件的形式规定主要项目成果和工程项目的目标(即业主对项目的需求)。它是工程项目质量策划所需的一个关键依据。

(3) 产品描述。产品描述一般包括技术问题及可能影响工程项目质量策划的其他问题的细节。

(4) 标准和规则。标准和规则是指可能对某工程项目产生影响的任何应用领域的专用标准和规则。

(5) 其他结果说明。其他结果是指其他领域所产生的可视为质量策划组成部分的结果。例如采购计划可能对承包商的质量要求作出规定。

三、工程项目质量策划的方法

(1) 成本/效益分析。工程项目满足质量要求的基本效益就是减少返工、提高生产率、降低成本、使业主满意。工程项目满足质量要求的基本成本则是开展项目质量管理活动的开支。成本效益分析就是在成本和效益之间进行权衡,使效益大于成本。

(2) 基准比较。基准比较是指将某工程项目的做法同其他工程项目的实际做法进行比较,希望在比较中获得改进。

(3) 流程图。流程图能表明系统各组成部分间的相互关系,有助于项目领导班子事先估计会发生哪些质量问题,并提出解决问题的措施。

四、工程项目质量策划的步骤

（一）总体策划

总体策划由公司分管领导主持。对大型、特殊工程，可邀请公司质量经理、总工程师和相关职能负责人等参与策划，具体内容如下。

（1）确定选聘项目经理和项目工程师。项目经理和项目工程师是项目总体负责和技术负责的关键职位，称职的项目经理和项目工程师是项目质量管理工作的基本保障。

（2）确定项目总体质量、进度和成本目标。任何建设工程都至少有投资、进度、质量三大目标，为了有效地进行项目质量控制，必须正确认识和处理三大目标之间的关系，将建设工程的三大目标作为一个系统统筹考虑，反复协调和平衡，力求实现整个目标系统最优，同时保障质量管理目标的达成。

（3）物资供应。这是指对施工所需的材料、构配件及施工机械需求和供给计划进行总体安排和优化。

（二）细部策划

被任命的项目经理、项目工程师应立即进入角色，熟悉施工现场和图纸，沟通各种联系渠道，同时组织临建施工。待项目部人员到位后，项目经理应组织项目工程师、技术质量、成本核算、材料设备等方面的负责人根据总体策划的意图进行细部策划，具体内容包括：分部、分项工程的策划；质量目标的分解；项目质量、进度目标的控制；文件、资料的配备；施工人员、材料的配备等。

五、工程项目质量策划的实施

（一）落实责任，明确质量目标

首先，组织精干、高效的项目领导班子，特别是选派训练有素的项目经理，是保证质量体系持续有效运行的关键。其次，应对质量策划的工程总体质量目标实施分解，确定工序质量目标，并落实到班组和个人。

（二）做好采购工作，保证原材料的质量

公司应对材料计划的提出、采购及验收检验等每个环节都进行严格规定和控制。项目部必须严格按采购程序的要求执行，特别是要从指定的物资合格供方名册中选择厂家进行采购，并做好检验记录。坚决不用“三无产品”，以保证施工质量。

（三）加强过程控制，保证工程质量

通过过程控制确保工程质量，应该做好以下工作。首先，认真实施技术质量交底制度。其次，实施首件样板制，样板检查合格后，再全面展开施工，以确保工程的质量。最后，对关键过程和特殊过程应该制定相应的作业指导书，设置质量控制点，并从人、机、料、法、环等方面实施连续监控。

（四）加强检测控制

质量检测是及时发现和消除不合格工序的主要手段。质量检验的控制主要是从制度上加以保证。

（五）监督质量策划的落实，验证实施效果

公司检查部门要围绕质量计划不定期地对项目部进行监督和指导，项目经理要经常对质量计划的落实情况进行符合性和有效性的检查，发现问题，及时纠正。

第三节 工程项目质量计划

一、工程项目质量计划的概念

工程项目质量计划是指为确定工程项目应该达到的质量标准和如何达到这些项目质量标准而做的项目质量的计划与安排。项目质量计划是质量策划的结果之一。它规定与项目相关的质量标准，如何满足这些标准，由谁及何时应使用哪些程序和相关资源。项目质量计划工作的成果包括：项目质量计划、项目质量工作说明、质量核检清单以及可用于其他管理的信息。

二、工程项目质量计划的依据

(1) 项目质量方针。

(2) 项目范围描述。这包括项目目标的说明和项目任务范围的说明，它明确地说明了为提交既定特性和功能的项目产出物而必须开展项目工作和对于这些项目工作的具体要求。

(3) 项目产出物的描述。这是指对项目产出物的全面与详细的说明。

(4) 相关标准和规定。项目组织在制订项目质量计划时还必须充分考虑所有与项目质量相关领域的国家、行业标准、各种规范以及政府规定等。

(5) 其他的信息。这是指除上述依据以外，其他项目管理方面的要求，以及与项目质量计划制订的有关信息。

三、编制工程项目质量计划的一般要求

(1) 在编制工程项目质量计划时应处理好其与质量手册、质量管理体系、质量策划的关系。

(2) 当一个组织的质量管理体系已经建立并有效运行时，质量计划仅需涉及与项目有关的那些活动。

(3) 为满足顾客期望，应对工程项目的质量特性和功能进行识别、分类、衡量，以便明确目标值。

(4) 应明确质量计划所涉及的质量活动，并对其责任和权限进行分配。

(5) 应保证质量计划与现行文件在要求上的一致性。

(6) 质量计划应由项目组织的技术负责人主持编制，由质量、技术、工艺、设计、采购等有关人员参加编制。

(7) 质量计划应尽可能简明并便于操作。

四、工程项目质量计划的内容

(1) 合同评审。计划应指明项目的特定要求是何时、如何以及由谁来进行评审。

(2) 设计控制。计划应引用合适的标准、法规、规范、规程要求,指明何时、如何以及由谁来进行控制。

(3) 采购。计划应指明重要物品从哪里采购,以及相关的质量要求;用于评价、选择和控制供应商的方法;对采购物品如何检验。

(4) 过程控制。计划应指明如何控制项目各过程,以满足规定的要求。

(5) 不合格品的控制。计划应指明如何标识和控制不合格品。

(6) 纠正和预防措施。为避免不合格品的重复出现,计划应指明针对项目的预防和纠正措施以及跟踪活动。

(7) 质量记录的控制。计划应指明记录采用的方式;如何满足记录的清晰度、存储、处置和保密性要求;规定记录的保存时间及由谁保存。

(8) 质量审核。计划应指明所进行的质量审核的性质和范围,以及如何使用审核结果,以纠正和预防影响项目的不良因素的重复出现。

第四节　工程项目施工质量控制

一、工程项目质量控制的基本原理

工程项目质量控制是指为保证工程产品的质量满足合同、规范、标准和顾客的要求,所采取的一系列监督、检查、纠偏的措施、方法和手段。工程项目质量控制的原理包括“三阶段”控制原理、“三全”控制原理、PDCA 循环原理等。

(一)“三阶段”控制原理

“三阶段”控制原理就是通常所说的事前控制、事中控制和事后控制。这三个阶段的控制构成了质量控制的系统过程。

1. 事前控制

事前控制包括两层意思,一是强调质量目标的计划预控,二是强调按质量计划进行质量活动前的准备工作状态的控制。事前控制要求预先进行周密的质量计划。

2. 事中控制

首先是对质量活动的行为约束,即对质量产生过程各项技术作业活动操作者在相关制度的管理下的自我行为约束,同时要使其充分发挥技术能力,去完成预定质量目标的作业任务;其次是对质量活动过程和结果的监督控制,包括来自企业内部管理者的检查检验和来自企业外部的工程监理和政府质量监督部门等的监督控制。

3. 事后控制

事后控制包括对质量活动结果的评价认定和对质量偏差的纠正。

(二)“三全”控制原理

“三全”控制原理源自全面质量管理的思想,它主张质量管理应该是全面、全过程和全员参与的。

1. 全面质量控制

全面质量控制是指对工程(产品)质量和工作质量的全面控制。工作质量是产品质量的保证,直接影响产品质量的形成。

2. 全过程质量控制

全过程质量控制是指根据工程质量的形成规律,从源头抓起,全过程推进。

3. 全员参与控制

从全面质量管理的观点看,无论是组织内部的管理者还是作业者,每个岗位都承担着相应的质量控制职能,一旦确定了质量方针目标,就应组织和动员全体员工参与到实施质量方针的系统活动中去,发挥自己的角色作用。

(三) PDCA 循环原理

(1) 计划(plan):质量计划阶段,指明确目标并制定实现目标的行动方案。

(2) 实施(do):包含两个环节,即计划行动方案的交底和按计划规定的方法与要求展开工程作业技术活动。

(3) 检查(check):对计划实施过程进行各种检查,包括作业者的自检、互检和专职管理员的检验。

(4) 处置(action):对于质量检验所发现的质量问题,及时分析原因,采取必要的措施予以纠正,保持质量形成处于受控状态。

二、工程项目施工要素的质量控制

工程项目施工要素的质量控制主要包括:劳动主体、劳动对象、施工工艺、施工设备、施工环境等。控制工程项目施工要素质量是控制工程项目质量的重要保障。

(一) 对劳动主体的控制

劳动主体主要包括直接参与项目建设的决策者、组织者、指挥者和操作者。劳动主体的质量包括参与工程各类人员的生产技能、文化素养、生理体能、心理行为等方面的个体素质及经过合理组织充分发挥其潜在能力的群体素质。

(二) 对劳动对象的控制

劳动对象主要包括建筑材料、半成品、工程用品、设备等。对劳动对象进行质量控制的内容包括:控制材料、设备的性能、标准与设计文件的相符性;控制材料、设备的各项技术性能指标、检验测试指标与标准要求的相符性;控制材料、设备进场验收程序及质量文件资料的齐全程度等。

(三) 对施工工艺的控制

施工工艺的先进性、合理性直接影响工程质量、进度、造价和施工安全。对施工工艺控制的内容包括:全面正确分析工程特征、关键技术及环境条件等资料,明确质量目标、验收标准、控制的重点和难点;制定合理有效的施工技术方案和组织方案;合理选用施工机械设备和施工临时设施,合理布置施工总平面图和各阶段施工平面图;选用和设计能够保证质量与安全的模具、脚手架等施工设备;编制工程采用的新材料、新技术、新工艺的专项技术方案和质量管理方案。

（四）对施工设备的控制

第一，对施工所用的机械设备，根据需要从设备选型、主要性能参数及使用操作要求等方面进行控制。第二，对施工所用的施工设备，除按适用的标准定型选用外，一般需按设计及施工要求进行专项设计，对其设计方案及制作质量的控制及验收应作为重点进行控制。第三，对工程所用的施工机械、模板、脚手架和危险性较大的现场安装的起重机械设备，施工单位不仅要对其设计安装方案进行审批，而且安装完毕交付使用前必须经专业管理部门的验收，合格后方可使用。同时，在使用过程中需落实相应的管理制度，以确保其安全正常使用。

（五）对施工环境的控制

第一，对地质水文等影响因素的控制，应按设计要求，分析工程岩土地质资料，预测不利因素，并会同设计部门等采取相应措施。第二，对气象的不利条件，应在施工方案中制定专项施工方案，明确施工措施，落实人员、器材等以便紧急应对，从而控制其对施工质量的不利影响。第三，环境因素造成的施工中断往往会对工程质量造成不利因素，必须通过加强管理、调整计划等措施加以控制。

三、工程项目施工过程质量控制

施工阶段是使工程设计最终实现并形成工程实体的阶段，是最终形成工程实体的过程，可以分为施工准备、施工过程等阶段。

（一）技术准备的质量控制

严格进行图纸会审和设计交底，是施工准备阶段进行质量控制的一种有效的方法。通过图纸会审和设计交底，施工人员可以理解设计意图和明白施工的要求，明确质量控制的重点、难点和要点，并可以及时发现图纸中存在的问题、提出修改意见。

1. 施工条件的调查和分析

做好施工条件的调查和分析，对工程质量起着十分重要的预控作用。施工条件包括合同条件、法规条件以及现场条件，其中现场条件包括工程定位及标高基准、施工的平面布置等内容。

2. 工程项目管理规划的编制和审查

在施工准备阶段，应做好工程项目管理规划的编制和审查工作。工程项目管理规划涉及整个项目的实施阶段，属于业主方项目管理的范畴。工程项目管理规划包括工程项目管理规划大纲和工程项目管理实施规划。

(1) 工程项目管理规划大纲。

工程项目管理规划大纲是由企业管理层为工程投标进行编制的，是投标的依据，是满足投标文件及签订合同要求的管理规划文件。

在《建设工程项目管理规范》(GB/T 50326—2017)中，项目管理规划大纲主要包括以下内容：项目概况，项目实施条件分析，项目招标文件分析，项目管理组织规划，项目投资控制规划，项目质量控制规划，项目安全、健康与环境管理规划，信息管理规划，施工过程的管理规划，风险管理规划。

(2) 工程项目管理实施规划。

工程项目管理实施规划由项目经理组织项目经理部成员在工程开工前编制完成，它对施工的各项活动做出全面的构思和安排，指导施工准备和施工全过程的技术经济条件。

在《建设工程项目管理规范》(GB/T 50326—2017)中，项目管理实施规划主要包括以下内容：项目概况、工作部署，设计、采购、施工的实施方案，进度计划，质量计划，资源需求计划，项目现场平面布置图，各项目标的控制措施，风险管理计划，信息管理计划，技术经济指标评价。

3. 施工质量计划的编制和审核

施工质量计划应由自控主体即施工承包企业进行编制。在平行承发包方式下，各承包单位应分别编制施工质量计划。在总分包模式下，施工总承包单位应编制总承包工程范围的施工质量计划；各分包单位编制相应的分包范围的施工质量计划，作为施工总承包方质量计划的深化和组成部分。

施工质量计划的内容主要包括：工程特点及施工条件分析，履行施工承包合同必须达到的工程质量总目标及分解目标，质量管理组织机构、人员及资源配置计划，确定施工工艺与操作方法的技术方案和施工任务的流程组织方案，施工材料、设备等的质量管理及控制措施，施工质量检验、检测试验工作的计划安排及其实施方法与接收准则，施工质量控制点及其跟踪控制的方式与要求，以及记录的要求等基本内容。

4. 组织技术交底

技术交底是指施工单位在分部、分项工程正式实施前，对参与施工的有关管理人员、技术人员和工人进行不同侧重点和技术深度的技术性交待和说明。技术交底的目的是使参与项目施工的人员对施工对象的设计情况、建筑结构特点、技术要求、施工工艺、质量标准和技术安全措施等方面有较详细的了解，做到心中有数，以便科学地组织施工和合理地安排工序，避免发生技术错误或操作错误。

技术交底是一项经常性的技术工作，可分级、分阶段进行。技术交底应以设计图纸、施工组织设计、质量验收标准、施工验收规范、操作规程等为依据，编制交底文件，必要时可用图表、实样、小样、现场示范操作等形式进行，并做好书面交底记录。

5. 控制物资采购

施工中所需的物资包括建筑材料、建筑构配件和设备等。在施工过程中，如果物资不符合质量要求，往往会造成重大质量事故，因此，应做好项目的物资采购工作。应对拟选择的供货方的技术、管理、质量、售后服务等进行实际检验，从而选择合格的供货方。

对建筑材料和构配件质量控制的内容主要有：材料的质量标准、材料的性能、材料的试验及检验方法、材料的使用范围及施工要求等。对建筑设备质量控制的主要内容有：建筑设备的技术性能、工作效率、工作质量等。

6. 严格选择分包单位

保证分包单位的质量，是保证工程施工质量的一个重要环节和前提。如果实行工程总承包，为了确保分包工程的质量、工期和现场管理能满足总合同的要求，有关部门要对工程的拟分包商进行评价和选择，确定其能否成为分包商。

对分包单位的质量控制的主要内容有：审查施工承包合同是否允许分包及分包的范围，工程部位是否可以进行分包，分包单位的资质、技术实力、业绩，施工人员的技术素质等。

(二) 现场准备的质量控制

1. 工程定位和标高基准的控制

工程测量放线是建设工程产品由设计转化为实物的第一步。施工测量质量的好坏,直接影响工程的质量,并且制约施工过程的有关工序的质量。因此,施工单位必须对建设单位提供的原始基准点、基准线和标高测量控制点进行复核,并将复核结果上报监理工程师审核,批准后施工单位才能建立施工测量控制网,进行过程定位和标高基准的控制。

2. 施工平面布置的控制

建设单位应按照合同约定并考虑施工单位的需要,事先划定并提供施工占用和使用现场的用地范围。施工单位要合理科学地使用规划好的施工场地,保证施工现场的道路畅通、材料的合理堆放、良好的防洪排水能力、畅通的给水和供电设施以及正确的机械设备的安装布置等。应制定施工现场质量管理制度,并做好施工现场的质量检查记录。

3. 材料、构配件的质量控制

首先,应做好采购订货的质量控制。施工单位应制订合理科学的材料、加工、运输的组织计划,掌握相应的材料信息,优选供货的厂家,建立严密的计划、调度、管理体系,确保材料的周转速度,减少材料的占用时间,确保工程的质量。其次,应做好对进场材料的质量控制。

工程材料的质量是工程质量的基础,是提高工程质量的重要保证,也是创造正确的施工条件的前提。凡运到施工现场的材料、半成品或构配件都应出具产品合格证及技术说明书,并按规定进行试验和检验,经抽查合格后,方能允许进入施工现场;同时应加强材料的储存和使用的质量控制。加强材料进场后的储存和使用管理,避免材料变质和使用规格、性能不符合要求的材料,如水泥受潮结块、钢筋锈蚀等,从而有效防止发生工程质量事故。因此,施工单位既应做好对材料的合理调度、避免现场材料的积压,又要做好对材料的合理堆放,并正确使用材料,同时还要在使用材料时及时检查和监督。为此,应认真做好现场材料的存储管理和重视材料的使用认证,防止错用或使用不合格的材料。

4. 机械设备质量控制

机械设备的质量控制包括工程项目设备和施工机械设备的质量控制。根据工程特点和施工要求对机械设备进行质量控制,是保证工程质量和施工正常进行,防止因机械设备事故导致发生重大质量和安全事故的重要措施。

(1) 工程项目设备的质量控制。工程项目设备的质量控制主要包括设备的检查验收、设备的安装质量、设备的调试和试车运转。在设备的检查验收时,必须按设计要求进行设备的选型购置,优选设备供应厂家和专业供方。设备进场后,要对设备的名称、型号、规格和数量的清单逐一进行检查验收,确保工程项目设备的质量符合设计要求。在设备的安装时,要保证符合有关设备技术要求和质量标准,安装过程中要控制好土建工程和设备安装工程的交叉流水作业,认真做好安装过程中的质量检查验收工作,保证设备安装质量。在设备的调试和试车运转时,要按照设计要求和程序进行,对调试的结果进行分析,以判断前续工作的效果。试车运转是保证设备配套投产正常运转的重要环节,可以检验工程是否达到设计要求的安全运行能力、是否满足工程项目的设计生产要求。

(2) 施工机械设备的质量控制。施工机械设备的质量控制的目的是使施工机械设备的类型、性能、参数等与施工现场的实际条件、施工工艺、技术要求等因素相匹配,使其符合施工生产的实际要求。施工机械设备的质量控制主要从机械设备的选型、主要性能参数指标的确定和使用操作要求等方面进行。

（三）施工过程的质量控制

1. 进行技术交底

做好技术交底是保证施工质量的重要措施之一，每一分项工程开工前均应进行技术交底。技术交底应有项目技术人员编制书面资料，并经项目技术负责人批准实施。作业前应由项目技术负责人向承担施工的负责人或分包人进行书面技术交底。技术交底资料要办理签字手续并归档保存。技术交底的内容主要包括：施工方法、质量标准和验收标准，施工中应注意的问题，可能出现意外的措施及应急方案，文明施工和安全措施要求以及成品保护等。技术交底应围绕具体施工的材料、工具、工艺、环境、管理措施等方面进行，应明确具体的步骤、方法、要求和完成的时间等。交底的形式有书面、口头、会议、挂牌、样板、示范操作等。

2. 测量控制

项目开工前应编制测量控制方案，经项目技术负责人批准后实施。对有关部门提供的测量控制点应做好复查工作，经审批后进行施工测量放线，并保持测量记录。在施工过程中应对设置的测量控制点妥善保护，不准擅自移动。同时，在施工过程中必须认真进行施工测量复核工作，这是施工单位应履行的技术工作职责，复核结果应报送监理工程师复核确认后，方能进行后续相关工序的施工。常见的施工测量复核包括以下内容。

（1）工业建筑测量复核：厂房控制网测量、桩基础施工测量、柱模轴线与高程测量、厂房结构安装定位监测、动力设备基础与预埋螺栓检测等。

（2）民用建筑的测量复核：建筑定位测量、基础施工测量、墙体皮数杆检测、楼层轴线检测、楼层间高程传递检测等。

（3）高层建筑测量复核：建筑场地控制测量、基础以上的平面与高程控制、建筑物中垂准线检测、建筑物施工过程中沉降变形观测等。

（4）管线工程测量复核：管网或输配电线路定位测量、地下管线施工检测、架空管线施工检测、多管线交会点高程检测等。

3. 计量控制

计量控制是保证工程项目质量的重要手段和方法，是施工项目开展质量管理的一项重要基础工作。施工过程中的计量工作，包括施工生产时的投料计量、施工测量、监测计量以及对项目、产品或过程的测试、检验、分析计量等。计量控制的主要任务是统一计量单位制度，组织量值传递，保证量值统一。计量控制的工作的重点是：成立计量管理部门和配置计量人员；建立健全和完善计量管理规章制度；严格按规定有效控制计量器具的使用、保管、维修和检验；监督计量过程的实施，保证计量的准确。

4. 工序施工质量控制

施工过程是由一系列相互联系与制约的工序构成，工序是人工、材料、机械设备、施工方法和环境因素对工程质量综合起作用的过程。所以，对施工过程的质量控制，必须以工序质量控制为基础核心。因此，工序的质量控制是施工阶段质量控制的重点。只有严格控制工序质量，才能确保施工项目的实体质量。工序施工质量控制主要包括工序施工条件质量控制和工序施工效果质量控制。

5. 特殊过程的控制

特殊过程是指该施工过程或工序施工质量不易或不能通过事后的检验、试验而得到充分的验证,或者万一发生质量事故则难以挽救的施工对象。特殊过程的质量控制是施工阶段质量控制的重点,对在项目质量计划中界定的特殊过程,应设置工序质量控制点,抓住影响工序施工质量的主要因素进行强化控制。

(1) 选择质量控制点的原则。质量控制点的选择应以保证质量难度大的、对质量影响大的或是发生质量问题时危害大的对象进行设置。具体选择的原则是:对工程质量形成过程产生直接影响的关键部位、工序或环节及隐蔽工程;对施工过程中的薄弱环节,或者质量不稳定的工序、部位或对象;对下道工序有较大影响的上道工序;对采用新技术、新工艺、新材料的部位或环节;对施工上无把握的、施工条件困难的或技术难度大的工序或环节;对用户反馈和过去有过返工的不良工序。

(2) 质量控制点中的重点控制对象。质量控制点的选择要准确、有效,要根据对重要质量特性进行重点控制的要求,选择质量控制的重要部位、重点工序和重点的质量因素作为质量控制对象,对其进行重点控制和预控,从而有效进行质量控制,保证施工质量。

(3) 质量控制的管理。对特殊过程的控制,除按一般过程质量控制的规定执行外,还应由专业技术人员编制作业指导书,经项目技术负责人审批后执行。作业前,施工员、技术员要做好交底和记录,使操作人员在明确工艺标准、质量要求的基础上进行作业。为保证质量控制点的目标实现,应严格按照三级检查制度进行检查控制。在施工中发现质量控制点有异常时,应立即停止施工,召开分析会,查找原因,采取对策予以解决。

6. 工程变更的控制

(1) 工程变更的范围。工程变更的范围主要包括设计变更、工程量的变动、施工时间的变更、施工合同文件的变更等。设计变更的主要原因是投资者对投资规模的扩大或压缩,或是对已交付的设计图纸提出新的设计要求。工程量的变动是指工程量清单中数量的增加或减少。施工时间的变更是指已批准的承包单位施工计划安排的施工时间或完成时间的变动。施工合同文件的变更包括施工图纸的变更、承包单位提出修改设计的合理化建议及其节约价值的分配而导致的合同变更,以及由于不可抗力或双方事先未能预料无法防止的事件发生而允许进行的合同变更。

(2) 工程变更的程序:提出工程变更的申请→监理工程师审查工程变更→监理与业主承包商协商→监理审批工程变更→编制变更文件→监理工程师发布变更指令。

(3) 工程变更控制。工程变更可能导致项目的工期、成本或质量的改变,因此,必须加强对工程变更的控制和管理。在工程变更实施控制中,一是要分析和确认各方面提出的工程变更的因素和条件;二是管理和控制能够引起工程变更的因素和条件;三是当工程变更发生时,应对其进行管理和控制;四是分析因工程变更而引发的风险。

7. 成品的保护控制

成品保护一般是指在项目施工过程中,某些部位已经完成,而其他部位还在施工,在这种情况下,施工单位必须负责对已完成部分采取妥善的措施予以保护,以免因成品缺乏保护或保护不善而造成损失或污染,影响工程的实体质量。加强成品保护,首先要加强对员工的教育,提高全体员工的成品保护意识;同时要合理安排施工顺序,采取有效的保护措施。

成品保护的措施一般有防护(提前保护,针对被保护对象的特点采取各种保护的措施)、包裹(将被保护物包裹起来)、覆盖(对保护物进行表面覆盖)、封闭(对保护物进行局部封闭)等几种方法。

8. 工程项目施工过程质量验收

根据《建筑工程施工质量验收统一标准》(GB/50300—2013),工程施工质量的验收包括施工过程的验收和工程竣工时的质量验收。在此,我们主要讲述工程施工过程的质量验收。

根据建筑工程施工质量验收统一标准,施工质量验收分为检验批、分项工程、分部(子分部)工程、单位(子单位)工程的质量验收。检验批和分项工程是质量验收的基本单元,分部工程是在所含全部分项工程验收的基础上进行验收的,它们在施工过程中随完工随验收,并留下完整的质量验收记录和资料。

不论是建筑物、构筑物、线路管道及设备安装,还是道路基础设施的施工过程质量验收通常都可以划分为检验批、分项工程、分部工程的质量验收。

(1) 检验批质量验收。检验批是指“按同一的生产条件或按规定的方式汇总起来供检验用的,由一定数量样本组成的检验体”。检验批应由监理工程师(建设单位项目技术负责人)组织施工单位项目专业质量(技术)负责人等进行验收。

检验批质量合格应符合以下规定:① 主控项目和一般项目的质量经抽样检验合格;② 具有完整的施工操作依据、质量检查记录。

(2) 分项工程质量验收。分部工程(子分部工程)按主要工种、材料、施工工艺、设备类别等可划分为若干个分项工程,如模板、钢筋、混凝土等分项工程。

分项工程应由监理工程师(建设单位项目技术负责人)组织施工单位项目专业质量(技术)负责人进行验收。分项工程质量验收合格应符合以下规定:① 分项工程所含的检验批均应符合合格质量的规定;② 分项工程所含的检验批质量验收记录应完整。

(3) 分部工程质量验收。分部工程(子分部)按专业性质、建筑部位可分为若干个分部,如地基与基础、装饰装修、屋面工程等分部。

(4) 工程施工过程质量验收不合格的处理。施工过程的质量验收是以检验批的施工质量为基本验收单元。检验批质量不合格可能是由于使用的材料不合格或施工作业质量不合格或质量控制资料不完整等原因所致,按照《建筑工程施工质量验收统一标准》(GB/50300—2013)的规定。

第五节　工程项目质量问题和质量事故的处理

根据国际标准化组织(ISO)和我国有关质量、质量管理和质量保证标准的定义,凡工程产品质量没有满足某个规定的要求,就称之为质量不合格。凡是工程质量不合格,必须进行返修、加固或报废处理,由此造成直接经济损失低于 5 000 元的称为质量问题;直接经济损失在 5 000 元(含 5 000 元)以上的称为工程质量事故。

一、工程质量事故的分类

建设工程质量事故的分类方法有多种,可以按其造成损失的严重程度划分,可以按其产生的原因划分,还可以按其造成的后果或事故责任划分。我国一般按造成损失的严重程度对工程质量事故进行分类。

(一) 一般质量事故

凡具备下列条件之一者为一般质量事故：

(1) 直接经济损失在5 000元(含)以上，不满50 000万元的；

(2) 影响使用功能或工程结构安全，造成永久质量缺陷的。

(二) 严重质量事故

凡具备下列条件之一者为严重质量事故：

(1) 直接经济损失在5万元(含)以上，不满10万元的；

(2) 严重影响使用功能或工程结构安全，存在重大质量隐患的；

(3) 事故性质恶劣或造成2人以下重伤的。

(三) 重大质量事故

凡具备下列条件之一者为重大质量事故，属建设工程重大事故范畴：

(1) 工程倒塌或报废的；

(2) 由于质量事故，造成人员死亡或重伤3人(含)以上的；

(3) 直接经济损失在10万元(含)以上的。

按国家建设行政主管部门规定，建设工程重大事故又可分为四个等级：

(1) 凡造成死亡30人以上，或直接经济损失在300万元以上的为一级；

(2) 凡造成死亡10人以上29人以下，或直接经济损失在100万元以上、不满300万元的为二级；

(3) 凡造成死亡3人以上9人以下，或重伤20人以上，或直接经济损失30万元以上、不满100万元的为三级；

(4) 凡造成死亡2人以下，或重伤3人以上19人以下，或直接经济损失10万元以上，不满30万元的为四级。

(四) 特别重大质量事故

国务院发布的《特别重大事故调查程序暂行规定》中指出，凡具备下列情况之一者均属特别重大质量事故：发生一次死亡30人及以上，或直接经济损失达500万元及以上，或其他性质特别严重的。

二、工程质量问题的处理程序

在发生工程质量问题时，监理工程师应当按以下程序进行处理。

(1) 判定质量问题的严重程度。对那些可以通过返修或返工弥补的，可签发“监理通知”，责成施工单位对其写出质量问题调查报告，提出处理方案，并填写“监理通知回复单”。在经过监理工程师审核后，必要时应经建设单位和设计单位认可后再做出批复。处理结果应当重新进行验收。

(2) 对需要加固补强的质量问题，以及存在的质量问题会影响下道工序和分项工程的质量时，监理工程师应当签发“工程暂停令”，责令施工单位停止有质量问题的部位或与其关联部位以及下道工序的施工。必要时，应要求施工单位采取防护措施，并提交有关质量问题的调查报告，由设计单位提出处理方案，经建设单位同意后，批复施工单位处理。处理结果应当重新进行验收。

(3) 施工单位接到“监理通知”后，应在监理工程师的组织参与下，尽快进行质量问题调查，并编写调查报告。调查的主要目的是明确质量问题的范围、程度、性质、影响和原因，且应全面、详细、客观、准确。

三、工程质量事故的处理程序

由于工程质量事故的复杂性、严重性、可变性及多发性，在发生工程质量事故时，根据质量事故的实况资料、合同文件、技术档案以及相关的建设法规，监理工程师应当按以下程序进行处理。

(1) 在工程质量事故发生后，总监理工程师应签发“工程暂停令”，要求施工单位停止进行质量缺陷部位、关联部位及下道工序的施工，并要求采取必要的措施，防止事故扩大并保护好现场。同时，要求质量事故发生单位于 24 小时内写出书面报告，迅速按类别和等级向相应的主管部门上报。

(2) 监理工程师在事故调查组开展工作后，应积极、客观地提供相应证据。若监理方无责任，可应邀参加调查组；若监理方有责任，则应予以回避，但应积极配合调查组的工作。

(3) 监理工程师接到质量事故调查组提出的技术处理意见后，应组织相关单位研究，责成相关单位完成技术处理方案，并予以审核签认。质量事故技术处理方案通常由原设计单位提出，并征求建设单位意见。若由其他单位提出，应经原设计单位同意。

(4) 在技术处理方案核签后，应要求施工单位制定详细的施工方案，必要时编制监理实施细则，对其实施监理。

(5) 在施工单位完工、自检并报验后，监理工程师应组织有关各方进行检查验收。同时，监理工程师应要求事故单位编写质量事故处理报告，并审核签认，最后将有关技术资料归档。

四、工程质量事故处理的鉴定验收

工程质量事故的技术处理是否达到了预期目的，是否消除了工程质量不合格和工程质量问题，是否仍留有隐患，需要监理工程师进行验收并予以最终确认。

(一) 检查验收

工程质量事故处理完成后，监理工程师在施工单位自检合格报验的基础上，应严格按施工验收标准及有关规范的规定，结合监理人员的旁站、巡视和平行检验结果，依据质量事故技术处理方案设计要求，通过实际量测，检查各种资料数据进行验收，并应办理交工验收文件，组织各有关单位会签。

(二) 必要的鉴定

为确保工程质量事故的处理效果，凡涉及结构承载力等使用安全和其他重要性能的处理工作，必须做必要的试验和检验鉴定。常见的检验工作有：混凝土钻芯取样(用于检查密实性和裂缝修补效果，或者检测实际强度)、结构荷载试验(用于确定其实际承载力)、超声波检测焊接或结构内部质量等。

(三) 验收结论

对所有的质量事故，无论是否经过技术处理、通过检查鉴定验收，还是无须专门处理，均应有明确的书面结论。若对后续工程施工有特定要求或对建筑物使用有一定限制条件,应在结论中提出。验收结论通常有以下几种。

(1) 事故已排除,可以继续施工。

(2) 隐患已消除,结构安全有保证。

(3) 经修补处理后,完全能够满足使用要求。

(4) 基本上满足使用要求,但使用时应有附加限制条件,例如限制荷载等。

(5) 对耐久性的结论。

(6) 对建筑物外观影响的结论。

(7) 对短期内难以做出结论的,可提出进一步观测检验意见。

对于处理后符合《建筑工程施工质量验收统一标准》的规定的,监理工程师应予以验收、确认,并应注明责任方主要承担的经济责任。对经加固补强或返工处理仍不能满足安全使用要求的分部工程、单位(子单位)工程,应拒绝验收。

复习思考题

1. 简述工程项目质量的影响因素。
2. 简述工程项目质量控制的 PDCA 循环原理。
3. 简述施工单位的质量责任。
4. 简述工程项目质量计划的内容。
5. 简述工程项目质量问题的处理程序。
6. 简述工程项目质量事故的处理程序。

第九章　工程项目安全生产与环境管理

第一节　工程项目安全生产与环境管理的概念和体系

一、工程项目安全生产与环境管理概念

（一）工程项目安全生产管理的概念

安全生产是指为了预防生产过程中发生人身伤害、设备损毁，保证职工在生产中的安全和健康而采取的各种措施和活动。因此，生产经营过程的安全又称为职业健康安全。

安全生产管理则是企业为保证生产顺利进行，防止人身伤亡、财产损失和职业健康危害事故发生而采取的方针、对策和行动的总称。

（二）工程项目环境管理的概念

环境是影响人类生存和发展的各种天然的和经过人工改造的自然因素的总体。工程项目环境管理是指在建设项目的建造、运营、拆除的过程中最大限度地保护生态环境，控制工程建设和运营产生的各种环境污染和危害的策划和控制活动。

二、工程项目安全生产与环境管理的任务

工程项目安全生产与环境管理的任务是工程项目各参与方根据自身安全生产与环境管理方针，识别安全生产与环境风险，编制并实施安全生产与环境管理计划，并在不断检查的基础上持续改进，最终实现建设工程安全生产与环境管理的目的。

三、职业健康安全管理体系与环境管理体系

（一）职业健康安全管理体系

职业健康安全管理体系是20世纪80年代后期兴起的现代安全管理模式，其核心是要求企业采用现代化管理模式，使包括安全生产管理在内的所有生产经营活动科学、规范和有效，识别安全健康风险，从而预防事故发生和控制职业危害。

我国通过标准转换的方式引入了职业健康安全管理体系，发布了《职业健康安全管理体系要求及使用指南》国家标准。根据这一标准，企业如果要建立职业健康安全管理体系需要开展包括领导作用和工作人员参与、策划、支持、运行、绩效评价和改进等方面的工作。

1. 领导作用和工作人员参与

（1）领导作用和承诺，具体是指最高管理者应证实其在职业健康安全管理体系方面的领导作用和承诺。

(2) 职业健康安全方针,具体是指最高管理者应建立、实施并保持职业健康安全方针。

(3) 组织的角色、职责和权限,具体是指最高管理者应确保将职业健康安全管理体系内相关角色的职责和权限分配到组织内各层次并予以沟通,且作为文件化信息予以保持。组织内每一层次的工作人员均应为其所控制的部分承担职业健康安全管理体系方面的职责。

(4) 工作人员的协商和参与,具体是指组织应建立、实施和保持过程,用于在职业健康安全管理体系的开发、策划、实施、绩效评价和改进措施中与所有适用层次和职能的工作人员及其代表的协商和参与。

2. 策划

(1) 应对风险和机遇的措施,具体是指在策划职业健康安全管理体系时,组织应考虑所处的环境、相关方所提及的要求和职业健康安全管理体系范围,并确定所需应对的风险和机遇,以确保职业健康安全管理体系取得预期结果,实现持续改进。

(2) 职业健康安全目标及其实现的策划,具体是指组织应在相关职能和层次上制定职业健康安全目标,并为实现目标进行单独或整体策划,以保持和持续改进职业健康安全管理体系及职业健康安全绩效。

3. 支持

(1) 资源,具体是指组织应确定并提供建立、实施、保持和持续改进职业健康安全管理体系所需的资源。

(2) 能力,具体是指组织应确定影响或可能影响其职业健康安全绩效的工作人员所必须具备的能力;基于适当的教育、培训或经历,确保工作人员具备胜任工作的能力;采取措施使工作人员获得和保持所必须具备的能力。

(3) 意识,具体是指工作人员应意识到职业健康安全方针和职业健康安全目标;其对职业健康安全管理体系有效性的贡献作用;不符合职业健康安全管理体系要求的潜在后果;与其相关的危险源、职业健康安全风险和所确定的措施;从其所认为的存在急迫且严重危及其生命或健康的工作状况中逃离的能力,以及为保护其免遭由此而产生的不当后果所做出的安排。

(4) 沟通,具体是指组织应建立、实施并保持与职业健康安全管理体系有关的内外部沟通所需的过程。

(5) 文件化信息,具体是指组织应识别其所确定的、策划和运行职业健康安全管理体系所必需的、来自外部的文件化信息,适当时应对其予以控制。

4. 运行

(1) 运行策划和控制,具体是指为了满足职业健康安全管理体系要求和实施职业健康安全管理体系策划所确定的措施;组织应策划、实施、控制和保持所需的过程;建立过程准则,并按照准则实施过程控制。

(2) 应急准备和响应,具体是指为了对识别的潜在紧急情况进行应急准备并做出响应,组织应建立、实施和保持所需的过程。

5. 绩效评价

(1) 监视、测量、分析和评价绩效,具体是指组织应建立、实施和保持用于监视、测量、分析和评价绩效的过程。

(2) 内部审核,具体是指组织应按策划的时间间隔实施内部审核,以提供职业健康安全管理体系是否符合要求和是否得到有效实施和保持等信息。

(3) 管理评审,具体是指最高管理者应按策划的时间间隔对组织的职业健康安全管理体系进行评审,以确保其持续的适宜性、充分性和有效性。

6. 改进

(1) 总则,指组织应确定改进的机会,并实施必要的措施,以取得其职业健康安全管理体系的预期结果。

(2) 纠正措施,指组织应建立、实施和保持包括报告、调查和采取措施在内的过程,以管理和纠正不符合职业健康安全管理体系的行为。

(3) 持续改进,具体是指组织应采取措施持续改进职业健康安全管理体系的适宜性、充分性与有效性。

职业健康安全管理体系的组成如表 9-1 所示。

表 9-1　职业健康安全管理体系的组成

体系组成	下设单元
领导作用和工作人员参与	领导作用和承诺
	职业健康安全方针
	组织的角色、职责和权限
	工作人员的协商和参与
策划	应对风险和机遇的措施
	职业健康安全目标及其实现的策划
支持	资源
	能力
	意识
	沟通
	文件化信息
运行	运行策划和控制
	应急准备和响应
绩效评价	监视、测量、分析和评价绩效
	内部审核
	管理评审
改进	总则
	纠正措施
	持续改进

(二) 环境管理体系

我国通过标准转换的方式引进了环境管理体系,发布了《环境管理体系要求及使用指南》国家标准。根据这一标准,环境管理体系包括领导作用、策划、支持、运行、绩效评价和改进 6 个方面的内容。

1. 领导作用

（1）领导作用与承诺，具体是指最高管理者应证实其在环境管理体系方面的领导作用和承诺。

（2）环境方针，具体是指最高管理者应在界定的环境管理体系范围内建立、实施并保持环境方针。

（3）组织的角色职责和权限，具体是指最高管理者应确保在组织内部分配并沟通相关角色的职责和权限。

2. 策划

（1）应对风险和机遇的措施，具体是指组织在高层面上策划环境管理体系中需采取的措施，以管理其重要环境因素、合规义务，以及识别的为取得其环境管理体系的预期结果而被组织作为优先考虑的风险和机遇。

（2）环境目标及其实现的策划，具体是指组织应针对相关职能和层次建立环境目标。

3. 支持

（1）资源，具体是指组织应确定并提供建立、实施、保持和持续改进环境管理体系所需的资源。

（2）能力，具体是指组织应确定在其控制下工作，并对其环境绩效和履行合规义务的能力具有影响的人员所需的能力。

（3）意识，具体是指组织应确保在其控制下工作的人员意识到环境方针、与他们的工作相关的重要环境因素和相关的实际或潜在的环境影响；他们对环境管理体系有效性的贡献，不符合环境管理体系要求的后果。

（4）信息交流，具体是指组织应建立、实施并保持与环境管理体系有关的内部与外部信息交流所需的过程。

（5）文件化信息，具体是指组织应识别其确定的环境管理体系策划和运行所需的来自外部的文件化信息，适当时应对其予以控制。

4. 运行

（1）运行策划和控制，具体是指组织应建立、实施、控制并保持满足环境管理体系要求以及所识别的措施所需的过程。

（2）应急准备和响应，具体是指组织应建立、实施并保持对识别的潜在紧急情况，进行应急准备并做出响应所需的过程。

5. 绩效评价

（1）监视、测量、分析和评价，具体是指组织应监视、测量、分析和评价其环境绩效。

（2）内部审核，具体是指组织应按计划的时间间隔实施内部审核，以提供是否符合组织自身环境管理体系要求以及环境管理体系是否得到了有效的实施和保持等信息。

（3）管理评审，具体是指组织的最高管理者应按计划的时间间隔对组织的环境管理体系进行评审，以确保其持续的适宜性、充分性和有效性。

6. 改进

（1）总则，具体是指组织应确定改进的机会并实施必要的措施，以实现其环境管理体系的预期结果。

（2）不符合和纠正措施，具体是指发生不符合时，组织应对不符合做出响应；通过活动评价消除不符合原因的措施需求，以防止不符合再次发生或在其他地方发生；实施任何所需的措施；评审所采取的任何纠正措施的有效性；必要时，对环境管理体系进行变更。

(3) 持续改进，具体是指组织应持续改进环境治理体系的适宜性、充分性与有效性，以提升环境绩效。

环境管理体系的组成如表 9-2 所示。

表 9-2　环境管理体系的组成

体系组成	下设单元
领导作用	领导作用与承诺
	环境方针
	组织的角色职责和权限
策划	应对风险和机遇的措施
	环境目标及其实现的策划
支持	资源
	能力
	意识
	信息交流
	文件化信息
运行	运行策划和控制
	应急准备和响应
绩效评价	监视、测量、分析和评价
	内部审核
	管理评审
改进	总则
	不符合和纠正措施
	持续改进

第二节　工程项目建设安全生产管理职责

建设单位、勘察单位、设计单位、施工单位、监理单位是工程项目建设的主要参建单位，这些单位必须按照安全生产必须满足安全的要求，应当依法承担相应的安全生产责任。

一、建设单位的安全生产管理职责

建设单位对建设工程安全生产负管理责任，具体包括以下内容。

(1) 建设单位应当向施工单位提供施工现场及毗邻区域内供水、排水、供电、供气、供热、通信、广播电视等地下管线资料，气象和水文观测资料，相邻建筑物和构筑物、地下工程的有关资料，并保证资料的真实、准确、完整。

(2) 建设单位不得对工程勘察、设计、施工、监理等单位提出不符合建设工程安全生产法律法规和强制性标准规定的要求，不得压缩合同约定的工期。

(3) 编制工程概算时，建设单位应当确定建设工程安全作业环境及安全施工措施所需费用。

(4) 建设单位不得明示或者暗示施工单位购买、租赁、使用不符合安全施工要求的安全防护用具、机械设备、施工机具及配件、消防设施和器材。

(5) 建设单位在申请领取施工许可证时，应当提供建设工程有关安全施工措施的资料。

(6) 建设单位应当将拆除工程发包给具有相应资质等级的施工单位，并将相关资料向有关部门报备。

二、勘察单位的安全生产管理职责

勘察单位对勘察结论负责，其主要职责包括以下内容。

(1) 勘察单位应当按照法律法规和工程建设强制性标准进行勘察，提供的勘察文件应当真实、准确，并满足建设工程安全生产的需要。

(2) 在勘察作业时，勘察单位应当严格执行操作规程，采取措施保证各类管线、设施和周边建筑物、构筑物的安全。

三、设计单位的安全生产管理职责

设计单位对设计文件负责，其主要职责包括以下内容。

(1) 设计单位应当按照法律法规和工程建设强制性标准进行设计，防止因设计不合理导致生产安全事故的发生。同时，应考虑施工安全操作和防护的需要，对涉及施工安全的重点部位和环节在设计文件中注明，并对防范生产安全事故提出指导意见。

(2) 对采用新结构、新材料、新工艺或特殊结构的建设工程，设计单位应当在设计中提出保障施工作业人员安全和预防生产安全事故的措施建议。

四、施工单位的安全生产管理职责

施工单位是安全生产的主体核心，对施工现场的安全生产负主体责任，其主要职责包括以下内容。

(1) 施工单位应当建立健全安全生产责任制度和安全生产教育培训制度，制定安全生产规章制度和操作规程，保证本单位安全生产条件所需资金的投入，对所承担的建设工程进行定期和专项安全检查，并做好安全检查记录。

(2) 施工单位应当设立安全生产管理机构，配备专职安全生产管理人员。专职安全生产管理人员负责对安全生产进行现场监督检查，发现安全事故隐患，应当及时向项目负责人和安全生产管理机构报告；对违章指挥、违章操作的行为，应当立即制止。

(3) 施工单位的项目负责人对建设工程项目的安全施工负责，落实安全生产责任制度、安全生产规章制度和操作规程，确保安全生产费用的有效使用，并根据工程的特点组织制定安全施工措施，消除安全事故隐患，及时、如实报告生产安全事故。

(4) 施工单位对列入建设工程概算的安全作业环境及安全施工措施所需费用，应当用于施工安全防护用具及设施的采购和更新、安全施工措施的落实、安全生产条件的改善，不得挪作他用。

(5) 工程项目建设实行施工总承包的,由总承包单位对施工现场的安全生产负总责。总承包单位依法将建设工程分包给其他单位的,分包合同中应当明确各自在安全生产方面的权利、义务。总承包单位和分包单位对分包工程的安全生产承担连带责任,分包单位应当服从总承包单位的安全生产管理。

(6) 垂直运输机械作业人员、安装拆卸工、爆破作业人员、起重信号工、登高架设作业人员等特种作业人员,必须按照国家有关规定经过专门的安全作业培训,并取得特种作业操作资格证书后,方可上岗作业。

(7) 施工单位应当在施工组织设计中编制安全技术措施和施工现场临时用电方案,对达到一定规模的危险性较大的分部、分项工程编制专项施工方案,并附具安全验算结果,经施工单位技术负责人、总监理工程师签字后实施,由专职安全生产管理人员进行现场监督。

(8) 工程施工前,施工单位负责项目管理的技术人员应当对有关安全施工的技术要求向施工作业班组、作业人员做出详细说明,并由双方签字确认。

(9) 施工单位应当在施工现场入口处、施工起重机械、临时用电设施、脚手架、出入通道口、楼梯口、电梯井口、孔洞口、桥梁口、隧道口、基坑边沿、爆破物及有害危险气体和液体存放处等危险部位,设置明显的安全警示标志。根据不同施工阶段和周围环境及季节、气候的变化,在施工现场采取相应的安全施工措施;施工现场暂时停止施工的,施工单位应当做好现场防护。

(10) 施工单位应当将施工现场的办公、生活区与作业区分开设置,并保持安全距离;办公、生活区的选址应当符合安全性要求。职工的膳食、饮水、休息场所等应当符合卫生标准。施工单位不得在尚未竣工的建筑物内设置员工集体宿舍。施工现场临时搭建的建筑物应当符合安全使用要求。施工现场使用的装配式活动房屋应当具有产品合格证。

(11) 施工单位对因施工可能造成损害的毗邻建筑物、构筑物和地下管线等,应当采取专项防护措施;在城市市区内的建设工程,施工单位应当对施工现场实行封闭围挡。

(12) 施工单位应当在施工现场建立消防安全责任制度,确定消防安全责任人,制定用火、用电、使用易燃易爆材料等各项消防安全管理制度和操作规程,设置消防通道、消防水源,配备消防设施和灭火器材,并在施工现场入口处设置明显标志。

(13) 施工单位应当向作业人员提供安全防护用具和安全防护服装,并书面告知危险岗位的操作规程和违章操作的危害。作业人员应当遵守安全施工的强制性标准、规章制度和操作规程,正确使用安全防护用具、机械设备等。

(14) 施工单位采购、租赁的安全防护用具、机械设备、施工机具及配件,应当具有生产(制造)许可证、产品合格证,并在进入施工现场前进行查验。施工现场的安全防护用具、机械设备、施工机具及配件必须由专人管理,定期进行检查、维修和保养,建立相应的资料档案,并按照国家有关规定及时报废。

(15) 施工单位在使用施工起重机械和整体提升脚手架、模板等自升式架设设施前,应当组织有关单位进行验收,也可以委托具有相应资质的检验检测机构进行验收;使用承租的机械设备和施工机具及配件的,由施工总承包单位、分包单位、出租单位和安装单位共同进行验收,验收合格的方可使用。

五、监理单位的安全生产管理职责

监理单位应当对建设工程安全生产承担监理责任，具体包括以下内容。

(1) 监理单位应当审查施工单位提交的施工组织设计中的安全技术措施或者专项施工方案是否符合工程建设强制性标准。

(2) 监理单位在实施监理过程中，发现存在安全事故隐患的，应当要求施工单位整改；情况严重的，应当要求施工单位暂时停止施工，并及时报告建设单位。施工单位拒不整改或者不停止施工的，监理单位应当及时向有关主管部门报告。

第三节　工程项目安全生产管理的程序及内容

一、工程项目安全生产管理的程序

第一，施工安全的前期策划。具体包括：制定项目安全生产目标，建立项目安全组织机构，落实项目安全生产责任，贯彻各项安全管理制度，编制安全费用投入计划，建立起安全生产管理体系。

第二，施工安全的组织实施。具体包括制定项目安全技术措施，进行项目安全技术交底，开展项目安全教育，审核分包单位安全资格，签订总分包的安全协议，督促正确使用劳动保护用品，实施安全文明施工管理，制定应急救援预案，执行项目安全验收程序，报告和调查、处理安全事故。

第三，施工安全的检查整改，即开展项目安全检查，及时整改安全隐患。

第四，施工安全的考核奖罚，即组织项目安全考核，根据考核结果兑现奖惩。具体内容如图 9-1 所示。

二、工程项目安全生产管理的内容

(一) 建立健全安全生产组织保证体系

施工项目现场管理机构应当依据工程特点，建立以项目经理、技术负责人、专职安全员、施工员以及各工种班组长组成的安全生产管理小组。应根据工程规模，足额配备专职安全管理人员。特别是对于使用新工艺、新技术、新设备、新材料以及致害因素多、施工作业难度大的项目，应根据实际增配安全管理人员。同时，在每个生产班组都应设置兼职安全员，协助班组长做好班组安全生产管理工作。

(二) 落实安全生产责任制

明确各部门、各班组、各岗位的安全职责、责任人员和考核标准，督促各施工单位、各职能部门、各作业班组、操作工人履行各自的安全生产责任。

(三) 建立健全安全生产技术保证体系

制定施工安全技术措施，开展安全技术交底。施工安全技术措施是根据不同分部分项工程的施工工艺可能给施工带来的不安全因素，从技术上采取的保证其安全实施的措施，应该在施工组织设计中列明。施工安全技术措施的内容主要包括：进入施工现场的安全规定，

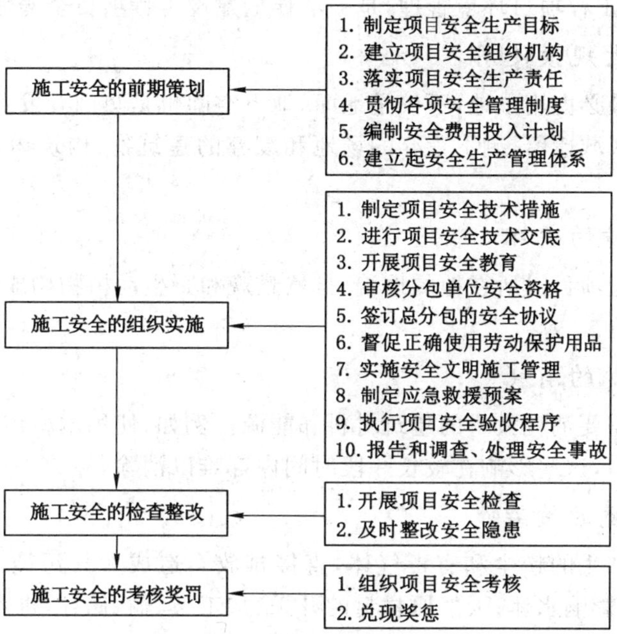

图 9-1　安全生产管理程序

地面及深基坑作业的防护，高处及立体交叉作业的防护，施工用电安全，施工机械设备的安全使用，新工艺、新技术、新结构、新材料的专门安全技术措施，预防自然灾害的安全技术措施，预防有毒、有害、易燃、易爆等作业造成危害的安全技术措施，现场消防措施等。安全技术交底是施工前技术人员针对施工给作业人员带来的潜在危险因素，对作业人员进行的安全作业程序和注意事项的提示。安全技术交底的主要内容包括：本工程项目施工作业的特点和危险点，针对危险点的具体预防措施，应注意的安全事项，相应的安全操作规程和标准，发生事故后应采取的应急措施等。

（四）开展安全生产检查

安全生产检查的方式主要有企业组织的定期安全检查、各级管理人员的日常检查、专业性检查、季节性检查、节假日检查、班组自检、交接检查、不定期检查等。安全检查的重点是检查安全责任制的落实。对查出的安全事故隐患，企业应当立即组织整改；不能立即整改的要编制整改计划，做到责任人、方案、资金、时限、预案五到位。在未消除安全隐患前，企业必须采取可靠的防范措施；对可能危及人身安全的工程，必须立即停工并撤离人员。

第四节　工程项目环境管理

一、工程项目建设对环境的影响

工程项目建设对周边环境的影响是巨大的。有些是可见的直接影响，如施工扬尘、废水排放和噪声；有些是在建设过程中产生的间接影响，如自然资源的消耗。工程建设的环境影响不会随着工程项目建造的结束而结束，在工程项目使用过程中会对周围环境造成持续性的影响。因此，开展工程项目环境管理，是一项伴随建设工程项目全寿命期的工作。

（一）土地的大规模使用

工程项目建设势必占用土地，不仅是地面，地下空间也是热门开发资源。土地开发会导致一些条件较差的区域遗留，剩下荒弃的场地和废弃的建筑物、构筑物，给环境和资源带来影响。

（二）生态环境的破坏

越来越多的工程项目对所在地的地貌、自然景观和野生动植物构成较大的影响和扰动，甚至是不可逆的影响。

（三）自然资源的消耗

工程项目建设需要消耗大量的建筑材料和能源。例如，使用木材需要砍伐树木，使用砖石材料需要开采矿山，这些影响在较长一段时间内都难以消除。

（四）生活环境的污染

工程项目建设产生的粉尘和有毒气体，直接排放会造成大气污染；现场施工产生的污水，如果直接排放会影响水体；天然原材料的开采、加工、运输、储存，也容易产生废弃物和排放。这些都是工程建设给我们带来的可见的环境影响。

二、工程项目实施阶段环境管理的内容

在工程项目建设的不同阶段，我们可以采取措施尽量减小工程建设对环境的影响。

（一）工程设计阶段环境管理的内容

（1）应考虑平面布局对环境的影响，包括土地资源的再回收利用，现场生态环境，道路与交通，建筑微观气候。

（2）应考虑建设项目对周边环境的影响，包括听取用户和社区的意见，综合考虑建筑的美学要求，注意控制噪声，利用植物绿化建筑。

（3）考虑建筑节能，包括进行节能设计，如自然通风与自然采光，应用节能材料，利用可再生资源等。

（二）工程招标投标阶段环境管理的内容

（1）招标文件中应有专门章节详细阐述环境问题与措施要求。

（2）列明有关环境的法律法规清单。

（3）强调工程项目对环境的特别要求。

（4）在评标中增加环境保护措施的分值。

（5）在施工合同中应明确环境保护、建筑垃圾处理、污水处理、噪声控制、有害物质控制、空气污染的治理、野生动植物的保护、绿色节能产品的应用、文明施工等内容。

（三）工程施工阶段环境管理的内容

应重点做好现场卫生防疫管理，以及废弃物污染、噪声污染、水污染、粉尘污染和危险有毒化学品的管理。

三、施工现场的环境保护措施

随着人们对生存环境的日益关注，施工现场环境保护成为施工阶段各参与方都非常重视的问题之一，在工程项目施工现场应当采取的环境保护措施如下。

（一）施工现场环境管理的措施

（1）在施工准备阶段，施工单位应当建立环境领导小组，制定环境保护管理实施细则，明确各部门在施工现场环境保护工作中的职责分工；建立健全施工现场环境管理体系和环境管理各项规章制度；核实确定本单位施工范围内的环境敏感点、施工过程中的重大环境因素；明确本单位施工范围内各施工阶段应遵循的环境保护法律法规和标准要求；编制年度培训计划，建立培训和考核程序，定期对各层次环境管理人员进行环保培训。

（2）在编制施工组织设计和施工方案时，应有环境保护工作内容，包括根据施工特点、围绕环境敏感点而制定的噪声振动控制方案；根据工地情况和环境要求制定的控制扬尘和大气污染的工作方案、工地排水和废水处理方案以及固体废物的处置方案等。

（3）施工单位应按要求做好施工现场开工前的环保准备工作，列出开工前必须完成的环保工作明细表，明确要求、逐项完成。

（4）在施工阶段，施工单位要指派专人负责施工环境保护工作，将环保工作和责任落实到岗位和个人。在日常施工中随时检查，出现问题及时反馈和纠正。

（5）根据不同施工阶段和季节特征及时调整环保工作内容，定期对环保工作进行检查，发现问题，及时处理。

（6）施工单位应设置专人负责环境应急计划的执行，定期进行应急计划落实情况的检查，一旦发生环境事故或紧急状态，应及时、积极处理并通知建设单位，并在事后认真分析原因，制定并落实整改措施。

（7）对于具体的污染物，应当制定针对性的污染控制和治理措施。

（二）污水的治理

（1）建设单位应与工程所在地市政管理部门联系，提出污水排放申请，将现场临时污水管网与市政污水管网相连接。在搅拌机前台、运输车辆清洗处、施工现场污水最后出口处设立沉淀池，经过沉淀后污水方可排向污水管网。生活废水应由专用管线引至市政污水管网。不得在生活废水管线中倾倒或处置化学药品、油品和其他污染物。

（2）对油库的地面和墙面应当进行防渗处理，防止油料渗漏污染水体；不得将有毒有害废物用作土方回填，以免污染地下水体；在制定工程施工方案时，应当采用合理的方案，降低用水量，减少污水排放量。

（三）固体废物的治理

（1）应当减少产生固体废物。

（2）对混凝土、砂浆等应当集中搅拌，减少袋装水泥的使用量。

（3）采用新型模板体系，严格执行工艺标准，减少落地灰的产生。

（4）采用工厂集中加工的方式加工钢筋，减少钢筋废料。

（5）临时建筑采用活动房屋，周转使用，减少工程垃圾。

（6）对固体废物应当充分回收利用。工程废土应集中过筛，筛余物用粉碎机粉碎后再次利用，不能利用的集中处理；工程废料应由专人管理，循环使用；水泥袋、装饰材料的包装物等应统一回收。

（四）大气污染的治理

(1) 对易产生粉尘、扬尘的作业面和装卸、运输过程，应当制定操作规程和洒水降尘制度，在旱季和大风天气适当洒水，保持湿度。

(2) 合理组织施工、优化工地布局，使产生扬尘的作业、运输尽量避开敏感点和敏感时段。

(3) 不得在施工现场焚烧废物和可能产生有害有毒气体、烟尘的物质，熔融沥青要使用封闭和带有烟气处理装置的设备。

(4) 水泥等易散物料尽量安排在库内存放并覆盖。

(5) 临时施工道路的基层应夯实、路面硬化。

(6) 施工现场出入口设冲车台，车辆出场时应冲洗车轮，减少车轮带土。

(7) 运输车辆的车厢应封闭，做到运输过程不扬尘、不散落。

(8) 生活区域应使用清洁能源，灶炉符合烟尘排放规定。

（五）噪声污染治理

施工中应当采取降噪措施和低噪音施工设备、施工工艺。例如，合理安排作业时间，将混凝土施工等噪声较大的工序安排在白天进行；对主体工程采用吸声降噪板和密目网进行围挡；使用商品混凝土，混凝土构件尽量工厂化，减少现场加工量；混凝土浇筑应采用低噪声振捣设备；塔吊、吊车指挥应配套使用对讲机；电锯、空压机等高噪声设备应实行隔音屏障进行封闭式隔声处理；采用早拆支撑体系，减少因拆装扣件引发的高噪声；加强对职工的教育，禁止在施工工地和生活区大声喧哗。

复习思考题

1. 简述工程项目安全生产与环境管理的任务。
2. 简述建设单位和施工单位安全生产职责。
3. 简述安全生产管理的程序。
4. 简述工程项目实施阶段环境管理的内容。
5. 简述施工现场环境管理的措施。

第十章　工程项目风险管理

第一节　工程项目风险与风险管理

一、风险与风险管理

任何活动都不可避免地存在不确定性，因而也就存在着各种各样的风险，项目管理过程尤其如此。项目管理的理论研究和社会实践者甚至认为，项目管理其实就是风险管理，项目经理的目标和任务就是与各种各样的风险做斗争。特别是随着现代工程项目的规模越来越大，建设过程中各项活动、过程、环境以及组织等越来越复杂，因而不确定因素日益增多，面临的风险也越来越多，风险所致的损失也越来越惊人，迫切需要加强风险管理。

（一）风险

1. 风险的概念

关于风险的定义，最基本的表述是，在给定情况下和特定时间内那些可能发生的结果之间的差异，差异越大则风险越大。这个定义强调了结果的差异。人们由于对风险造成的差异中的负偏差，即损失更敏感，认为风险是相对于预期目标而言，经济主体遭受的损失具有不确定性。理解风险的概念应该把握以下四个要素。

(1) 不确定性是风险存在的必要条件。

(2) 潜在损失是风险存在的充分条件。

(3) 经济主体是风险成立的基础。

(4) 风险是可以测量的。

为了深刻理解风险的内涵，对不确定性和风险进行对比分析是非常必要的。风险是不确定性的一种表现形式，但二者又明显区别。不确定性是指一个特定的事件或活动，事先并不能预测其发生的概率，也不能确知最终会产生什么样的后果。不确定性包含三层含义。

(1) 事件的后果有多种可能且各种后果出现的概率不一样。

(2) 不确定性主要是由于人们对将来的活动或事件的信息掌握不全面而引起。

(3) 不确定性会随着时间的进程而逐渐减小。不确定性包括项目本身的不确定性和环境不确定性两个方面，如人们认识的不确定性、计量的不确定性和事件后果的不确定性等。

2. 风险的属性

(1) 风险的客观性。风险的存在不以人们的意志为转移，只要风险的诱因存在，一旦条件形成时，风险就会导致损失。

(2) 风险的随机性。风险具有偶然性，需要一定的时间和诱因。同时，风险具有随机性，有一定的规律可寻。

(3) 风险的相对性。不同的主体对风险的承受能力是不一样的,会因为不同的活动、时间而异。

(4) 风险的可变性。随着时间的进程发生变化,原来的风险事件或因素可能不再成为风险;随着人们对风险的认识、预测和防范水平的变化,风险事件发生的概率和造成的损失也会发生变化;随着管理水平的提高、技术的进步以及项目风险控制措施的实施,某些风险因素可能会消除,也可能会导致新的风险因素产生。

(二) 风险管理

风险管理指对风险从认识、分析乃至采取防范和处理措施等一系列过程。具体来说,风险管理包括策划、组织、领导、协调与控制等活动,通过风险识别、风险分析和风险评估,提供有效的事先计划,并合理地使用回避、减少、分散或转移等方法对风险实行有效的控制,妥善地处理风险造成的不利后果,以合理的成本保证安全、可靠地实现预定的目标,减少风险对组织资源、收益以及现金流的不利影响。

二、工程项目风险

(一) 工程项目风险的概念

工程项目风险是指在项目生命周期中造成项目达不到预期目标的风险,或者说是指那些影响项目目标实现的消极的不确定性。工程项目的构思、目标设计、可行性研究、设计和计划都是基于对将来情况的预测之上的,而在实际的建设以及运营过程中,这些因素都有可能发生变化,在各个方面都存在着不确定性。这些变化会使得原定的计划和方案受到干扰,我们把这些不确定的内部和外部的干扰因素称为风险。工程项目风险是指在工程项目建设过程中,由于各种不确定因素的影响,使工程项目不能达到预期目标的可能性。例如,在项目实施过程中,对环境造成破坏,引起当地群众的极大不满,政府有关部门出面制止并给予罚款。又如,项目开展期间,某种重大公共卫生事件发生,导致工程施工停顿、项目延期等。

理解工程项目风险需要注意以下几点。

(1) 工程项目的建设有很多共同的活动和步骤,但所具有的多样性决定任何项目风险都不可能完全一致。

(2) 工程项目最大的不确定性往往存在于早期。

(3) 工程项目风险产生的损失是十分巨大的。

(4) 工程项目的风险和损失或收益是息息相关、相互影响的。

(5) 即使是同一风险事件,对工程不同参与方产生的后果有时迥然不同,不同主体所采取的风险防范措施是不相同的。

(二) 工程项目风险的特点

1. 客观必然性

在工程项目的建设过程中,无论是风暴、地震、滑坡等自然灾害,还是与人们活动紧密相关的不当因素造成的风险损失,总体而言都造成了项目风险发生的客观必然性。

2. 多样性

对于一个项目而言,建设过程中存在着多种风险,如政治风险、经济风险、法律风险、自然风险、合同风险等,这些风险之间有着复杂的内在联系。

3. 相关性

风险的影响往往不是局部的，一个活动受到风险干扰，可能影响与它相关的许多活动。例如，反常的气候条件造成工程的停滞，则会影响整个工程项目的后期计划和所有参与者的工作，不仅会造成工期延长，而且会增加费用，甚至对工程质量造成危害。即使是局部风险，其影响也会随着项目的发展而扩大。

4. 全局性

工程项目的风险在整个项目的生命周期中始终存在，而不仅仅在实施阶段。例如，在设计阶段可能存在构思错误、重要边界条件的遗漏、目标优化的错误；在可研阶段可能存在方案的失误、调查的不全面、市场分析的错误；在设计阶段可能存在地质不确定、图纸和规范不统一等问题；在施工阶段可能存在物价上涨、资金缺乏、气候条件变化等问题；在投产运营中可能存在市场发生变化、实际运行达不到设计要求等问题。

（三）工程项目风险的分类

为了便于风险管理，人们从不同角度、根据不同标准，将风险划分成不同的类型。

1. 按风险的来源划分

(1) 政治风险。政治风险是指政治因素的不确定时间及其可能造成的损失。政治风险通常表现为政局的不稳定性，战争状态、动乱、政变的可能性；国家的对外关系；国内的民族矛盾、保护主义倾向等。

(2) 经济风险。经济风险是指承包市场所处的经济形势和项目发包国的经济实力及解决经济问题的能力等方面存在的潜在的不确定因素及其可能造成的损失。例如，国家经济政策的变化、项目产品的市场变化、外汇汇率的变化等。

(3) 法律风险。法律风险是指法律的不健全、有法不依、执法不严等及其可能造成的损失。例如，相关法律内容的频繁变化，对相关法律未能全面、正确地理解，工程中出现的触犯法律的行为及其可能造成的损失等。

(4) 自然与环境风险。自然与环境风险是指反常的恶劣天气(如雨雪天气、冰冻天气)，罕见的地质灾害(如地震、泥石流)，以及不良的运输条件等因素及其可能造成的损失。

(5) 社会风险。社会风险指宗教信仰的影响和冲击、社会治安的不稳定性、社会的禁忌、劳动者的文化素质等因素及其可能造成的损失。

2. 按风险的直接行为主体划分

(1) 业主和投资者风险。例如，业主和投资者支付能力差，随意改变项目目标、非程序地干预工程等。

(2) 承包商(包括分包商、供应商)风险。例如，由于技术能力和管理能力不足而难以保证工程进度、安全和质量要求；财务状况恶化，无力采购材料和支付工资；错误地理解业主意图和招标文件等。

(3) 项目管理者(包括监理工程师)风险。例如，项目管理者因管理能力和专业知识不足而下达错误的指令，缺乏应有的职业道德而使项目遭受损失等。

(4) 其他主体风险。例如，政府部门的不当干预，项目周边居民或单位的不合理要求等。

3. 按风险对目标的影响划分

(1) 工期风险，即造成局部的或整个工程的工期延长，不能及时投入使用的风险。

(2) 费用风险,包括成本超支、投资追加、收入减少、回报率降低等风险。

(3) 质量风险,包括材料、工艺、工程不能通过验收,工程试生产不合格等风险。

(4) 生产能力风险,包括设计、原材料、能源供应等原因造成的项目建成后达不到设计生产能力等风险。

(5) 市场风险,包括工程建成后产品未达到预期的市场份额、没有销路、没有竞争力等风险。

(6) 信誉风险,包括项目结果造成对企业形象、职业责任、企业信誉的损害等风险。

(7) 法律责任风险,包括可能被起诉、承担相应的法律责任、受到合同处罚等风险。

三、工程项目风险管理

(一) 工程项目风险管理的概念

工程项目风险管理是指项目主体通过风险识别、风险分析与风险评价等来分析工程项目的风险,并以此为基础,使用多种方法和手段对项目活动涉及的风险实行有效的控制,尽量扩大风险事件的有利结果,妥善地处理风险事件造成的不利后果的全过程的总称。工程项目风险管理是一种全过程的管理,涵盖了决策、设计、施工,直至运营与维护。在这些阶段,由于风险管理的主体不同、目的不同,从而导致风险管理的内涵也有所区别,但风险管理的基本过程和原则是一致的。

(二) 工程项目风险管理的原则

1. 明确目标

工程项目具有投资大、工期长、参与方多、不确定因素多等特点。工程项目风险管理目标的确定,一般要满足风险管理目标和风险管理主体之间的总体目标一致性要求。另外,不同阶段风险管理的目标是不一致的,因此,风险管理的目标不是单一不变的,不同阶段需要有不同阶段的风险管理目标。

(1) 在投资准备阶段。在这一阶段,项目变动的灵活性最大,通过风险管理可以了解项目可能会遇到的风险,并检查是否采取了所有可能的步骤来减少和管理这些风险。

(2) 项目实施阶段。在这一阶段,可以查明项目不同参与主体是否认识到项目可能会遇到的风险,以及这些风险因素对自身的影响程度,并在此基础上判断是否能够完成项目的总体目标。工程项目业主作为项目的核心,以合同为纽带与其他相关方关联,推进项目的实施,对于总目标的控制尤为重要。

(3) 投入使用阶段。项目投入使用后,风险管理对其后的经营等问题仍然具有非常积极的意义。做好风险管理工作,可以避免许多不必要的损失,从而降低成本,增加利润。

2. 讲求经济效益

风险管理将会增加管理的成本,即风险成本。风险管理能降低项目的总体成本,从某种意义上说可以带来收益。项目前期出现风险的概率较高,而处理的成本较低;项目后期出现风险的概率较小,但处理的成本较高。风险管理有助于控制风险,但是所承担的成本要高于简单地凭个人直觉做出的决定。风险评估越准确、越详细,所需增加的管理成本就越高。控制风险所付出的成本和相应的收益综合起来,将会大于仅依靠直觉的判断所带来的收益。

3. 健全、合理和稳定的组织结构

风险管理需要团队的智慧与专家的经验,并且不能由一个人独立决策。项目风险管理职能的履行在组织上具有集中和分散相结合的特点。一方面,工程项目风险管理职能分散于项目管理的所有方面,管理班子的所有成员都负有一定的风险管理责任。必须有专人专职对项目风险管理负起责任,否则项目的风险管理就会落空。另一方面,工程项目相关参与方都应该有完备的风险管理组织,且应该以业主为核心加强沟通与协作。为此,要对项目风险管理的组织进行设计。

(三) 工程项目风险管理的基本过程

第一,要有完备的风险管理规划。风险管理规划是指如何规划、设计项目风险管理的过程。项目风险管理规划是一整套计划,包括定义项目风险管理的行动方案、选择合适的风险管理方法、确定风险判断的依据等。以规划作为依据,可以展开工程项目风险管理的全过程。第二,风险识别。风险识别是指确定风险的来源、风险产生的条件、描述风险的特征,以及确定哪些风险事件有可能影响本项目并将其特性记载成文的管理活动。第三,项目风险分析与评估,即确定项目风险发生的概率、损失的严重程度以及项目的风险等级。第四,风险应对,即根据前面风险识别、分析与评估结果,对项目风险提出处置意见和办法。第五,风险监控,即跟踪风险,识别采取应对措施后的剩余风险和新出现的风险,修改风险管理计划,保证风险计划的实施,并评估消减风险的效果,从而保证风险管理能达到预期的目标。工程项目风险管理的基本过程如图 10-1 所示。特别说明的是,尽管这些过程可以作为独立的要素加以阐述,但在实践中,它们往往相互交迭、互相作用。

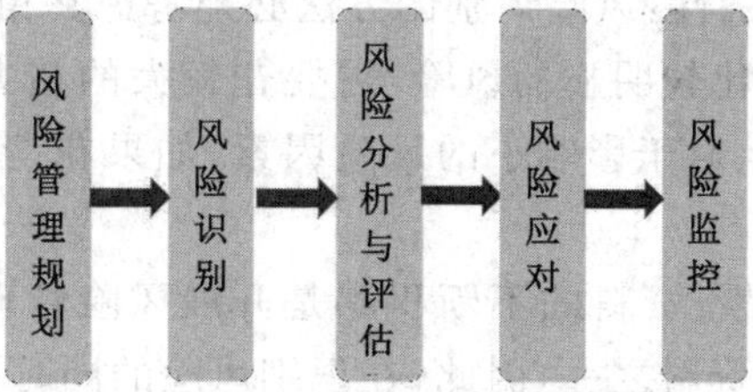

图 10-1　工程项目风险管理的基本过程

(四) 工程项目风险管理的团队

理想的风险管理团队由风险管理负责人和不同层次的项目管理人员组成,并应包括外部专家。不同项目参与人员对项目目标的不同理解,不可避免地会影响他们如何识别、评估和管理潜在的风险,因此,最大的风险可能来自团队之间缺乏沟通。

负责人应该具备的素质有:熟练地掌握所有与风险管理有关的方法,赢得所有团队成员的信任,懂得与项目有关的技术问题,懂得与项目有关的商业问题,有优秀的管理技能,有优秀的思想交流技能。

组建项目风险管理的团队时应注意:成员应思想敏锐,思维清晰,善于交流,能很好地理解项目目标和约束条件,能全面客观地解决问题;所涉及的每个关键专业都应该有一个代表;团队规模不宜过大,以便于决策;团队成员具有灵活性,以便根据专业需要而随时调整。

第二节　工程项目风险的识别

风险识别是指风险管理人员在收集资料和调查研究之后，运用各种方法对尚未发生的潜在风险以及客观存在的各种风险进行系统归类和全面识别。风险识别是风险管理的第一步，也是风险管理的基础。只有在正确识别出自身所面临的风险，人们才能够主动选择适当、有效的方法进行处理。

一、风险识别的原则

(1) 寻求最适合的方法：对特定活动和事件，采用某种识别方法比其他方法更有效。例如，对混凝土的浇筑质量问题，采用因果分析法比较适当。

(2) 识别方法的组合应用：任何一个建设项目，可能遇到各种不同性质的风险，因此，采用唯一的识别方法是不可取的，必须把几种方法结合起来，相互补充。

(3) 项目管理专家的作用：项目的风险管理人员应尽量向有关业务部门的专业人士征求意见，以求得对项目风险的全面了解。

(4) 风险识别计划的动态性：风险因素随着项目的进展会不断发生变化，一次大规模的风险识别工作完成后，经过一段时间又会产生新的风险。因此，必须制订一个连续的风险识别计划。

(5) 风险识别方法的经济性：风险识别的方法必须考虑其相应的成本，讲究经济上的合理。对于影响项目系统目标比较明显的风险，需要花较大的精力、用多种方法进行识别，以做到最大程度地掌握情况；但对于影响小的风险因素，如果花费较大的费用来进行识别，就失去了经济意义。

(6) 风险识别资料的积累：资料的不断积累是开展风险管理的重要基础。在风险识别时产生的记录是主要的风险资料之一，因此，在识别风险的同时要做好准确的记录。这就要求识别工作开始前应准备好将要用到的记录表格，完成识别工作后，将所获取的相关资料整理保存。

二、风险识别的特点

(1) 个别性：任何风险都与其他风险有不同之处，没有两个风险是完全一样的。

(2) 主观性：风险识别都是由人来完成的，由于个人的专业知识水平、实践经验等方面的差异，同一风险由不同的人识别，其结果会有较大的差异。

(3) 复杂性：工程项目涉及的风险因素和风险事件很多，而且关系复杂、相互影响，这给风险识别带来很强的复杂性。

(4) 不确定性：主要指主观性和复杂性的结果是不确定的。

工程项目的风险识别是一项非常复杂的工作，且需要做大量细致的工作，必须通过科学系统的方法来完成。在工程项目风险管理实践中，可以根据工程项目自身的特点，采用多种方法发现并具体描述各项风险。

三、风险识别的依据

(1) 风险管理计划:主要包括规划和设计如何进行项目风险管理活动的过程,界定项目组织及成员风险管理的行动方案,决定适当的风险管理方法等。

(2) 项目计划:主要包括项目目标、任务、范围、进度、质量、造价、资源,计划中的各种假设条件和约束条件,项目不同参与者的相关利益以及对项目目标的期望值等。

(3) 风险分类:按风险的性质、来源及形态等对风险进行的分类。

(4) 有关历史资料:以往相关项目或相近项目的历史资料,其他的统计、出版资料等。

四、风险识别的方法

(一) 专家调查法

1. 头脑风暴法

这是一种通用的激发想象力和创造性的方法,即召集一批项目组织成员或专家集体献计献策,找出各种风险以及消除风险的办法。

2. 德尔菲法

德尔菲法是指依据系统的程序,采用匿名发表意见的方式,即专家之间不得互相讨论,不发生横向联系,只能与调查人员发生关系,通过多轮次调查专家对问卷所提问题的看法,经过反复征询、归纳、修改,最后汇总成专家基本一致的看法作为预测的结果的方法。

3. 访谈法

访谈,就是研究性交谈。访谈法是指以口头形式,根据被访问的项目参与者、相关者或者某些问题的专家的答复,收集客观的、不带偏见的事实材料,以准确地对风险进行识别的方法。

(二) 财务报表法

财务报表有助于确定一个特定的工程项目可能遭受哪些损失,以及在何种情况下遭受这些损失。通过分析资产负债表、现金流量表、营业报表及有关补充资料,可以识别企业当前的所有资产、责任及人身损失风险。将这些报表与财务预测、预算结合起来,可以发现工程项目未来的风险。

(三) 流程图法

流程图法是指将每一个工程项目的建设活动按步骤或阶段顺序以若干个模块形式组成一个流程图系列,在每个模块中都标出各种潜在的风险因素或风险事件,从而给决策者一个清晰的总体印象的方法。

流程图类型有很多,在风险识别时,可根据需要建立流程图,找出各步骤或各阶段不同的风险因素或风险事件,以达到风险识别的目的。但流程图无法显示发生风险的损失值和损失发生的频率。工程项目管理风险因素分解如图 10-2 所示。

(四) 初始风险清单法

如果对每一个工程项目风险的识别都从头做起,至少有以下三方面的缺陷:第一,耗费时间和精力多,风险识别工作的效率低;第二,由于风险识别的主观性,可能导致风险识别的随意性,其结果缺乏规范性;第三,风险识别成果资料不便积累,对今后的风险识别工作缺乏指导作用。因此,为了避免以上缺陷,有必要建立初始风险清单,如表 10-1 所示。

- 工程项目管理风险
  - 项目外部风险
    - 自然风险
      - 气象因素
      - 水文因素
      - 地震
    - 社会风险因素
      - 法律制度因素
      - 科学技术因素
      - 其他方面的因素
  - 项目内部风险
    - 业主方面的因素
    - 设计方面的因素
    - 监理方面的因素
    - 承包商方面的因素
    - 其他方面的因素

图 10-2　工程项目管理风险因素分解

初始风险清单只是为了便于人们较全面地认识风险的存在，而不至于遗漏重要的工程项目风险，但并不是风险识别的最终结论。在初始风险清单建立后，还需要结合工程项目的具体情况进一步识别风险，从而对初始风险清单做一些必要的补充和修正。

表 10-1　工程项目初始风险清单

风险因素	典型风险事件	具体问题
技术风险	设计风险	设计内容不全，有设计缺陷，有错误和遗漏，应用规范不恰当，未考虑地质条件，未考虑施工可能性等
	施工风险	施工工艺落后，施工技术和方案不合理，施工安全措施不当，应用新技术、新方案失败，未考虑场地情况等
	其他风险	工艺设计未达到先进性指标，工艺流程不合理，未考虑操作安全性等
非技术风险	自然与环境风险	洪水、地震、火灾、台风、雷电等不可抗力，不明的水文气象条件，复杂的工程地质条件，恶劣的气候，施工对环境的影响等
	政治与法律风险	法律法规的变化，战争和骚乱、罢工、经济制裁或禁用等
	经济风险	通货膨胀或紧缩，汇率变动，市场动荡，社会各种摊派和征费的变化，资金不到位，资金短缺等
	组织协调风险	业主和上级管理部门的协调，业主和设计方、施工方以及监理方的协调，业主内部的组织协调等
	合同风险	合同条款遗漏、表达有误，合同类型选择不当，承发包模式选择不当，索赔管理不力，合同纠纷等
	人员风险	业主人员、设计人员、监理人员、一般工人、技术员、管理人员的素质和能力不高、责任心不强等
	材料设备风险	原材料、半成品、成品或设备供货不足或拖延，数量差错和质量规格问题，特殊材料和新材料的使用问题，材料设备的过度损耗和浪费，施工设备发生故障、安装失误、选型不当等

（五）风险调查法

风险调查应当从分析具体项目的特点入手，一方面对通过其他方法已识别出的风险进行鉴别和确认；另一方面，通过风险调查有可能发现此前尚未识别出的重要的项目风险。风险调查并不是一次性的，由于风险管理是一个系统的、完整的循环过程，因而风险调查也应该在工程项目实施全过程中不断地进行，这样才能了解不断变化的条件对工程风险状态的影响。

通过以上各种方法识别出的风险因素，都可以以风险清单的形式展现，如表 10-2 所示。

表 10-2　工程项目风险清单

编号　　　　日期

工程项目名称　　　　校对　　　　批准

序号	风险描述		消除-减轻	
	风险因素	详细情况	可采取的行动	残留风险
1				
2				
3				
…	…	…	…	…

第三节　工程项目风险的分析与评估

一、工程项目风险分析与评估的概念

工程项目的风险分析与评估是指对影响工程项目目标的风险因素进行量化并做出正确的分析与评估。量化过程可以帮助确定主要风险因素。

工程项目风险的分析与评估既有联系又有区别。分析是评估的基础，分析主要指的是对单一风险因素的衡量，包括估计其发生的概率、影响的范围以及可能造成损失的大小等；评估主要指的是探讨多种风险因素对项目目标的总体影响。风险的分析和评估往往采用定性与定量相结合的方法来进行，相互补充。

工程项目风险的分析与评估主要包括三个方面的内容：一是确定单一风险因素发生的概率值，通过主观或客观的方法实现量化的目的；二是分析各风险因素的风险结果，探讨这些风险因素对项目目标的影响程度；三是在单一风险因素量化分析的基础上，考虑多种风险因素对项目目标的综合影响，评估风险的程度并提出可能的措施，以作为管理决策的依据。

二、工程项目风险分析与评估的内容

（一）风险事件发生可能性的估计

工程项目风险评估与分析的首要任务是分析和估计风险事件发生的概率与概率分布，即风险事件发生可能性的大小，这是工程项目风险分析估计中最为重要的一项工作，而且常常也是最困难的一项工作。其主要原因包括两个方面：一是和风险事件相关的数据和历史资料的收集相当困难；二是不同工程项目差异性较大，用类似工程项目数据推断当前工程项目风险事件发生的概率，其误差可能较大。

一般来讲，如果风险管理人员有足够的数据和历史资料，可直接根据这些数据资料确定风险事件的概率分布；否则，可以利用理论概率分布或主观概率来进行风险评估与分析。关于风险发生概率的确定，在实践中有两种方法：第一，根据大量试验用统计的方法确定的概率为客观概率；第二，凭经验或预感而估算出来的概率为主观概率。

在工程管理中，大量采用主观概率，但需要注意如下几点：① 做好向专家求证的准备；② 事先将风险因素组织好，以便清楚地说明不同因素的限制条件；③ 对需要评估的风险变量应该清楚地进行定义，以便减少歧义；④ 预先给出描述风险变量的尺度，从而为专家提供估计的依据。

根据风险事件发生的可能性或概率，可以将风险分为 5 个等级，如表 10-3 所示。

表 10-3　风险事件发生的可能性或概率的等级

可能性或概率		
说明	简单描述	等级指数
经常	很可能频繁地出现	4
很可能	在所关注的期间出现几次	3
偶然的	在所关注期间的某时出现	2
极小	不太可能出现	1
不可能	由于不可能发生，所以假设它不会出现或不能出现	0

（二）风险事件后果严重程度的估计

风险事件后果的严重程度是指工程项目风险事件可能带来损失的大小，这些损失会对工程项目目标的实现造成不利影响，如进度的延误、费用的超支、质量和安全事故等。

在工程项目实施的过程中，经常会遇到这样的情况：风险事件发生的概率不一定很大，可是一旦发生，其后果十分严重。例如，在水利水电施工导流过程中，常用土石围堰进行挡水，当施工导流标准选得较高，则围堰漫水的风险较小，可是一旦出现了超标准的洪水，围堰发生漫水，就会给工程造成巨大的损失。

（三）风险事件影响范围的估计

风险事件影响范围的估计，包括估计风险事件对当前工作和其他相关工作的影响，以及对项目利益相关各参与方的影响等。众所周知，工程项目是由若干相互联系、相互制约的各项活动、事件、众多组织等构成的复杂系统，风险事件一旦发生，不仅会影响当前的工作，还会对相关工作和组织产生影响。例如，项目施工现场发生火灾，将导致整个项目停工，给业主、承包商、分包商造成损失，并且由于救火时动用了消防车，对社会也造成了一定的影响。

（四）风险事件发生时间的估计

风险事件的发生时间，即风险事件出现的时间。对风险事件发生时间的估计，是工程项目风险事件分析中的重要工作，应从两个方面考虑：一是从风险控制角度看，应根据风险事件发生的时间先后进行控制。一般情况下，早发生的风险应优先采取控制措施；而对于相对较迟发生的风险，则可通过对其进行跟踪和观察，并抓住机遇进行调节，以降低风险控制成本。二是在工程项目实施中，对某些风险事件完全可以通过时间上的合理安排，以大大降低其发生的概率或减少其可能带来的后果。例如，对于大体积混凝土的施工，在其他施工条件相同的情况下，夏季施工和冬季施工相比，夏季施工出现温度裂缝的风险更大。因此，在可能的范围内，一般尽可能将大体积混凝土的施工安排在冬季。

（五）风险事件发生的频率和损失时间分布的估计

风险事件发生的频率和损失时间的分布对于工程项目的影响较大。以修建核电站和火电站为例，核电站事故的后果很严重，但发生严重事故的概率很小；火电站排放的烟尘和污水虽然在短期内不会成灾，但是每天都排放，污染环境的概率是百分之百。另一方面，如果数额较大的损失一次性落到工程项目上，则有可能使该项目由于流动资金不足等问题而导致失败；如果同样数额的损失在较长的时间内分几次发生，则项目管理班子可设法弥补，使项目能够进行下去。

三、工程项目风险分析与评估的方法

（一）工程项目风险评估的目的

（1）对项目诸风险进行比较和评价，确定它们的先后顺序。

（2）从项目整体出发，弄清各风险事件之间确切的因果关系，为制订风险管理计划提供依据。

（3）考虑各种不同风险之间相互转化的条件，研究如何才能化威胁为机会。

（4）进一步量化已识别风险的发生概率和后果，减少风险发生概率和后果估计中的不确定性。

（二）工程项目风险评估方法

风险评估方法包括：调查打分法、层次分析法、蒙托卡罗模拟法、模糊数学法、敏感性分析法等。本书重点介绍调查打分法。

调查打分法是一种常用的、简单的、易于应用的分析方法。它的应用由两步组成：首先，识别出某一种特定工程项目可能遇到的所有风险，列出风险调查表；其次，利用专家经验，对可能的风险因素的重要性进行评价，综合成整个项目风险，具体步骤如下。

（1）确定每个风险因素的权重，以表征其对项目风险的影响程度。

（2）确定每个风险因素的等级值，按可能性很大、比较大、中等、不大、较小这五个等级，分别以 1.0、0.8、0.6、0.4 和 0.2 打分。

（3）将每个风险因素的权重与等级值相乘，求出该项风险因素的得分。

$$r_i = \sum_{j=1}^{m} \omega_{ij} S_{ij}$$

式中 r_i——第 i 项风险因素得分；

ω_{ij}——风险因素权重；

S_{ij}——表 10-3 中的风险因素等级。

（4）将风险因素的得分逐项相加，得出工程项目风险因素的总分，据此判断工程风险的大小。显然，总分越高，说明风险越大。

$$R = \sum_{i=1}^{m} r_i$$

式中 R——风险因素的总分；

r_i——专家评分权威性权重，建议取值在 0.5～1.0 之间，1.0 代表专家的最高水平。

需要注意的是，对专家评估结果进行计算分析、确定出主要风险因素时，需要考虑专家评分权威性的权重值。

$$r_i = \sum_{j=1}^{m} \omega_{ij} S_{ij} \alpha_j$$

式中　α_i——专家评分权威性权重，建议取值在 0.5～1.0 之间，1.0 代表专家的最高水平。

为进一步规范这种方法，可根据以下标准对专家评分的权威性确定一个权重值：专家对工程承包和项目管理工作的经验；专家对工程项目投标的市场环境、社会环境、政治环境、经济环境等方面的了解程度；专家对有关工程项目实施的技术的掌握程度；专家对风险管理方法的认识程度。

表 10-4 为某海外工程风险调查表。

表 10-4　某海外工程风险调查表

可能发生的风险因素	权重	风险因素发生的可能性					W・X
	ω	很大 1.0	比较大 0.8	中等 0.6	不大 0.4	较小 0.2	
政局不稳	0.05			√			0.03
物价上涨	0.15		√				0.12
业主的支付能力	0.10			√			0.06
技术难度	0.20					√	0.04
工期紧迫	0.15			√			0.09
材料供应	0.15		√				0.12
汇率浮动	0.10			√			0.06
无后续项目	0.10				√		0.04

在表 10-1 中，$W \cdot X$ 为风险度，表示一个项目的风险程度。$\sum W \cdot X = 0.56$，说明该项目风险属于中等水平，可以投标，报价时风险费也可取中等水平。

该权威性的取值建议在 0.5～1.0 之间，1.0 代表专家的最高水平，其他专家取值可相应减少。投标项目最后的风险度值为：每位专家评定的风险度乘以各自权威性的权重值，所得之积合计后再除以全部专家权威性的权重值的和。

值得注意的是，该方法适用于决策前期，这个时期往往缺乏项目具体的数据资料，主要依据专家经验和决策者的意向，得出的结论也不要求是资金方面的具体值，而是一种大致的程度值，只能作为进一步分析的基础。

第四节　工程项目风险的应对、监控与跟踪

一、工程项目风险的应对

简单来说，风险应对就是对项目风险提出处置意见和办法，具体是指为项目目标增加实现机会、减少失败威胁而制定方案，决定应采取对策的过程。项目风险应对计划有许多种，本书主要介绍以下四种风险应对计划。

（一）风险回避

风险回避，是指主动放弃或拒绝实施可能导致风险损失的项目方案，是一种最彻底的消

除风险影响的方法。对一些十分重要和敏感的工程项目，回避是一种重要的手段，如风险事件发生概率很大且可能造成的损失也很大的项目，以及发生损失的概率并不大，却是灾难性的、无法弥补的、项目和客观上不需要的项目。例如，美国某州政府招标进行该州一主干河流的清淤工程，以便拓宽河道、增加河流抵御洪水的能力。这本是一个对公众有利的项目，但该河流上游为一湖泊，是许多动物栖息的自然保护区。由于河道拓宽，上游湖泊水位下降，改变了动物生存的环境。因而，工程进行不到两个月，动物保护组织便向州政府提出抗议，州政府被迫终止工程。虽然该工程已经进入施工阶段，业主终止工程意味着面临对承包商的巨额索赔，但州政府终止工程的行为一方面保护了动物，另一方面赢得了当地居民的信任，避免了一次政治危机。

（二）风险减轻与分散

风险减轻与分散，是指将风险发生的概率降低或将后果减轻、分散到可以接受的水平。一般考虑以下几个方面的措施。

（1）降低风险事件发生的概率，从损失根源上控制风险。

（2）防止损失继续扩大。

（3）预防风险源的产生。

（4）减少构成风险的因素。

（5）防止已经存在的风险的扩散。

（6）降低风险扩散的速度，限制风险的影响空间。

（7）在时间和空间上将风险和被保护对象隔离。

（8）借助物质障碍将风险和被保护对象隔离。

另外，还可以通过增加风险承担者达到减轻总体风险压力的目的。需要注意的是，风险要分配给有能力控制风险的一方，如果拟分担风险的一方不具备条件，就不能让他们分担风险，否则会增大风险。

（三）风险转移

风险转移是风险管理的一个十分重要和常用的手段。风险转移并不是纯粹地向他人转嫁风险，而是通过某种方式将某些风险的后果连同对风险应对的权力和责任一并转移给他人。风险转移是合法的、正当的，是一种高水平管理的体现。风险转移主要有非保险转移和保险转移两大类别。

风险的保险转移是指通过购买保险的方式将风险转移给保险公司。但是，并不是任何风险都可以通过保险得到转移，保险转移必须是可保风险。

风险的非保险转移包括三种形式：① 采用保证担保的方式转移风险，这是一种风险量不变的转移方式，只是风险承担的主体发生了变化。② 采用适当的分包方式转移风险，这是专业化施工的必然产物，是一种改变风险量的转移方式。③ 采用适当的合同条件转移风险。

（四）风险自留与利用

风险自留的原因包括：风险发生的概率很小，且造成的损失也很小，采用风险回避、减轻与分散或者转移的手段都难以发挥其效果，以至于项目参与方不得不自己承担；从项目参与方的角度出发，有时必须承担一定的风险，才有可能获得较好的收益；不论采用何种风险管理技术，都无法完全彻底地消除风险；进行风险管理时，不符合成本效益原则等。风险自留是一种建立在风险评估基础上的财务技术，主要依靠项目参与主体自己的财力去弥补财务上的损失。如果采用风险自留的方案，项目参与主体承担的风险必须和获得的收益相平衡，并且造成的损失不应超过其承担能力。因此，风险自留的前提是决策者应掌握较完备的风险信息。

风险利用是风险应对的更高层次，利用某些风险可能为项目带来谋利的机会。

二、工程项目风险的监控

（一）工程项目风险的监控

工程项目风险监控是指对工程项目风险的监视和控制。风险监视是指在采取风险应对措施后，对风险和风险因素的发展变化的观察与把握；风险控制是指在风险监视的基础上，采取的技术、作业或管理措施。一般情况下，风险监视和控制交替进行，因此，常将风险监视和控制整合起来考虑。

项目风险监控的主要目的包括：评估风险控制行动产生的效果；及时发现和度量新的风险因素；跟踪、评估残余风险的变化和程度；监控潜在风险的发展、监测项目风险发生的征兆；提供启动风险应变计划的时机和依据。

（二）工程项目风险的跟踪

跟踪项目控制措施的效果是风险监控的主要内容，在实际工作中通常采用如图 10-3 的项目风险跟踪表来记录跟踪的结果，并据此定期地将跟踪的结果制成风险跟踪报告，使决策者及时掌握风险发展趋势的相关信息，以便及时地做出应对决策。

项目风险跟踪表			
项目名称： 风险标识： 风险来源： 风险类别：		风险编号： 减轻行动编号： 风险发生概率：	
风险的影响程度：		造成影响的时间：	
风险的跟踪情况			
跟踪时间			
减轻行动措施描述：			
措施开始时间：	措施结束时间：	发生的成本：	实施人：
风险影响的修订			
风险发生概率：		风险严重程度：	
受影响范围的修订			
对进度的影响： 对造价的影响： 对质量的影响： 对安全的影响： 对环境的影响：			
下一步应采取的行动：			执行人：
填表人：	日期：	批准人：	

图 10-3　项目风险跟踪表

需要注意的是，无论什么时候，只要在风险监控的过程中发现有新的风险因素，就要对其进行重新估算。同时，在风险管理的进程中，即使没有新的风险出现，也需要在项目的里程碑等关键时段对风险进行重新估算。

复习思考题

1. 简述工程项目风险的概念及特点。
2. 简述工程项目风险管理的原则及步骤。
3. 简述工程项目风险识别的常用方法。
4. 简述工程项目风险评估的常用方法。
5. 简述工程项目风险的应对策略。

第十一章　工程项目信息管理

第一节　工程项目信息与工程项目信息管理

一、工程项目信息

（一）工程项目信息的概念

在管理科学领域中，信息通常被认为是一种已被加工或处理成特定形式的数据，声音、文字、数字、图像和网络等都是信息表达或传输的形式。

工程项目信息属于信息的一种，指工程项目从策划到竣工交付使用过程中经过加工处理的、对人们各种具体活动提供参考的资料。工程项目中的信息很多，包括项目决策过程、实施过程（设计准备、设计、施工和物资采购过程等）和运行过程中产生的信息以及其他与项目建设有关的信息。

项目参与各方都有各自的信息管理任务。为充分利用和发挥信息资源的价值、提高信息管理的效率，以及实现有序的、符合科学的信息管理，项目参与各方都应编制各自的信息管理手册，以规范信息管理工作。

（二）工程项目信息的作用

工程项目信息指的是工程项目招投标、勘察设计、施工调查、技术交底、施工生产管理、竣工交付使用、维修等项目生命期或某个阶段中与项目管理有关的内容。比如，在项目决策阶段形成的可行性研究报告，在施工准备阶段形成的投标书、承包合同，在项目实施阶段形成的施工变更或签证以及竣工验收报告等，都属于工程项目信息。

1. 信息是工程项目管理中不可缺少的资源

工程项目的建设过程，是人、财、物等资源的投入和产出过程，要高效、优质、低耗地完成工程建设任务，必须通过信息的收集、加工和应用实现对上述资源的规划和控制，保证它们按照一定的规律运动，进而实现工程的建设目标。

2. 信息是保证项目管理决策正确的依据

项目管理决策关系着工程总体目标的实现，信息是影响项目管理决策的主要因素，没有可靠、充分的信息作为依据，就得不到正确的决策判断。例如，工程进行合理设计前，必须了解工程地质资料、自然条件、建筑市场相关信息等各方面的资料。

3. 信息是开展工程项目控制工作的基础

控制是保证项目按照预期计划进展的主要手段之一。要顺利地开展控制工作，项目管理人员必须熟悉和掌握关于项目目标计划和执行情况的具体信息，信息不全或信息不准确、不及时，都可能导致项目偏离预期的建设目标。

4. 信息是协调工程项目参与单位关系的纽带

工程项目的建设过程涉及众多的参与单位，如政府建设部门、建设单位、监理单位、设计单位、材料设备供应单位等，要想实现工程项目的建设目标，就必须通过信息沟通将众多单位组织起来，共同为项目工作。

（三）工程项目信息的特征及分类

1. 工程项目信息的特征

受工程建设项目特征的影响，工程项目信息除具有管理信息的一般特征以外，还具有以下特点。

（1）信息量大。这主要是因为项目管理涉及多部门、多环节、多专业、多用途和多渠道、多形式的。

（2）信息系统性强。由于工程项目的单一性和多次性，虽然信息量大，却都集中于所管理的项目对象，故容易系统化，这为信息系统的建立和应用创造了非常有利的条件。工程项目信息的形成紧紧围绕着项目本身，与项目建设程序步调一致。工程项目信息的收集、加工、传递及反馈是一个连续的闭合环路，具有明显的系统性。

（3）信息传递中的障碍多。管理信息在从发送到接收的过程中，会由于传递者主观方面的因素，如对信息的理解、自身经验和知识的限制而发生障碍；也会因为地区的间隔、部门的分散、专业的隔阂、传递手段落后等造成信息传递障碍。

（4）信息的动态性。设计变更以及价格变动等都会导致信息的动态变化。

（5）信息形式的多样性。传递信息的媒体有很多，工程项目实施过程中的图片、音频、数字、表格等都是常用的信息载体。

（6）信息产生的滞后现象。信息是在项目建设和管理过程中产生的，信息反馈往往要经过一系列的加工、整理、传递才能到达决策者手中，如果反馈不及时，容易影响信息作用的及时发挥而造成失误。

2. 工程项目信息的分类

（1）按照来源不同，工程项目信息可分为内部信息和外部信息。

（2）按照稳定程度不同，工程项目信息可分为固定信息和流动信息。

（3）按照发生时间不同，工程项目信息可分为前期决策阶段信息、勘察设计阶段信息、招投标阶段信息和施工阶段信息。

（4）按照属性不同，工程项目信息可分为组织信息、管理信息、经济信息和技术信息。

二、工程项目信息管理

（一）工程项目信息管理的概念

工程项目信息管理是项目管理人员在明确项目信息流程的基础上，对工程项目信息进行收集、加工、存储、传递、分析和应用的过程。简单来说，信息管理就是对信息传输的合理组织和控制。比如，施工方在投标过程中、承包合同洽谈过程中、施工准备工作中、施工过程中、验收过程中和保修期工作中会形成各种的大量信息，这些信息不但在施工方内部各部门间流转，许多信息必须提供给政府建设主管部门、业主方、设计方、相关的施工合作方和供货方等，还有许多有价值的信息应有序地保存，以供其他项目施工借鉴。

（二）工程项目信息管理的目的及任务

工程项目信息管理的目的是通过对各个系统、各项工作和各种数据的管理，使项目的信息能被各相关方方便和有效地获取、存储、处理和交流，最终达到为工程项目的增值服务。

工程项目信息管理的任务主要依靠工程项目管理者完成。工程项目管理者承担着项目信息管理的任务，负责收集项目实施情况的信息，做各种信息处理工作，并向上级和外界提供各种信息。项目管理者对信息管理的基本任务包括以下几个方面。

(1) 项目基本情况信息的收集并系统化处理，编制项目手册。

(2) 规定项目报告及各种资料的格式、内容、数据结构要求。

(3) 按照项目实施、项目组织、项目管理工作过程，建立项目管理信息系统流程。

(4) 文件档案管理工作，包括对信息载体进行有序地收集、加工、分解、编目、存档，并为项目各参与方提供专用的和常用的信息。

三、工程项目信息管理的原则

（一）标准化原则

在项目的实施过程中，应对有关信息的分类进行统一，对信息流程进行规范，力求做到格式化和标准化，从组织上保证信息生产过程的效率。

（二）有效性原则

工程项目信息应针对不同层次管理者的要求进行适当加工，以保证信息产品对于决策支持的有效性。

（三）定量化原则

工程项目信息不应是项目实施过程中产生数据的简单记录，而应该由信息处理人员采用定量工具对有关数据进行分析和比较。

（四）时效性原则

工程项目信息管理成果应具有相应的时效性。工程项目的信息都有一定的生产周期，如月报表、季度报表和年度报表等，这是为了保证信息产品能够及时服务于决策。

（五）高效处理原则

应通过采用高性能的信息处理工具，如工程项目管理信息系统等，尽量缩短处理信息的时间。

（六）可预见原则

建设工程产生的信息作为项目实施的历史数据，也可以用于预测未来。项目管理者应通过采用先进的方法和工具为决策者制定未来目标和行动规划提供必要的信息。

四、工程项目信息管理的流程

工程项目信息管理的过程包括：信息的收集，信息的加工、整理，信息的分发、检索，信息的存储，以及信息的使用和维护。

（一）工程项目信息的收集

(1) 决策阶段的信息：项目相关市场方面的信息（如产品价格变化趋势等），自然环境相关方面的信息(如气象、地质等),政治环境、社会治安状况信息等。

(2) 设计阶段收集的信息:可行性研究报告,同类工程相关信息,勘察、测量、设计单位相关信息等。

(3) 施工招投标阶段的信息:如工程地质、水文地质勘察报告,施工图设计及施工图预算,设计概算,设计、地质勘察、测绘的审批报告等方面的信息;建设单位建设前期报审文件;工程造价的市场变化规律;工程适用的规范、规程、标准等。

(4) 施工阶段的信息:如施工场地的准备情况、施工单位的质量保证体系及施工单位的施工组织设计,特殊工程的技术方案,施工中发生的工程数据,施工期内建筑原材料、半成品,等工程物资的进场、加工、保管、使用等信息。

(二) 工程项目信息的加工、整理

信息的加工主要是把建设各方得到的数据和信息进行鉴别、选择、核对、合并、排序、更新、计算、汇总、转储,生成不同形式的数据和信息,提供给不同需求的管理人员使用。在这个过程中要重点做好信息的鉴别工作,应从信息采样的规范性、可靠性、精确性等方面入手,对各种信息加以选择、核对,同时对动态信息要及时更新。

(三) 工程项目信息的分发、检索

在分发和检索过程中应保证需要的部门和使用人,有权在需要的第一时间,方便地得到所需要的、以规定形式提供的一切信息和数据,同时保证信息和数据的秘密性。

(四) 工程项目信息的存储

存储信息的介质有纸张、胶卷、计算机存储器等。存储信息时,要考虑到哪些信息需要存储、存在什么介质上、存储多长时间等。随着计算机的广泛应用,可以借助计算机建立统一的数据库,将各类数据以文件的形式组织在一起。组织的方法由单位自定,但必须考虑规范化。

(五) 工程项目信息的使用和维护

在工程项目管理中,一方面要管好信息,为管理决策提供决策支持;另一方面,在管理过程中要充分利用已取得的数据和信息,以数据说话,使管理和决策过程更科学、更准确。

信息维护是指在信息管理中要保证信息始终处于适用状态,要求管理信息经常更新,保持数据的准确性,做好保密工作,保持数据的唯一性。此外,还应保证管理信息存取方便。

第二节　工程项目管理信息系统

一、工程项目管理信息系统的含义

工程项目管理信息系统是由计算机硬件、软件、数据、管理人员、管理制度等组成的,能进行建设项目信息收集、加工、传递、存储、维护和使用的系统。工程项目管理信息系统的核心是辅助对项目目标的控制,实现工程项目信息的全面管理、系统管理、规范管理和科学管理,从而为项目管理人员进行工程项目的进度控制、质量控制、投资控制及合同管理等提供可靠的信息支持。

二、工程项目管理信息系统的构架

为实现工程项目信息管理，及时、准确、完整地收集、存储、处理项目的投资、进度、质量的计划和实际的信息，以帮助决策者及时采取控制措施，尽可能完全实现项目目标，需要在互联网技术的支持下，运用工程项目管理信息系统公共数据库、专业基础及相关知识库的资源，利用网络平台，构建工程项目管理信息系统。图 11-1 是某工程项目管理信息系统基本构成。由图 11-1 可知，系统中包括投资控制子系统、进度控制子系统、质量控制子系统、合同管理子系统四个基本功能系统，还包括物资管理子系统、安全管理子系统等辅助系统。

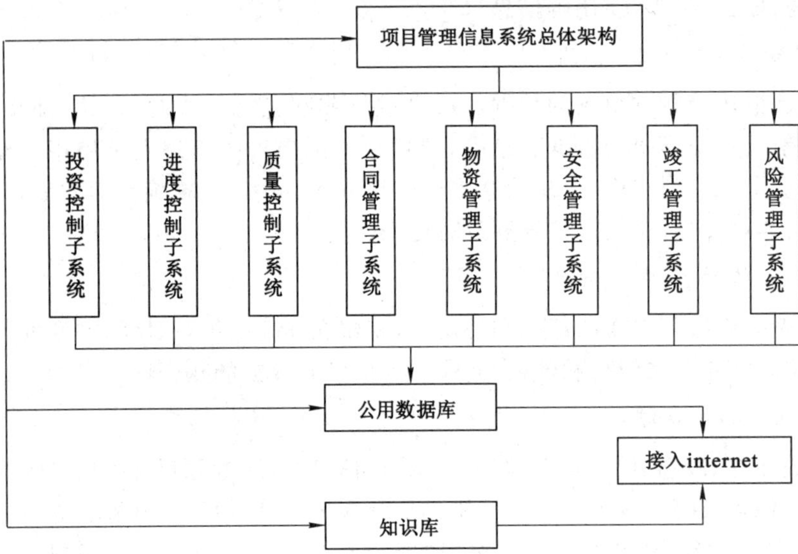

图 11-1　某工程项目管理信息系统基本构成

工程项目管理信息系统中基本功能和辅助功能系统都有各自独立的子系统。工程投资、进度、质量、合同管理子系统结构如图 11-2 所示。投资控制子系统是通过投资计划数据处理、投资实际数据处理、投资偏差比较与分析、投资预测与预算以及资金计划数据处理来实现；进度控制子系统是通过进度计划编制、实际进度数据处理、进度偏差比较与分析、进度预测与控制、进度控制报表输出来实现；质量控制子系统是通过工程监理数据输入、工程监理数据查询、工程质量数据输入、工程质量数据查询、质量标准查询、质量控制报表输出来实现；合同管理子系统是通过合同项目分析、合同基本信息管理、合同付款计划、合同修改登记、合同实际付款、合同管理报表来实现。

三、工程项目管理信息系统的实施

要科学、有效地利用工程项目管理信息系统，仅仅开发或购买一套适用的工程管理信息软件和性能可靠的计算机硬件是不够的，应建立一套与计算机的工作手段相适应的组织体系，必须在组织件、系统硬件、系统软件及教育件上花功夫。

(1) 建立系统完善的组织件。信息系统组织件要有明确的项目管理组织结构、项目管理工作流程和项目信息管理制度。

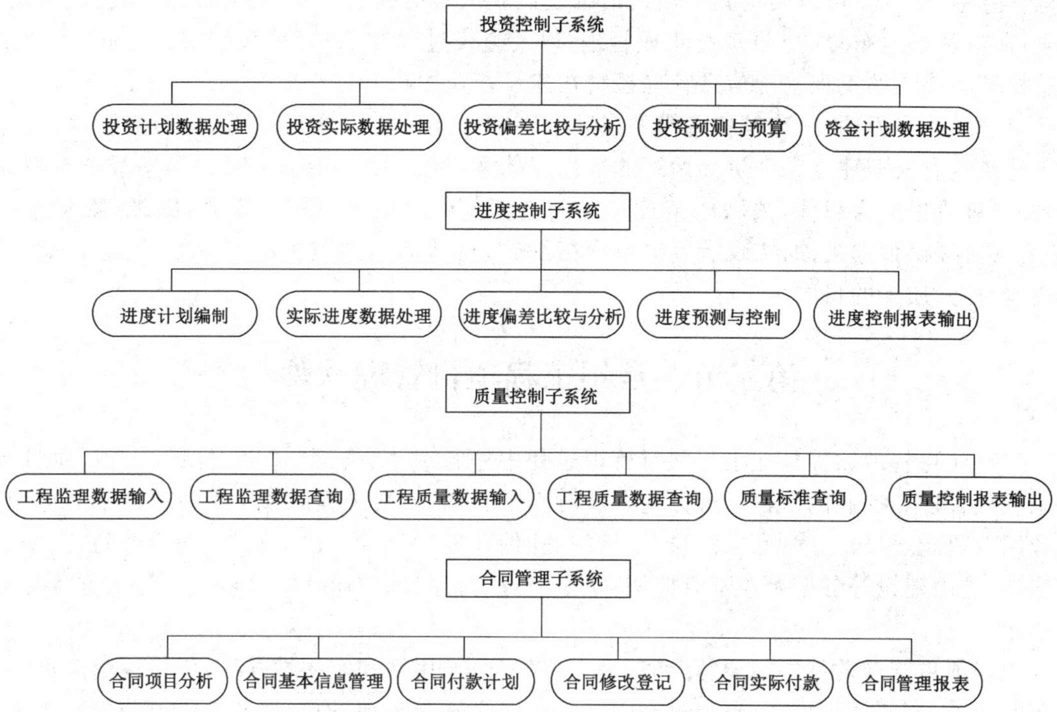

图 11-2　工程项目投资、进度、质量、合同管理子系统结构

(2) 提供可靠的系统硬件，即要有计算机设备，一般地可采用小型机、微机网络和微机。

(3) 提供合适的信息系统软件，即要有保证项目管理信息系统正常运行的操作系统、系统软件等软件环境。

(4) 建立教育件，即要对计算机操作人员、项目管理人员和领导进行培训。

四、建筑信息模型的概念及其技术在工程项目管理中的应用

(一) 建筑信息模型的概念

建筑信息模型是创建并利用数据模型对项目进行设计、建造及运营管理的过程。它的特点是可视化、协调性、模拟性、优化性和可出图性。

(二) 建筑信息模型技术在工程项目管理中的应用

目前，我国正在进行着世界最大规模的基本建设，工程项目规模日益扩大，结构形式愈加复杂，尤其是超大型工程项目层出不穷，业主、施工方及其他相关参与方都面临着巨大的投资、技术和管理风险。应用建筑信息模型技术，从根本上解决建筑生命期各阶段和各专业系统间信息断层问题，从设计、施工技术到管理全面提高信息化水平和应用效果，已成为建设企业的迫切需求。随着工程总承包模式的推广，建筑信息模型技术在提高施工企业总承包、总集成管理能力，特别是在进行工程成本控制、实现绿色环保施工等方面发挥着至关重要的作用，是施工企业信息化建设的有效途径。

通过将建筑物或结构物及施工现场 3D 模型与施工进度、施工资源、安全质量、场地布

置等信息集成一体，可以实现基于建筑信息模型和网络的施工进度、人力、材料、设备、费用、安全、质量和场地布置的5D动态集成管理，以及施工过程的5D可视化模拟。因此，以建筑信息模型为核心的工程基础信息管理系统在建设行业中得到广泛应用。

对于具体工程项目，建筑信息模型在其全寿命周期的价值实现过程如下：在设计阶段，基于建筑信息模型建立一个贯穿始终的数据库档案，将数据传输到施工阶段，集成全专业模型，并以集成模型为载体，关联施工过程中的进度、合同、成本、质量、安全、图纸、物料等信息，为项目提供数据支撑，实现有效决策和精细管理，从而达到减少施工变更，缩短工期、控制成本、提升质量的目的。

第三节　常用工程项目管理软件

工程项目管理软件是在工程项目管理过程中进行成本、合同、进度、材料、文档、质量等多个领域管理和控制的一种实现方式。从时间上看，软件在工程的整个生命周期都有应用；从应用专业看，建筑电气、水工港口、设计院、软件开发、房地产、建筑施工、安全消防、大型工厂建设、矿山建设等各个专业都有应用；从参与方看，建设方、设计方、监理方、施工方等都可以使用。

工程项目管理软件的主要特点有：完全市场化；通用性和实用性并存；价格逐渐降低、功能不断增加；不断推陈出新，更新过程中不仅新产品不断出现，而且老产品也不断更新版本，且更新周期逐渐缩短。

一、Microsoft Project 软件

Microsoft Project 是一款由美国微软公司开发的主要用于项目进度管理的软件，已经占领了通用项目管理软件包市场的大量份额。该软件在IT集成、开发项目、新产品研发、房地产项目、设计项目、工程建设项目、投资项目、企业多项目管理中发挥着巨大的作用，它将先进的项目管理思想与信息技术完美结合，帮助企业规范项目管理的流程和增强执行效果。

该软件的主要功能是建立进度工作计划，同时可以给每项工作分配所需要的资源。该软件能以多种方式有效地提供项目的状态以及相关信息，并通过屏幕图形的变化浓缩相关信息；可以提供多种工具来有效地管理项目的变化，并提供多种项目报告。

使用该软件，可以帮助企业提高项目经理和管理人员的管理效率，并明确团队及成员的工作职责，有效地管理企业各类项目，高效完成团队协作和监控项目目标，优化工作流程，反映项目绩效评估，提升企业竞争力和管理执行力。Microsoft Project 软件工作界面如图11-3所示。

二、Primavera P6 软件

Primavera P6 软件是美国 Primavera 公司的产品，是国际上流行的项目管理软件之一，适用于任何工程类项目，对大型复杂项目可以有效地控制，并可以同时管理多个项目。

该软件可用于项目进度计划、动态控制、资源管理和费用控制；主要功能是进度、费用和资源管理；主要特点是融合了先进的项目管理思维和方法，能将工程的现行进度与目标管理有机地联系到一起，能够共享数据资源，操作灵活、方便；优势在于强大的进度计划管理和强大的资源与费用管理。

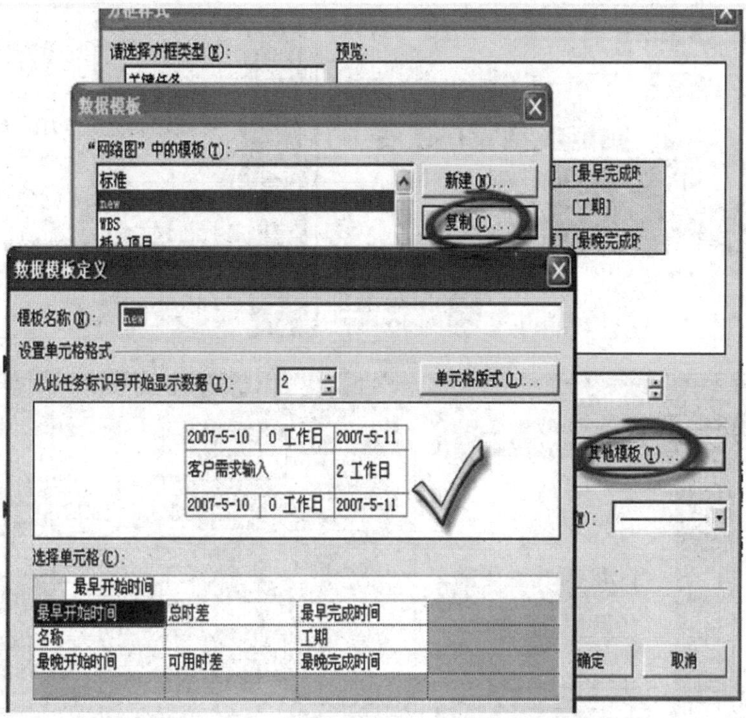

图 11-3　Microsoft Project 软件工作界面

三、清华斯维尔智能项目管理软件

清华斯维尔软件科技有限公司在认真分析研究国内项目管理的历史与现状，充分总结其经验与不足的基础上，吸取国内外同类软件优点，为国内项目管理工作者精心定制了智能项目管理软件。该系统将网络软件技术、网络优化技术应用于工程项目的进度管理中，以国内建设行业普遍采用的双代号时标网络图作为项目进度管理及控制的主要工具。该软件全面涵盖了项目的范围管理、时间管理、人力资源管理、成本管理等方面的内容。为方便进行项目管理工作，该软件提供了丰富实用的报表功能，这些报表从不同的角度反映了工程项目的各类信息。清华斯维尔智能项目管理软件工作界面如图 11-4 所示。

清华斯维尔智能项目管理软件的主要特点如下。

(1) 操作流程符合项目管理的国际标准流程。该软件通过项目的范围管理，在横道图界面中建立任务大纲结构，从而实现项目计划的分级控制与管理。

(2) 系统实时计算项目的各类网络时间参数，对项目资源、成本进行精确分析，并以此作为网络计划优化与项目追踪管理的依据。

(3) 除支持常规的标准横道图建模方式外，为方便用户操作也提供了双代号网络图、单代号网络图等多种建模方式。

(4) 支持搭接网络计划技术，同时可以处理工作任务的延迟、搭接等情况，从而可以全面反映工程现场实现工作的特性。

图 11-4 清华斯维尔智能项目管理软件工作界面

四、梦龙智能项目管理软件

MR2000 平台集成系统是梦龙集团开发的梦龙智能项目管理软件新系统，它由快速投标、项目管理控制和企事业办公管理三大系统组成，具有以下特点。

(1) 高级的安全机制，对数据进行加密传输，安全可靠。

(2) 采用高效的压缩算法，实现高速的数据传输。

(3) 提供 Server 运行方式，可在服务器后台运行。

(4) 含先进的软件管理单元，可以对各种应用软件进行综合管理。

(5) 具有良好的开放性，允许客户在它的基础上进行二次开发。

(6) 可实现多级多层链接与分布管理，适用于大、中、小不同类型的企业。

(7) 所有单元都采用了梦龙公司的自防病毒技术，保证网络安全。

(8) 由物理链接层、软件通信层与应用层构成先进的三层软件体系结构。

斑马梦龙 2018 是专业、易用的网络计划工具，可以辅助项目通过关键线路＋前锋线进行动态管理，可以帮助用户更好地管理整个工程。通过前锋线可以直观地反映实际进度对比情况，及时发现偏差并采取纠偏措施，拉直前锋线，实时预警，掌握风险，动态调整计划，直至符合控制目标。斑马梦龙及前锋线工作界面如图 11-5 所示。

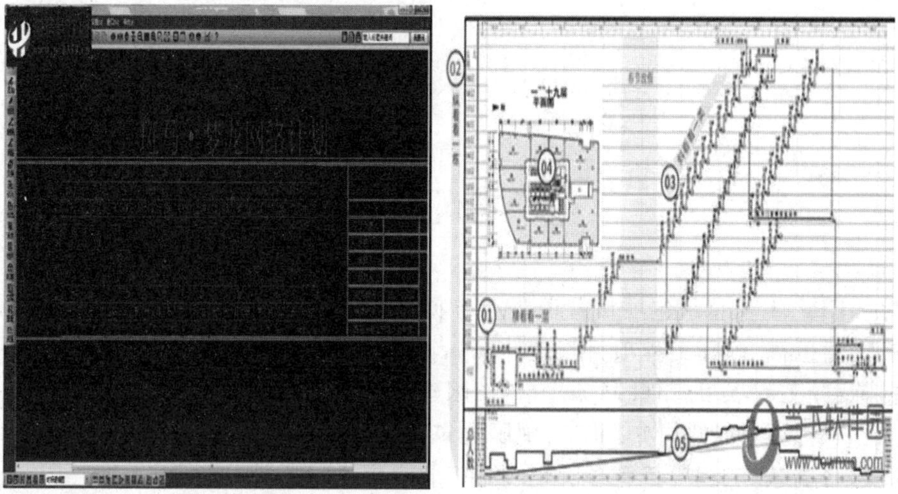

图 11-5　斑马梦龙及前锋线工作界面

五、PowerOn 软件

PowerOn 软件是上海普华科技发展有限公司自主研发的一套既融入国际先进的项目管理思想，又结合国内管理习惯及标准的企业级多项目管理集成系统。

该软件以计划为龙头进行项目运筹，通过主进度计划派生出其他配合计划，驱动具体业务的处理过程，使得所有管理业务均可在主体计划下协同行进，实现“有源协同”的崭新理念。此外，PowerOn 软件以合同为中心全面记录项目各项信息，以费用为重点深度监控，形成项目、多项目的闭环费用控制机制，极大地提高了项目费用管理能力。

复习思考题

1. 简述工程项目信息的特征及分类。
2. 简述工程项目信息管理的原则。
3. 简述工程项目管理信息系统实施的关键因素。
4. 简述常用的工程项目管理软件。

参考文献

[1] 陈津生.EPC工程总承包项目管理要点与实践[M].北京:化学工业出版社,2023.
[2] 陈乾浩,温运福.国际工程项目管理.[M].北京:机械工业出版社,2023.
[3] 成虎,陈群.工程项目管理[M].北京:中国建筑工业出版社,2015.
[4] 丁士昭.工程项目管理[M].北京:中国建筑工业出版社,2014.
[5] 董良峰,张瑞敏.工程项目管理[M].北京:北京大学出版社,2015.
[6] 封金财.建设工程项目管理[M].北京:中国建筑工业出版社,2018.
[7] 郭庆军.工程项目管理[M].北京:科学出版社,2015.
[8] 胡六星,赵小娥.建筑工程经济[M].北京:北京大学出版社,2023.
[9] 黄琨,张坚.工程项目管理[M].北京:清华大学出版社,2019.
[10] 李建英,王竖翌,杨雪美.项目评估与管理[M].北京:中国人民大学出版社,2022.
[11] 李玉甫.建设工程项目管理[M].北京:中国建筑工业出版社,2021.
[12] 吕文学.国际工程项目管理.[M].北京:科学出版社,2021.
[13] 骆汉宾.工程项目管理信息分析[M].北京:中国建筑工业出版社,2022.
[14] 孟小丽,吴玉秀,安昶主.工程项目管理实务[M].北京:中国农业大学出版社, 2022.
[15] 施炯.建设工程项目管理[M].杭州:浙江工商大学出版社,2015.
[16] 宋伟香,何长全,黄小雁.建设工程项目管理.[M].北京:清华大学出版社,2014.
[17] 王辉.工程项目管理[M].北京:机械工业出版社,2017.
[18] 王祖和等.现代工程项目管理[M].北京:电子工业出版社,2020.
[19] 吴守荣,任英伟.工程项目管理[M].北京:机械工业出版社,2021.
[20] 许慧,丁冬,杜茂康.工程项目管理与经济决策[M].武汉:华中科技大学出版社,2022.
[21] 银花.建设工程项目管理[M].北京:中国建筑工业出版社,2019.
[22] 张基尧,肖绪文.建设工程项目管理与绿色建造案例[M].北京:中国建筑工业出版社,2022.
[23] 张建新,杜亚丽,鞠蕾,李楠楠.工程项目管理[M].北京:清华大学出版社,2019.
[24] 张现林,谷洪雁,莫俊明.建设工程项目管理[M].北京:化学工业出版社,2018.